专利法研究
2012

国家知识产权局条法司　编

知识产权出版社
全国百佳图书出版单位

内容提要：

本书精选出17篇具有代表性的文章，分3个专题，即专利制度总论、专利保护客体与授权条件以及专利的运用与保护，对2012年度专利相关立法和实践活动存在的问题展开全面研究。

责任编辑：龚　卫　　**责任校对：**董志英

封面设计：张小力　　**责任出版：**卢运霞

图书在版编目（CIP）数据

专利法研究. 2012／国家知识产权局条法司编. —北京：知识产权出版社，2013.11

ISBN 978-7-5130-2402-0

Ⅰ.①专…　Ⅱ.①国…　Ⅲ.①专利权法—研究—2012—年刊　Ⅳ.①D913.04—54

中国版本图书馆CIP数据核字（2013）第265344号

专利法研究2012

ZHUANLIFA YANJIU 2012

国家知识产权局条法司　编

出版发行：知识产权出版社

社　址：北京市海淀区马甸南村1号	**邮　编：**100088
网　址：http：//www.ipph.cn	**邮　箱：**bjb@cnipr.com
发行电话：010-82000860转8101/8102	**传　真：**010-82005070/82000893
责编电话：010-82000860转8120	**责编邮箱：**gongwei@cnipr.com
印　刷：保定市中画美凯印刷有限公司	**经　销：**各大网上书店、新华书店及相关销售网点
开　本：720mm×960mm　1/16	**印　张：**17.25
版　次：2013年11月第1版	**印　次：**2013年11月第1次印刷
字　数：296千字	**定　价：**60.00元

ISBN 978-7-5130-2402-0

目　　录

中国离创新型国家还有多远

钱立亚[1]　辛　文[2]　江亚平[3]

摘　要

尽管我国的专利申请量位居世界第一，但专利质量、专利竞争力与欧美日相比还有较大差距，本文通过对我国专利基本信息内涵的分析，找出问题的原因，并对如何提高专利质量提出建议。

---

[1][3] 作者单位：中国国防科技信息中心。
[2] 作者单位：总装备部司令部。

在全球范围内，专利均被认为是衡量创新活动的工具。中国共产党的十六大以来，我国专利申请量和授权量连攀新高，专利事业取得了举世瞩目的成就。2012 年 12 月，世界知识产权组织（WIPO）发布《2012 年世界知识产权指标》报告，报告显示，2011 年，中国国家知识产权局受理来自国内外发明专利申请 52.641 2 万件，继 2010 年超过日本后（2010 年中国 39.1 万件，日本 34.5 万件），2011 年又超过美国（美国 50.358 2 万件），中国成为全球第一大发明专利申请国。与此同时，欧洲工商管理学院与世界知识产权组织联合发布了《2012 年全球创新指数》报告，报告显示，中国全球创新指数排名第 34 位。由汤森路透旗下知识产权咨询公司发布的 2011 年度全球创新企业百强榜单中，47 家美国企业、32 家亚洲企业、21 家欧洲企业上榜，中国公司无一上榜。中国成为专利大国，却不是专利强国，那么中国离创新型国家还有多远？本文通过对中国近几年专利信息的分析，对这一问题进行探讨。

一、专利基本信息分析

专利申请量只是衡量创新能力的指标之一，专利授权量、有效专利拥有量、同族专利数量、专利维持时间等指标更能反映创新实力。根据对近几年专利数据的分析，我国专利呈现以下特点。

（一）专利申请量增长迅速（见表 1）

表 1　三种专利申请量统计表

年份	国内（件）	增长率	国外（件）	增长率	申请量合计（件）	增长率
2012	1 912 151	27.08%	138 498	7.63%	2 050 649	25.55%
2011	1 504 670	35.63%	128 677	14.02%	1 633 347	33.63%
2010	1 109 428	26.41%	112 858	13.91%	1 222 286	25.15%
2009	877 611	22.38%	99 075	−10.89%	976 686	17.91%
2008	717 144	22.23%	111 184	3.50%	828 328	19.33%
2007	586 734		107 419		694 153	

由表 1 可以看出，我国 2007～2012 年三种专利申请量增长迅速，国内申请人的专利申请量增速明显大于国外申请人的增速，年增长率大于

20%。图 1 为 2002～2011 年中美日欧韩五局发明专利申请受理量统计图，从图中可以看出，韩国专利局、欧洲专利局的受理量保持低位平稳状态，美国在高位小幅增长，日本在高位小幅下降，中国发明专利受理量增幅巨大，从 2002 年五局中最小，到 2011 年跃升为五局中最大，成为世界上发明专利申请量增长最快的国家。

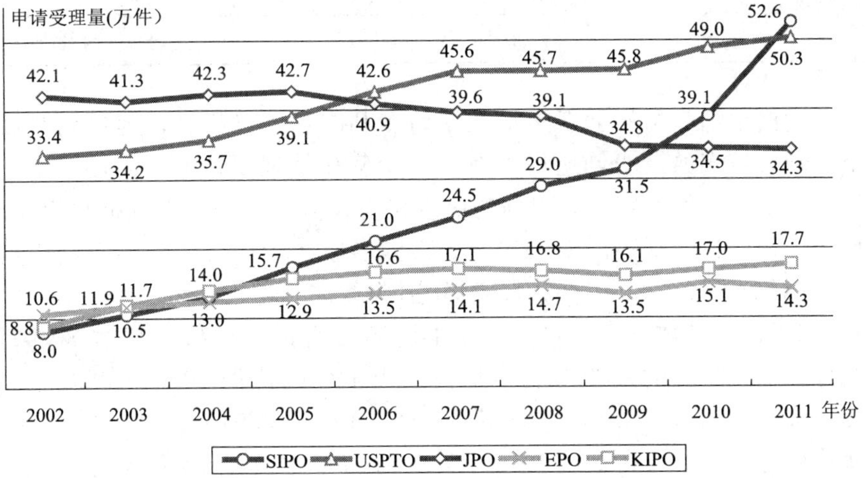

图 1　2002～2011 年中美日欧韩五局发明专利申请受理状况

（二）发明专利申请所占比例小（见表 2）

表 2　国内外发明专利所占比例统计表

年份	国内/国外	发明专利受理量(件)	总受理量(件)	发明专利申请所占比例
2012	国内	535 313	1 912 151	28.00%
	国外	117 464	138 498	84.81%
2011	国内	415 829	1 504 670	27.64%
	国外	110 583	128 677	85.94%
2010	国内	293 066	1 109 428	26.42%
	国外	98 111	112 858	86.93%
2009	国内	229 096	877 611	26.10%
	国外	85 477	99 075	86.28%

续表

年份	国内/国外	发明专利受理量(件)	总受理量(件)	发明专利申请所占比例
2008	国内	194 579	717 144	27.13%
	国外	95 259	111 184	85.68%
2007	国内	153 060	586 734	26.09%
	国外	92 101	107 419	85.74%

国内申请人虽然创新热情及申请专利的积极性极高，但创新高度仍显欠缺，较多的发明创造集中在实用新型和外观设计上，而创造水平及科技含量较高的发明专利申请的比重相对较低。从表2中数据可以看出，国家知识产权局受理的专利申请中，国内申请人提交的发明专利申请占三类申请的比例2007～2012年分别为：26.09%、27.13%、26.10%、26.42%、27.64%、28.00%，总体趋势在增长，但都不超过30.00%；国外申请人提交的发明专利申请占三类申请的比例2007～2012年分别为：85.74%、85.68%、86.28%、86.93%、85.94%、84.81%，数据基本稳定，并且均在80%以上。具体到单个企业，在家用电器领域，松下、西门子在华有效专利八成以上是发明专利；而在海尔集团拥有的专利中，发明专利比重是18.4%，美的集团仅为2.0%。

（三）职务发明所占比例偏小（见表3）

表3 国内外发明专利申请中职务发明所占比例统计表

年份	国内/国外	职务发明(件)	发明专利受理总量(件)	职务发明所占比例
2012	国内	428 427	535 313	80.03%
	国外	114 700	117 464	97.65%
2011	国内	324 224	415 829	77.97%
	国外	107 899	110 583	97.57%
2010	国内	223 754	293 066	76.35%
	国外	95 517	98 111	97.36%
2009	国内	172 181	229 096	75.16%
	国外	82 647	85 477	96.69%

续表

年份	国内/国外	职务发明(件)	发明专利受理总量(件)	职务发明所占比例
2008	国内	140 452	194 579	72.18%
	国外	92 827	95 259	97.45%
2007	国内	107 665	153 060	70.34%
	国外	89 636	92 101	97.32%

职务发明资金保障稳定、技术研发实力强，市场前景相对较好，是提升专利质量、促进专利运用的中坚力量。从表3中的数据可以看出，国家知识产权局受理的发明专利申请中，国内申请人提交的发明专利申请中职务发明所占比例2007～2012年分别为：70.34%、72.18%、75.16%、76.35%、77.97%、80.03%，总体趋势是逐年增长，但基本不超过80.00%；国外申请人提交的发明专利申请中职务发明所占比例2007～2012年分别为：97.32%、97.45%、96.69%、97.36%、97.57%、97.65%，数据基本稳定，并且均在96%以上。数据表明，国内申请人提交的发明专利申请中职务发明所占比例与国外申请人提交的发明专利申请中职务发明所占比例还有一定差距。

（四）发明专利授权率偏低（见表4）

表4　发明专利授权量统计表　　单位：件

国内申请人	受理量	2007年	2008年	2009年	2010年	小计	授权率
		153 060	194 579	229 096	293 066	869 801	46.14%
	授权量	2009年	2010年	2011年	2012年	小计	
		65 391	79 767	112 347	143 847	401 352	
国外申请人	受理量	2007年	2008年	2009年	2010年	小计	67.79%
		92 101	95 259	85 477	98 111	370 948	
	授权量	2009年	2010年	2011年	2012年	小计	
		63 098	55 343	59 766	73 258	251 465	

发明专利授权率反映的是专利发明的技术含量，它是否达到《专利法》的要求，是其能否获得专利权的关键。笔者没有查到具体的发明专

利授权率数据，但根据我国目前发明专利授权时间平均为 24 个月推算，可以大体估算出发明专利授权率。本文用 2009～2012 年的授权量总数除以 2007～2010 年的受理量总数，可以大体估算授权率，国内授权率为 46.14%，国外授权率为 67.79%。该对比选用的时间周期相同、审查标准相同，因此由数据可以看出，国内申请人提交的发明专利申请的质量与国外申请人提交的发明专利申请的质量还存大较大差距。

（五）发明专利拥有量低

表 5　国内有效发明专利统计表

年份	有效发明专利量（件）	年份	有效发明专利量（件）
2012	473 187	2009	180 042
2011	351 288	2008	127 596
2010	257 893	2007	95 678

专利拥有量在一定程度上反映的是市场价值，代表的是这个发明创造究竟能不能得到市场认可，能不能产生经济效益。虽然我国发明专利拥有量提升较快，但较发达国家和地区尤其是美日欧还有较大的差距。截至 2011 年年底，我国国内（不含港澳台）有效发明专利量为 351 288 件（见表 5），而 EPC 成员国、日本、美国和韩国同期国内有效发明专利数量依次为2 025 057 件、1 346 997 件、1 099 943 件和 466 957 件。截至 2011 年年底，我国国内（不含港澳台）每万人发明专利拥有量为 2.4 件，而日本同期为 105.3 件，韩国为 96.1 件，美国为 35.6 件，充分说明我国创新能力和市场竞争力与欧洲、美、日、韩相比仍然存在巨大差距。

（六）同族专利极少

表 6　提交 PCT 申请的状况　　单位：件

年份	PCT 申请量	发明	实用新型	发明、实用新型总量	占比
2012	18 145	535 313	734 437	1 269 750	1.43%
2011	10 097	415 829	581 303	997 132	1.01%
2010	8 440	293 066	407 238	700 304	1.21%
2009	5 535	229 096	308 861	537 957	1.03%
2008	3 476	194 579	223 945	418 524	0.83%
2007	3 602	153 060	179 999	333 059	1.08%

如果有关专利为核心技术，具有很强的市场竞争力，申请人就会努力在不同国家和地区申请同族专利。如果他们只想在中国获得保护，他们就不会在乎在国外专利布局。专利布局的有无，不仅是开拓国际市场的基础，更是中国企业竞争能力的标志。表6为国内申请人提交PCT申请的数量及占国内申请人发明和实用新型总申请量的统计表，从表6数据中可以看出，国内申请人提交PCT申请的数量在快速增长，但与当年国内的申请总量相比，所占比例还太少，占比最高的2012年还不足2%。当然，除了PCT，可能有一部分申请人通过巴黎公约途径向国外及港澳台地区提交了专利申请。考虑到通过巴黎公约向国外及港澳台地区提交的申请数量不高，因此本文粗略地将PCT申请作为向境外及港澳台提交的申请。这就是说，国内申请人提交的专利申请中，超过98%的仅在中国国内申请了专利，而未在境外申请专利。依据专利地域性的特点，中国国内申请人的专利98%成为国外的免费午餐。而2005～2009年，美国申请人在海外申请专利的高达27%，在欧洲这个数字是40%。数据表明，中国专利的海外布局非常不够，专利的国际竞争力严重不足。

（七）海外有效发明专利数量极少

表7　截至2011年年底各局有效发明专利按来源地分布状况 单位：件

	受理局				
来源地	EPO	JPO	KIPO	SIPO	USPTO
EPC成员国	2 025 057	82 165	35 843	87 375	314 161
日本	384 184	1 346 997	100 282	153 140	449 577
韩国	42 313	21 061	466 957	29 450	77 031
中国	17 475	1 113	822	351 288	11 125
美国	697 661	78 461	40 791	66 214	1 099 943
其他	128 995	12 285	5 950	9 472	161 791
合计	3 295 685	1 542 082	650 645	696 939	2 113 628

截至2011年年底，中国在EPC成员国有效发明专利为17 457件，占EPC成员国有效发明专利总量的0.53%；在日本有效发明专利为1 113件，占0.07%；在韩国有效发明专利为822件，占0.13%，在美国有效发明专利为11 125件，占0.53%（见表7）。而在我国的有效发明专利

中，EPC 成员国、日本、韩国和美国依次占 12.54%、21.97%、4.23%、9.50%。可见我国海外有效发明专利数量与美日欧韩相比劣势十分明显。

（八）专利维护时间短

专利的维持时间是表征专利运用与市场化水平的关键指标。维持时间越长，说明创造经济效益的时间越长，市场价值越高，或者说专利涉及核心技术。图 2 给出了国内外有效发明专利维持年限百分比分布图，图中数据表明，国内有效发明专利中，维持 5 年以下的占 54.3%，而国外这一比例只有 15.1%；维持 10 年以上的，国内只占 4.8%，而国外为 24.7%。具体到单个企业来看，国内有效发明专利数量排名前两位的华为和中兴公司维持 10 年以上的比例分别为 11.1%和 7.3%，而国外排名前两位的松下和三星则达到了 32.0%和 27.1%。以上数据一定程度上说明国内专利的经济价值较低，涉及核心技术的专利较少。

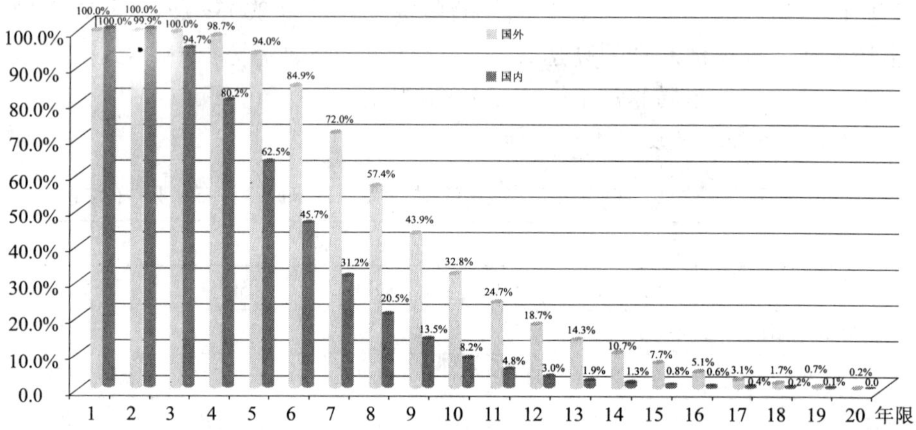

图 2 国内外有效发明专利维护年限百分比分布图

二、成因分析

通过专利基本信息分析可以看出，中国专利有“量”又有“速”，但“质”的情况并不乐观。究其原因，有如下几个方面。

（一）整个社会原始创新能力不强

我国科技事业总体发展水平落后于世界发达国家，例如在电子信息产品领域，国产手机、电脑、彩电等30多种电子产品的产量已居世界第一，但拥有自主知识产权的不到10%，多数都是贴牌产品。据测算，我国科技进步对经济增长的贡献度不足30%，明显低于发达国家60%～70%的水平。我国原始创新能力不强，技术创新能力不足，创新方式主要为改进型外围创新为主，严重影响了我国的专利质量。

（二）专利指标要求

2008年6月5日，国务院颁布《国家知识产权战略纲要》，将知识产权战略上升为国家战略。在国家“十二五”规划中，将“每万人口发明专利拥有量”列入国民经济与社会发展综合考核指标体系，目标为从2010年的1.7件提高到3.3件。随后各省市、国防工业各集团公司分别发布相关的知识产权战略实施方案，把加大发明专利申请和授权数量当做一项基本政策。例如，《福建省“十二五”科技发展规划》提出，到2015年福建每万人口发明专利拥有量为2.9件。国务院办公厅《关于强化企业技术创新主体地位全面提升企业创新能力的意见》要求，到2015年，企业发明专利申请和授权量实现翻一番。在政府鼓励及完成指标的压力下，中国人提出的专利申请迅猛增长，远远高于GDP的增长速度和研发投入的增长速度，其中免不了为完成规划目标而“制造”的专利申请。

（三）专利资助政策

目前，中国绝大多数地方政府都制定了专利申请奖励办法，尽管每个省、每个市县具体的奖励政策和力度有所不同，但大体上很多专利申请人都获得了每项从几百元到几千元不等的奖励。例如，《北京市专利申请资助金管理暂行办法》规定，北京市专利示范单位：每项发明专利最高资助标准为5 000元人民币；单位申请人当年发明专利申请量达到100件以上（含100件）的，从第101件申请起，对当年申请的发明专利每项再资助1 000元人民币；对当年授权的发明专利每项再资助1 500元人民币。这种资助政策使得专利申请人几乎不承担任何成本，甚至还可以赚钱。少数申请人纯粹是为了申请而申请，完全不考虑技术方案的质量。专利奖励政策成为促进专利申请数量暴增的一大动力。

（四）专利对企业具有很大的经济价值

1. 高新企业认证需要

《企业所得税法》规定，“高新技术企业”享受15%的优惠税率，普通企业实施25%的统一税率。因此，企业争取“高新技术企业”认证的需求十分迫切。根据《高新技术企业认定管理工作指引》，高新技术企业评审实行打分制，其中知识产权所占分值高达30分（满分为100分）。一个发明专利或其他六个知识产权（比如六项实用新型）可以获得30分，而企业总分70分以上（不含70分）才算达标。换句话说，如果知识产权的30分拿不到，那么高新技术企业想也别想。显而易见，授权专利的数量对于申请高新技术企业具有何等重要的地位。

2. 企业注册资金需要

我国现行《公司法》规定，知识产权可以作为企业注册资本投资入股，一项专利，经过知识产权评估后，就可能身价倍增，变成几千万元的注册资产。申请专利已经成为企业解决缺少注册资金的有效途径，目前中国已经出现了很多采用专利权投资入股的企业。

3. 企业贷款需要

各省市科技厅和人民银行中心支行都有政策规定，企业用专利证书质押可以获得银行贴息贷款。用专利证书贷款申请程序简单、贷款额度大，可以从几十万元到几千万元，贷款速度快，各银行都不受贷款指标的限制优先放贷，贷款利息低，政府贴息总利息的50%，专利成为企业低成本融资的手段之一；另外公司IPO资产评估时，专利也是企业资产的倍增器。上述政策使得企业重视专利数量、轻视专利质量。

（五）专利对个人具有很大的激励作用

在发明奖、科技进步奖评审中，专利数量会起到很大的支撑作用。在职称评定中，专利数量和论文数量一样，也会起到重要的作用。因此科研院所、大学等科研人员非常重视专利申请。甚至对中小学生来讲，拥有专利证书也有极大的好处。高中生拥有发明专利或实用新型专利，可以参加部分985、211等名牌大学、重点大学的自主招生。2012年明确规定拥有国家专利证书可参加自主招生高校名单包括清华大学、北京大学、北京航空航天大学、中央财经大学等30多所著名高校。

三、对提高专利质量的建议

伴随世界专利大国身份的确立，我国的专利工作应该从重数量向求质量、求效益转变，使专利技术真正成为转变经济发展方式的重要支撑，成为建立创新型国家的基石。

（一）完善相关政策

自从2006年我国提出建设创新型国家后，自主知识产权成为建设创新型国家的一个重要指标，也是衡量地方创新能力的重要标志。各地政府纷纷出台相关的政策，基本上是以专利申请量、授权量作为评价专利工作的主要依据，其结果是导致专利数量的剧增。数量的增加是一个可喜的开端，但更应该清醒地意识到不能就此止步。因为在与世界发达国家竞争中，专利质量才是决定胜负的关键因素，才是决定国家创新能力的重要因素；因此，应该完善知识产权相关政策，制定科学的专利工作评价体系，完善“每万人口发明专利拥有量”考核评价体系，确定考核指标，将专利质量尤其是经济效益列入政府政绩考核体系中。国家及各级政府应当在知识产权制度建设和公共政策设计、立法与执法方面引导知识产权战略从“数量战略”向“质量战略”的转型，促进提升专利技术价值、经济价值及国际竞争能力。

（二）调整专利资助办法

我国地方政府为了鼓励申请，出台了各种专利资助政策，直接推动了大量非理性的专利申请。因此，应该调整现行的专利资助政策，一是将申请资助改为授权资助，即只有授权的专利才能获得政府的资助，没有授权的专利申请由申请人承担申请费用，这样可以避免一些没有授权前景的虚增专利申请量；二是只对发明专利进行资助，发明专利有实质审查，授权的发明专利技术“含金量”相对较高，权利稳定性也相对较好，对于衡量国家真正的创新能力而言，授权的发明专利才更有实际意义；三是对专利进行价值评估，重点资助及奖励创新性好、应用前景好的基础专利、核心专利。因为理论上只要权利要求保护范围写得足够小，发明专利也比较容易获得授权，所以对于为了凑数而申请的没有实质保护内容的专利应不予资助。

（二）改革专利优惠政策

对科研评奖、高新技术企业评审、专利抵押贷款等专利优惠政策，改变现行仅仅要求专利数量的做法，加强对专利价值评估工作，加大核心发明专利的权重，减少或删除实用新型、外观设计指标。世界绝大多数国家，专利保护的对象仅限于发明，并不包括实用新型和外观设计。理由在于实用新型只是对产品结构、形状的小改良，其技术寿命很短，而且不进行实质审查，权利稳定性相对较差，故实用新型在国际上保护尚未普及；外观设计不是技术方案，而且其市场寿命亦较短。我国设立实用新型、外观设计的原意在于更大范围内鼓励创新和发明，提高国民的专利意识。这两类专利没有实质审查，只要形式审查合格就可以获得授权。我国专利申请数量 2/3 以上就属于这些只需要做书面形式审查的实用新型和外观设计，其中不乏没有任何创新性和市场价值的专利，甚至转化成某些企业或群体谋取不正当利益的工具。

我国提出建设创新型国家的目标，中国共产党的十八大报告也明确提出“实施创新驱动发展战略”，这成为各地方创新和发展的重要任务。随着国家知识产权战略的实施，我国走过了一条知识产权数量不断增加、质量不断提升的创新之路。尽管我国总体而言离创新型国家还任重道远，但在政府鼓励创新战略及企业参与国际竞争需求的协同作用下，中国的创新能力必将“由弱而强”。

参考文献

［1］本文专利统计数据除注明出处外均来自国家知产权网（www. sipo. gov. cn）。

［2］国家知识产权局规划发展司．专利统计简报［R］. 2012（12）.

［3］国家知识产权局规划发展司．专利统计简报［R］. 2012（17）.

［4］《北京市专利申请资助金管理暂行办法》，京财文［2006］3101 号，2007 年 11 月 11 日。

［5］从中央经济工作会议看 2007 年中国经济走向［EB/OL］. 新华网，2006-12-08。

［6］2012 年明确规定拥有国家专利证书可参加自主招生高校名单［EB/OL］. http：// wenku. baidu. com/view/54278e3b43323968011c92de. html.

专利实施之权利、义务考

——从中国“毒胶囊事件”说起*

和育东[1]

摘　要

早期的专利权被称为“垄断实施权”，其中所谓“实施”，与其说是专利权人的权利，毋宁说是政府施于专利权人的义务。作为自然权利的专利实施要受到行政权力的限制。专利制度承认改进专利之后，专利权人的实施权受到削弱。与权利逐渐受到限制的同时，专利权人的当地实施义务也弱化为强制许可制度。现代专利权被称为“排他实施权”，并非“排他权”与“实施权”两项权利的叠加，仅指排除他人实施的消极的排他权。

---

* 本文为北京市哲学社会科学规划重点项目（批准号10AaFX096）的部分成果。

[1] 作者单位：北京化工大学、北京知识产权研究基地。

在 2012 年春天的中国毒胶囊事件中，曾经审批过关于用皮革废料制食用明胶的工艺方法专利的国家知识产权局被推到风口浪尖。❶ 国家知识产权局有关负责人申明，专利权是禁止他人使用其技术的权利，专利授权“不代表该技术方案可直接应用于社会生产、制造、销售和生活等方面”❷。那么，授予专利与专利技术的实施之间是什么样的法律关系？专利权人有没有自己实施其专利技术的权利？专利实施到底是专利权人的权利还是义务？本文将通过梳理专利实施相关制度的历史，辨析专利权的本质，解答这些专利法上容易引人误解的基本问题，以期为思考现实问题有所裨益。

一、作为专利权人义务的实施

（一）当地实施义务及其弱化

专利制度早期，授予专利的政府要求专利权人必须在本国实施其专利技术，即施以当地实施义务。威尼斯曾要求专利权人：第一，在威尼斯实施有关技术；第二，将技术传授给当地相同领域的工匠，这些工匠承担保密义务。17 世纪的英国伊丽莎白女王在颁发的专利中规定了实施条款，要求该专利技术必须在英国付诸实施，否则将撤销。

19 世纪欧洲许多国家专利法规定了当地实施义务，比如法国、奥地利规定专利在授权后一定期限内未在本国实施的，国家有权剥夺或撤销该专利。在巴黎公约谈判中，当地实施义务成为欧洲许多国家和美国争论的焦点。美国竭力反对当地实施义务，要求将无政府干预的专利权写

❶ 2012 年 3 月 15 日，中央电视台《每周质量报告》栏目播出《胶囊里的秘密》节目，曝光了河北一些企业用生石灰处理皮革废料进行脱色漂白和清洗，随后熬制成工业明胶，卖给浙江新昌县药用胶囊生产企业，并流向药品企业而最终进入消费者腹中。这些胶囊中的重金属铬含量严重超标，因此称为毒胶囊事件。随后有网友在微博中爆料，用皮革废料制食用明胶的工艺方法早在 1991 年就申请并获得了专利。于是有媒体指出，负责专利审批的国家知识产权局应当为此承担责任，见《“皮革食用明胶专利”不容轻描淡写》，2012 年 4 月 28 日《新京报》社论。

❷ 新华网 2012 年 4 月 27 日发表题为《知识产权局承认曾批准废皮革提取食用明胶专利》的报道，称国家知识产权局相关负责人接受新华网专访时表示，国家知识产权局受理过 10 件利用皮革废料提取食用明胶的相关专利申请，其中 2 件曾获得批准，但均已失效，目前没有处于有效状态的相关专利。

入巴黎公约。1873年维也纳国际展览会的一个专利会议提议，用严格的强制许可制度取代过于苛刻的剥夺或撤销专利制度，作为对不实施专利的惩罚。1880年比利时会议提议，如果专利在巴黎公约的某个成员国实施了，就彻底禁止专利剥夺。但1883年《巴黎公约》文本在当地实施义务上并未达成一致意见，仍然尊重各国自己的规定。

当地实施义务是《巴黎公约》修订的主要议题。德国在1911年华盛顿会议上建议，在专利申请起3年后不实施的，用强制许可取代撤销作为惩罚，但许多成员国不能接受。直到1925年海牙会议上，成员国终于就引入强制许可达成一致意见，在《巴黎公约》第5条中加入A款第(2)(3)项，规定联盟成员国有权采取必要措施防止因行使专利垄断权可能导致的滥用，比如未实施专利，而且只有在强制许可不足以防止这些滥用行为时才可以采取撤销专利的措施。新增条款提出了专利权滥用的概念，并将不实施视为当然的滥用行为，实际上仍然保留了当地实施义务；但将强制许可优先于撤销作为对专利滥用——包括违反当地实施义务——的惩罚，从而弱化了当地实施义务。

（二）将进口纳入实施：当地实施义务的消解

对于负有当地实施义务的专利权人而言，什么行为构成实施就至关重要。专利制度早期的实施一般理解为专利技术方案转化为具体实施物的过程，当地实施义务中的“实施”必须包括一定规模的制造行为，进口不能代替制造。19世纪70年代，欧洲一些国家将进口专利产品等同于未实施而加以惩罚。法国规定，如果专利权人进口或者允许他人进口专利产品，国家将撤销该专利。1876年的普鲁士是个新兴工业国家，它担心美国等发达国家在德国申请专利并不是为了保护美国设在德国的工厂，而是通过专利权来限制在德国生产专利产品，并将在国外生产的专利产品进口到德国，因此规定当地实施义务。1880年的瑞士也有同样的担忧：如果取消当地实施义务，专利权人可能在法国生产专利产品后销售到瑞士，从而控制瑞士的相关产业。一份向1878年巴黎大会提交的报告并成为大会基础文件认为：“不实施有两种可能性：一是专利权人从外国进口少量的专利产品不影响专利技术在授予专利国的有效实施；二是专利权人进口大量的专利产品以致在授予专利的国家没有实施，或者说只是假实施。”但在美国的反对下，1883年《巴黎公约》文本第5条A款(1)项将进口与强制实施分割开来，规定进口不导

致专利撤销。[❶]

随着经济发展的国际化，人们逐渐认识到反对专利产品进口的不合理性。如果一种专利产品在某个国家成规模地生产后出口到其他授予专利的国家，可以扩大生产规模、提高生产效率；倘若要求专利权人在每个授予专利的国家都设厂，必然不符合效率原则。而且，外国专利权人在授予专利国设厂制造，与该国同行形成竞争，这未必是该国相关企业所乐意看到的。世界经济进入后工业化社会后，制造加工业从发达国家转移到发展中国家；当这些被转移的发展中国家晋身发达国家之后，复将制造业转移到其他发展中国家。时至今日，发达国家进入以技术创造为主的知识经济社会，而发展中国家则进入以制造为主的工业社会，发达国家以技术出口换回货物进口。这种国际分工格局使发展中国家不再担心发达国家制造专利产品后出口到发展中国家，因此专利授予国一般不再禁止专利权人将专利产品进口到该国，而是将进口行为包括在专利实施行为之中。世贸组织《与知识产权有关的协议》（以下简称 TRIPs 协议）第 28 条将进口权列为专利权的内容，成为世贸组织成员国规定专利权效力的最低标准。从逻辑上讲，当进口属于专利实施行为时，《巴黎公约》第 5 条 A 款（1）项的规定进口不导致专利撤销这一规则不再具有现实意义，而且第 5 条 A 款（2）项将不实施作为专利权滥用而施以强制许可的制度被推翻。

二、作为专利权人权利的实施

专利权人是否有权利实施自己的专利？20 世纪 80 年代我国《专利法》颁行之初，有的药品专利权人误以为，既然专利局审批专利了，无需找药品行政管理部门审批就可以制药了。如今人们将食用明胶生产问题归咎于国家知识产权局，也是基于同样的错误认识，似乎国家知识产权局批准专利就表明批准了专利产品的生产、销售。其实，这一错误认识不是我国独有的，而是历史上困扰专利法学的一个基本问题。经过多

---

❶ 《巴黎公约》第 5 条 A 款（1）项：“专利权人将其在公约其他国家制造的专利产品进口到授予专利的国家，不应导致专利被剥夺。但是，专利权人应当遵守专利产品进口国法律中关于实施要求的规定。”

个判例，人们才认识到专利权人实施自己专利的行为仍然要受到行政法的限制。

美国1879年的“帕特森诉肯塔基州”（Patterson v. Kentucky）案是一个典型案例。[1] 肯塔基州法律规定，任何供点燃用的油或其他液体在使用、销售或许诺销售之前，必须由州政府授权的官员进行检测。对于华氏130度以上能够点燃或永久燃烧的，检测官员会在油桶上标记为“标准油”；对于低于华氏130度时点燃或永久燃烧的，则标记为“燃烧不安全”。本案原告帕特森销售的“北极光油”曾被肯塔基州授权官员标记为“燃烧不安全”，因此被法院判处罚金。帕特森辩称，他销售的北极光油是按照1867美国专利局授给发明人亨利（Henry C. Dewitt）的专利而制造的专利产品，其销售行为是在行使联邦宪法赋予他的专利权，与该专利权相抵触的肯塔基州法律不能适用。但最高法院拒绝了帕特森的辩护理由，认为专利权人对作为发明果实的实物享有的财产权，与对发明本身的权利是完全不同的，[2] 提出：

“销售北极光油的权利并不是从专利权衍生出来的，但它确实存在并且在专利授权之前就可以行使，只要它并不为有效的当地立法所禁止。他们（专利权人）所获得的主要是对其发明的专有权，这是一种无形权利……对该无形权利的享用受到国家法律的保障和保护，任何州法都不得违抗它；但是，运用该发明而得到的有形财产的使用，并不因为发明人获得对其发明的垄断而免受州法的控制。”[3]

帕特森诉肯塔基州案判决书还引用了美国另一个典型案例“乔丹诉戴顿监管者案”（Jordan v. The Overseers of Dayton），原告使用一种专利药违反了俄亥俄州关于行医的法律而被惩罚，原告辩称他用的药是专利产品，专利文件已经对该技术描述为“新的有用的改进”，因此无须获得州法的行医许可证。俄亥俄州最高法院认为：“专利法的唯一作用是使专利权人能够避免他人未经他同意而使用其劳动产品；但他自己使用的权利并没有放大或受影响。”[4]

[1] Patterson v. Kentucky，97 U.S. 501 (1879).

[2] Patterson v. Kentucky，97 U.S. 501，506 (1879).

[3] Patterson v. Kentucky，97 U.S. 501，506—507 (1879).

[4] Patterson v. Kentucky，97 U.S. 501，507 (1879).

上述判词表明，专利权人有实施自己专利的权利，但这种权利是自然权利，是没有专利制度时仍然享有的权利、在有专利制度时未授予专利的情况下仍然享有的权利。人们将这种权利称为“专利权人实施权”，但实质上它不属于专利权的效力或内容。

帕特森诉肯塔基州案清楚地区分了实施权与专利权，认为实施权是对有形物的财产权，要受到行政法的限制，而专利权是对技术方案享有的无形权利，不受行政法的限制。在美国，由州或地方政府制定的为了保护地区性公共利益的法规或条例称为警察权力，当专利实施与地方警察权力相抵触时，专利权人包括受让人、被许可人不得实施。在 1881 年韦伯诉弗吉尼亚（Webber v. Virginia）案中，最高法院在判决书中举例说：“对炸药的专利并不妨碍州政府为其制造、存储和销售设定条件加以限制；一项制造和销售致命毒药的专利并不能削弱州政府对毒药的处理和使用的控制。”[1]

这一区分与《巴黎公约》第 4 条之四、[2] TRIPs 协议第 27 条第 2 款关于一项发明的可专利性与该发明技术在当地法律上的可实施性的区分是对应的。[3] 专利技术的可实施性与地方立法有关，但这种地方立法不应该影响到该技术的可专利性。就我国食用明胶专利而言，国家知识产权局倘若因为我国法律规定该技术不可实施而拒绝授予专利，反而是违反专利法、违反相关国际公约的。

三、“改进专利”制度对实施义务及实施权利的削弱

专利制度允许发明人不经专利权人许可对其专利技术加以改进并申请获得新专利。著作权制度没有类似制度，未经作者同意不得对其作品进行演绎，遑论对侵权演绎作品的著作权。商标制度也没有类似制度。改进专利制度是专利法上独有的一项制度，是揭示专利权本质的钥匙。

---

[1] Webber v. Virginia，103 U. S. 344，347（1881）.

[2] 《巴黎公约》第 4 条之四规定：“不得以专利产品的销售或依专利方法制造的产品受到国内法的限制为理由，而拒绝授予专利或使专利无效。”

[3] TRIPs 协议第 27 条第 2 款规定成员不能“仅仅因为一项发明的实施被其法律禁止”而拒绝授权。

（一）“改进专利”制度的生成

早期专利制度并不承认改进专利。英国垄断法案的权威解释者爱德华·柯克（Edward Coke）于1628年指出，一件新的制造物“必须是基本上和实质上是新发明的；如果该物质实质上已经存在，只是在其上面增加一些新的东西，尽管这种增加使它产生更高的利润，然而在法律上它并不是新的制造”。当时英国普通法认为，改进发明犹如给旧大衣上缝了一颗新扣子，不成其为可专利主题。

扭转这一局面的是关于装饰船体的技术申请获得了专利。1667年菲利普·霍华德（Philip Howard）与弗朗西斯·沃兹森（Francis Watson）的一项“船舶涂沥青、抛光、染色”技术获得专利；1668年一项“各种涂漆，包括仿造镀金”技术获得专利。1669年霍华德与沃兹森诉称伦敦印染公司（Company of Painters and Stainers of London）侵犯其第二项专利。但在确定专利权的保护范围时遇到麻烦，当时的专利既没有说明书，更没有权利要求书。为了避免这种尴尬重演，1670年在授予霍华德与沃兹森一项关于“覆盖一层薄铅的方法”专利时，英国政府要求专利权人在3个月内提交一份关于该方法技术的公开描述。这既是说明书制度的萌芽，也预示着改进专利将得以承认。船舶装饰技术本是船舶制造技术的改进技术，这项技术的实施物无法成为独立的产品，而只能寄托于被改进技术的实施物——船舶。反对授予船舶装饰技术以专利的人担心，如果授予专利后，其他人作出任何有关船舶装饰的发明都会被认为是该专利技术，因为无法通过特定的产品或装置与其他专利区分开来。可见，改进技术不能授予专利的根本原因不是改进技术本身，而在于改进专利技术难以通过某种实物如产品或装置与其他技术区别开来。英国允许发明人通过专利说明书来界定其技术保护范围，从而为改进技术获得专利开辟了道路。将改进专利制度看作是专利制度的一次革命并不过分，它迫使专利保护范围不再依靠体现专利技术的实物来界定，而是依靠文字描述的说明书以及后来的权利要求书；而专利说明书及权利要求书的出现使专利制度从蒙昧时代迈向现代专利制度，使专利客体脱离实物而走向观念化的技术方案。

（二）“改进专利”制度对实施权利与义务的削弱

现行有效的专利绝大部分要么是改进专利，要么是被改进专利，这种状况极大地改写了专利权人的实施义务与实施权利。以选择发明为例，假设被改进专利的某个技术特征范围为 0～100 单位，改进专利发明人发现该技术特征在 20～21 单位时能够取得预料不到的效果，并因此获得改进专利。对于改进专利的专利权人，未经被改进专利权人的许可不得实施自己专利，因此他既无对自己专利的实施权，当然也无法履行实施义务。对于被改进专利的专利权人，其原本在技术特征为 20～21 单位的范围内享有的实施权受到限制，非经改进专利权人的许可不得实施；同样，在该技术特征范围内的实施义务也相应得到弱化。

专利实施权的削弱体现在专利权人不得以实施自己专利作为不侵权抗辩。从判例历史看，这一认识的形成经历了一个过程。美国最高法院在 1854 年的“考宁诉波德案”（Corning v. Burden）中认为，[1] 如果被控侵权人以实施自己专利而制造的“机器是新的，因而不侵权”这样的推定加以抗辩，法庭不应排除这样的证据，因为至少被告实施自己专利证明被告的行为是善意的。但是，美国第 6 巡回上诉法院在 1911 年的何尔曼诉约斯唐汽车制造公司（Herman v. Youngstown Car Mfg. Co.）案中改变了上述看法。[2] 该案原告起诉被告侵犯其 1903 年获得授权的专利，被告以其实施 1904 年获得授权的自己专利作为抗辩。法官丹尼生（Denison）撰写的判词认为，被告实施自己专利与是否侵犯他人专利并无关系：[3]

“授予后一个专利以及被告实施该专利，这对于前一个专利的侵权问题并不重要。以前一些案例判决书的表述暗示，政府授予后一个专利就授予了制造和使用专利实施物的权利，如果前一个专利禁止后一个专利实施物的制造，就意味着后一个专利的授权与前一个专利保护范围的解释之间不相符合。如此推论是建立在根本错误的前提上。专利并不是授予制造或使用或销售的权利。不管是直接的还是间接的，它根本没有暗示任何这样的权利，它只是授予排除他人的权利。那种制造权（right to make）系由授予专利所创设的观点，显然与一般（generic）专利与改进（specific）专利的区别并不相符。一个众所周知的事实是，相当多的专利被该技术领域相对一般或基础的专利所覆盖，是对早先专利的有所贡献

[1] Erastus Corning and John F. Winslow v. Peter A. Burden，56 U.S. 252，271 (1854).

[2] Herman v. Younstown Car MFG. Co.，191 F. 579 (1911).

[3] Herman v. Younstown Car MFG. Co.，191 F. 579，584—585 (1911).

的某个分支，除非获得早先专利的许可方可实施。”

何尔曼诉约斯唐汽车制造公司案的被告是以实施自己拥有的改进专利（在后专利）作为对被改进专利（在先专利）的侵权抗辩，没有得到法院支持。换一个角度看，倘若被告以实施自己拥有的被改进专利作为对改进专利的侵权抗辩，根据改进专利制度的原理，也不能成立。但是，我国最高人民法院曾经公布的《关于审理专利侵权纠纷案件若干问题的规定》（会议讨论稿 2003 年 10 月 27～29 日）第 44 条曾这样规定所谓“自己专利抗辩”。“专利侵权诉讼中，被控侵权人以实施自己的专利进行不侵权抗辩，被控侵权人自己专利的申请日在原告专利申请日之前的，人民法院应当对被控侵权物是否系实施被控侵权人自己专利的事实进行审查。被控侵权人确系实施自己专利的，人民法院应当认定被控侵权人不构成专利侵权。”如果执行上述规定，就会得出“在先获得专利的被改进专利权人可以随意实施他人在后获得的改进专利，而改进专利权人不可实施被改进专利”的荒谬结论。比如被告基本专利的权利要求包括 a、b、c 3 个技术特征，原告改进专利的权利要求包括 a、b、c、d 4 个技术特征，被告实施原告专利（a、b、c、d）的产品当然也落入自己专利（a、b、c）范围内，倘若被告可以按实施自己专利抗辩而不承担侵权责任，不符合专利法关于改进专利的制度设计。该草案第 44 条在后来的修改过程中被废弃。值得指出的是，2008 年我国《专利法》第三次修改增加了第 62 条的现有技术抗辩制度：“在专利侵权纠纷中，被控侵权人有证据证明其实施的技术或者设计属于现有技术或者现有设计的，不构成侵犯专利权”。按照文义解释，如果被告有证据证明其实施的技术为自己专利，而且自己专利的申请日在原告专利申请日之前，则构成现有技术抗辩，法院可以直接判决被告不构成侵权。倘如此，现有技术抗辩制度岂不是包括了前述的“基本专利权人实施改进专利可以构成自己专利抗辩”的不合理现象？为消除这一误解，最高人民法院于 2009 年颁布的《关于审理侵犯专利权纠纷案件应用法律若干问题的解释》第 14 条规定，在判定现有技术抗辩时要求“被诉落入专利权保护范围的全部技术特征，与一项现有技术方案中的相应技术特征相同或者无实质性差异”。仍以前述例子来说明，“被诉落入专利权保护范围的全部技术特征”为（a、b、c、d），现有技术即被告自己专利为（a、b、c），显然不成立现有技术抗辩。可以说，这一司法解释及时澄清了《专利法》第 62 条容易引起的歧义。

四、结论：裸露出来的专利权本质

人们将早期的专利称为“垄断实施权”，意思是只能自己实施、不许他人实施。这种认识并不正确。通过追溯历史可以得知，与其说实施是专利权人的权利，毋宁说是专利权人的义务。政府授予的专利权并不是积极的实施权，相反，政府要求专利权人履行当地实施义务。无论是义务还是权利，二者均已随着专利制度的发展而大大削弱。挥去专利实施的迷雾，专利权的本质才能清晰起来，即专利权仅仅是作为消极权利的排他权，不包括作为自然权利的积极的实施权。倘若对此缺乏清醒认识，就会出现将“自己专利抗辩”纳入现有技术抗辩中的谬误。

如今人们将专利权称为“排他实施权”，并非“排他权”与“实施权”两项权利的叠加，而是“排除他人实施的权利”，仅指排他权。对食用明胶技术而言，国家知识产权局授予的专利权不包括实施权；倘若国家知识产权局当初拒绝授予专利权，该项技术方案则会进入公有领域、任何人均有可能实施，毒胶囊事件仍然可能发生。澄清了对专利权本质的错误认识，就不会将食用明胶专利与毒胶囊事件相联系了。

参考文献

[1] 郑成思．知识产权法——新世纪初的若干研究重点［M］．北京：法律出版社，2004.

[2] MATTHEW FISHER. Fundamentals of Patent Law—Interpretation and Scope of Protection [M]. Oxford and Portland：Hart Publishing，2007.

[3] GRAEME B. DINWOODIE，WILLIAM O. HENNESSEY，SHIRA PERLMUTTER. International Intellectual Property Law And Policy [M]. Newark：Matthew Bender & Company，Inc.，2001：376.

[4] 林秀芹．TRIPs体制下的专利强制许可制度研究［M］．北京：法律出版社，2006.

[5] DAVID J. BRENNAN. The Evolution of English Patent Claims as Property Definers [J/OL]. Intellectual Property Quarterly，2005（4）：361－399. http：//papers. ssrn. com/sol3/papers. cfm? abstract_id=938634.

英国职务发明奖酬制度的发展及其对我国的借鉴*

刘　强❶

摘　要

职务发明奖酬是职务发明制度的核心内容，英国专利法在确定职务发明奖酬的贡献基础、明确职务发明奖酬发放的范围和标准、预防关联交易对职务发明奖酬的负面影响、解决技术人员离职以后的奖酬发放、建立多元化奖酬纠纷解决机制、细化职务发明奖酬影响因素等方面值得我们借鉴，并在立法和司法时加以完善。

* 本文为湖南省哲学社会科学基金项目（编号：11YBA311）和国家自然科学基金面上项目（编号：71173191）阶段性成果。

❶ 作者单位：中南大学知识产权研究院。

职务发明创造的奖励与报酬是法律规定由企业支付给技术人员的职务发明方面的特别薪酬，在职务发明权属确定以后，企业支付职务发明奖酬的范围和数额往往成为纠纷产生的核心问题，这就需要从法律制度设计上加以解决。《专利法》《专利法实施细则》对于职务发明奖励和报酬的规定主要涉及专利授权和实施后，企业对于职务发明人应当支付的薪酬。作为职务发明或设计人，不仅享有在专利文件当中标明自己为发明或设计人员的精神权利，而且还享有相应的经济权利。被授予专利权的单位应当对职务发明创造的发明人或设计人给予奖励；专利实施后，根据其推广应用的范围和取得的经济效益，对发明或设计人应给予合理的报酬。对于职务发明奖酬发放的方式与数额，《专利法实施细则》在明确当事人可以自行约定的同时，对于没有相关约定的情况下的发明奖酬的标准进行了规定。2010 年《专利法实施细则》修改以后，相对于原规定提高了相应的标准，但是在制度完善与实施中应当借鉴包括英国在内的各国经验和做法。

一、英国专利法中职务发明奖酬制度的发展

1975 年英国下议院标准建议委员会（Standard Advisory Committee）发布的《专利法发展白皮书》中就提出要给予雇员以法定职务发明奖酬。当时，英国职务发明专利占专利总数比例为 80%～85%，解决职务发明奖酬问题也被提上了法律制定议程。[1] 根据该白皮书所披露的立法政策，雇员应当证明职务发明成果并未包含在普通的劳动合同当中，因而构成雇员对雇主收益的突出贡献。英国现行专利法制定于 1977 年，并且经过 1988～2007 年的近 10 次修改，沿用至今。其中第 39～42 条涉及职务发明奖酬内容，分别对职务发明权利归属，需要由企业支付职务发明奖酬的发明创造范围，职务发明奖酬的标准和涉及职务发明奖酬的当事人协议效力问题进行了规定。

在职务发明权属界定上，英国专利法倾向于雇主享有职务发明权利，

[1] K. R. WOTHERSPOON. Employee Inventions Revisited [J]. Industrial Law Journal, 1993, 22 (2): 119－132.

不论是对公司盈利负有特殊责任的高级技术管理层，还是执行本职工作的普通技术人员，其完成的发明均为职务发明，权利属于公司所有。而在职务发明报酬方面，英国专利法则侧重保障雇员利益。在英国专利法的历次修改中，涉及职务发明奖酬的部分主要有三次，分别是 1988 年修正案增加了雇员实施非职务发明既不侵犯雇主专利权，也不构成对雇主著作权和外观设计专用权侵犯的规定；1992 年增加了关于集体合同中有关职务发明奖酬数额的内容优先适用的规定；2005 年将计算职务发明奖酬的基础从仅针对专利所产生的经营收益拓展到专利授权以前或者未申请专利的职务发明所创造的效益。

英国判例法对于职务发明奖酬的态度有所转变，1991～1992 年所作的数个裁决似乎强化了雇员在职务发明奖酬中的证明义务，特别是证明职务发明及其专利权对于企业经营收益必须具有显著贡献。[1] 1991 年英国专利局审理的 British Steel PLC's Patent 案[2]中，雇员由于不能排除雇主与客户关系对于经营收益的决定性影响，因此未能获得职务发明奖酬；1992 年英国专利局的 GEC Avionics Limited 专利案[3]中，法院对于在大型企业工作的技术雇员，认为由于单个专利所产生的经济效益占企业总体经营额的比例较小，因此倾向于不发给职务发明奖酬[4]；同样在 1992 年审理的 Memco-Med Limited 专利案中，法院在原告不能证明职务发明对于特定产品利润有显著贡献时，不给予其特别奖酬[5]。而 2009 年由英国高等法院审判的 Kelly & Chiu v. GE Healthcare Limited 案等则体现了英国司法机关在处理职务发明奖酬方面的最新发展，给予了技术人员较高的奖酬。上述法律和案例值得我国在未来完善职务发明奖酬制度，包括可能制定“职务发明奖酬条例”时加以借鉴。

---

[1] K. R. WOTHERSPOON. Employee Inventions Revisited [J]. Industrial Law Journal, 1993, 22 (2): 119－132.

[2] British Steel PLC's Patent [R]. Reports of Patent, Design and Trade Mark Cases, 1992, 109 (6): 117－130.

[3] GEC Avionics Limited's Patent [R]. Reports of Patent, Design and Trade Mark Cases, 1992, 109 (5): 107.

[4] 最新不列颠法律袖珍读本——知识产权法 [M]. 徐亮，译. 武汉：武汉大学出版社，2003: 51.

[5] Memco-Med Limited's Patent [R]. Reports of Patent, Design and Trade Mark Cases, 1992, 109 (17): 403－420.

二、英国职务发明奖酬制度的特点

首先，职务发明奖酬所针对的发明范围不再限于已授予专利的技术。根据《英国专利法》2004 年修改的内容，对在 2005 年以后所完成的职务发明，不仅对于职务发明已经获得专利并带来竞争优势的事实应当给予技术人员特别奖酬，而且对于职务发明本身所能够带来的经济效益，也是计算奖酬的基础。❶ 在 2005 年以后，雇员不仅对转让已经获得专利授权的职务发明能够要求职务发明奖酬，而且对于企业依赖尚未申请专利或者已经申请专利但是尚未授权的职务发明所获收益，也可以要求企业支付特别奖酬。英国专利法要求，企业即使不申请专利，也必须支付职务发明奖酬，否则会造成企业为回避支付奖酬的义务而怠于申请专利，转而利用商业秘密获得保护。这种情况可能在技术更新较快的电子信息领域更为突出❷。而对于基于专利权所获得的收益，不仅可以包括专利转让或者许可中的金钱收益，而且包括交叉许可收益、专利侵权赔偿金或者作为职务发明的技术秘密遭侵权时所获得赔偿金。因此，在 2005 年以后，《英国专利法》所规定的职务发明奖酬基础显著扩大了，也防止企业通过非正常的专利交易规避应当支付的奖酬。

其次，提高了对职务发明在技术升级和经营收益方面的贡献要求。英国专利局 1991 年 British Steel PLC's Patent 案❸和 2009 年英国高等法院 Kelly & Chiu v. GE Healthcare Ltd 案❹的判决中涉及是否支付职务发明奖酬的认定标准。英国专利法规定研发人员所作出的发明必须对于企业商业利益有显著贡献（Outstanding Benefits），才能获得独立于其普通薪酬的额外奖励。由于考虑到进行技术开发本身就是技术人员的职务范围，因此如果其仅是执行自身职务范围内的发明创造，应当说其获得的普通薪酬本身就已经包括了发明创造贡献的对价。英国议会在审议发放法定奖酬的职务发明范围时，就突出"对于企业甚至整个产业获得革命

❶ 参见《英国专利法》第 40 条第 1～2 款和第 41 条第 1 款。

❷❸ K. R. WOTHERSPOON. Employee Inventions Revisited [J]. Industrial Law Journal, 1993, 22 (2): 119—132.

❹ Kelly and Chiu v GE Healthcare Limited, High Court of United Kingdom [R]. Reports of Patent, Design and Trade Mark Cases, 2009 (12): 363—406.

性发展的开拓性发明的奖酬”[1]。从而减少了企业支付奖酬的人员范围，事实上也减少了产生纠纷的可能性，而将发放薪酬的范围集中在作出突出贡献的技术专家。

再次，明确了发放职务发明奖酬的法定标准。在职务发明创造奖酬比例方面，英国法院传统认为，发明设计人员所获得的实施专利技术的报酬，与企业在实施该技术后所获得的税后利润相联系。而税后利润的产生与专利权的申请与保护应当密不可分，所以其所得到的报酬数额是企业所得利润的一定比例。Kelly & Chiu v. GE Healthcare Ltd 案中认为，英国法院普遍采用职务发明奖酬占净利润比例为 33%以下时均属于合理比例的观点，尽管该案实际判决的奖酬比例并未达到这一比例。该案中判给研发人员的职务发明报酬略高于我国的上述法定比例。[2] 该案法院判定该企业分别支付 100 万英镑和 50 万英镑给技术人员 Kelly 及 Chiu。他们两位发明了可以用于成功诊断心脏疾病的医疗器械的系列专利。对于具体的补偿金数额，相当于该企业利用发明专利制造产品的销售额的 0.1%或者净利润的 3%。法院判决的理由是，如果没有企业的发展和对专利权的运用，单靠技术人员个人是无法完成专利权的创造并加以运用的。英国专利法在职务发明奖酬影响因素方面规定：(a) 雇员的工作性质、他按照本法在雇佣中或者根据职务发明已经取得的报酬或已得到的其他利益；(b) 此雇员致力于该项发明所付出的努力和技能；(c) 其他任何共同致力于作出此发明的雇员所付出的努力和技能，以及不是该项发明的共同发明者的另一雇员所提供的建议和帮助；(d) 雇主通过提供的建议，设备以及其他帮助、提供的机会，以及他的管理和商业技术和活动对该项发明完成、开发和实施所做的贡献。Memco-Med Limited 专利案[3]中，法院就认为如果雇主只对单个客户进行产品销售，则在对盈利的贡献方面，客户关系可能比专利权更为重要，因此难以认定专利权的存在对于企业经营收益具有显著贡献，不符合英国专利法中要求企业支付职务发明奖酬的法定条件。由此，可以避免单纯的比例要求对于报酬

[1] Lord Elwyn-Jones [R]. Public Bodies Bill (HL Debates), 1977, 380 (411): 120.

[2] Kelly and Chiu v GE Healthcare Limited, High Court of United Kingdom [R]. Reports of Patent, Design and Trade Mark Cases, 2009, 126 (12): 363—406.

[3] Memco-Med Limited's Patent [R]. Reports of Patent, Design and Trade Mark Cases, 1992, 109 (17): 403—420.

合理性的限制。

又次，关注企业专利权关联交易对职务发明奖酬的负面影响。《英国专利法》为规制此类行为，在第 41 条第 2 款专门规定“雇主因与其有关系的人通过转让、转授、赠授取得基于发明或者由其产生的专利或专利申请而获得或可望获得利益，则利益的数额应按不存在此关系人时，雇主可得到的利益计算”。即关联交易应当按照非关联交易价格来计算，防止雇主通过关联交易转移本应获得的专利权经营收益，从而减损发明人应当获得的职务发明奖酬数额。必须限制围绕专利转让或者许可进行的关联交易对于技术人员薪酬取得权的损害。根据英国 2009 年由专利法院判决的 Shanks v. Unilever PLC & Others 案❶，法官援引《英国专利法》第 41 条第 2 款的规定，认为在计算雇主获得的专利利益及其应当向雇员支付的经济补偿时，如果雇主向具有关联投资关系的市场主体转让或者许可专利的，其转让或者许可专利的价格应当采用非关联交易时的市场价格加以计算。审理该案的曼恩（Mann）法官认为，要在法院审理时合理确定专利交易价格，必须假设一个虚拟的第三人作为交易相对人，其能够以合理的努力通过商业运作获得专利的市场回报。❷法院不能从法律条文的字面上理解，而仍然以现实中的交易相对人为对象，而假设其不具备关联关系即可。因为，如果现实交易中雇主选择的交易对象市场运作能力显著低于通常能力，则即便是其没有关联关系也无法对于专利交易付出合理的市场价格，因此仍然不能实现专利法保护发明人报酬取得权的目的。当然，如果由于关联关系的存在，使得雇主的交易对象只付出了象征性的价格就取得了专利权或者专利实施许可，则可以认为雇主没有付出合理的努力去寻找合适的交易对象，发明人应当按照超出其真实交易价格而计算得到的报酬。

最后，重视离职以后职务发明奖酬的继续性支付。职务发明及其产生的专利权在职工离职以后仍然能够发挥为企业带来经济效益的作用。而对于技术人员离职以后所产生的专利收益，企业仍然需要和技术人员在职时一样向其支付职务发明奖酬。《英国专利法》第 40 条第 8 款规定，法院或者英国专利局局长在某次裁决中拒绝授予发明人经济奖励，不会必然导致

❶❷ Shanks v. Unilever Plc & Others [R]. Reports of Patent, Design and Trade Mark Cases, 2009, 126 (11): 331－345.

此后发明人提出类似请求时必然被驳回。该条规定实际上体现了职务发明奖酬作为继续性合同的要求。British Steel PLC's Patent 案❶中，法官认为作为计算职务发明奖酬的经营收益必须是企业已经实际取得的，而不是将要取得的，因此此类收益可能在职工离职以后才能够真正实现。基于这种情况，对于职务发明奖酬的支付并不限于技术人员在职期间，对于离职以后的技术人员在职期间所完成的职务发明，如果在技术人员离职后通过实施产生经济收益，则以此为基础的职务发明奖酬也必须给予支付。

三、英国职务发明薪酬制度对我国的借鉴

职务发明奖酬对于鼓励企业在技术研发领域的投资，并促进该投资产出最优化的专利权经营效益非常重要。法经济学家理查德·波斯纳指出："从最近的法律经济学研究中获得的一个重要发现是，法本身——它的规范、程序和制度——极大地注重于促进经济效益。"❷ 因此，对于企业职务发明奖酬的法律制度应当从下列几个方面完善。

第一，提高职务发明对企业经营收益贡献要求，适当增加奖酬占企业经营收益的比例范围。根据英国 GEC Avionics Limited's Patent 案❸等判例，判决支付的职务发明奖酬均集中在对于企业经营收益具有显著贡献的专利当中。而根据我国现行规定，所有实施的专利权均应当支付奖酬，显然扩大了职务发明奖酬纠纷发生的可能性，也不利于技术人员集中研发资源开发具有开拓性的重大技术创造。从职务发明奖酬占企业经营收益比例的裁判来说，法官应当享有更为广泛的裁量权，从而针对不同案件进行处理。目前我国职务发明留给法官的自由裁量空间很小，要么适用雇主有关制度规定或者与技术人员的劳动合同约定，要么在很窄的范围内对职务发明奖酬进行裁决，显然不能适应复杂的现状。需要改变《专利法实施细则》对于职务发明实施后的报酬比例统一为税后利润

---

❶ British Steel PLC's Patent [R]. Reports of Patent, Design and Trade Mark Cases, 1992, 109 (6): 117—130.

❷ 理查德·波斯纳. 法律的经济分析 [M]. 蒋兆康，林毅夫. 译. 北京：中国大百科全书出版社，1997：31.

❸ GEC Avionics Limited's Patent [R]. Reports of Patent, Design and Trade Mark Cases, 1992, 109 (5): 107.

的2%或0.2%固定比例，而应由法院根据职务发明技术或者专利对于经营收益的影响来确定。

第二，拓展计算职务发明奖酬时认定企业经营收益的范围。适当拓展现有的职务发明奖酬计算基础有利于合理确定奖酬数额。例如，不仅专利权所带来的垄断性经济收益应当计算在内，而且除专利权以外职务发明本身所带来的技术领先收益也应当涵盖。例如，在专利申请到授权期间由于抢先占领市场而产生的超额收益应当作为计算基础。另外，对于专利侵权诉讼所获得的经济收益，以及尚未获得专利权的职务发明所产生的经济收益也应当计算在职务发明奖酬的范围内[1]，否则将使得企业在规避薪酬支付义务方面存在侥幸心理，不利于企业与技术人员之间建立相互信任的劳动关系。1991年英国专利局British Steel PLC's Patent案[2]中，专利局认为，如果专利权的存在对于非专利产品的销售能够产生显著的实质性推动作用，例如雇主的客户是基于对专利产品的购买才认购非专利产品的，则职务发明人有权要求奖酬。不仅专利技术而言有经济贡献，而且更为重要的是专利申请以后对于专利技术的改进和完善，特别是使得专利技术能够商业化和规模化。[3]能在专利范围之内或者范围以外形成改进专利，从而对于商业化和利润获取产生重要贡献。

第三，必须限制围绕专利转让或者许可进行的关联交易对于技术人员薪酬取得权的损害。要避免Shanks v. Unilever PLC & Others案[4]中，由于关联关系的存在，使得雇主的交易对象只付出了象征性的价格就取得了专利权或者专利实施许可，从而转移专利经营收益的情况，防止由此产生的对职务发明奖酬的负面影响。在法律规定上，可以认为雇主没有付出合理的努力去寻找合适的交易对象，发明人应当按照超出其真实交易金额的价格而计算得到的报酬。该案在英国上诉法院二审时，法院

---

[1][3] K. R. WOTHERSPOON. Employee Inventions Revisited [R]. Industrial Law Journal. 1993, 22 (2): 119—132.

[2] British Steel PLC's Patent [R]. Reports of Patent, Design and Trade Mark Cases, 1992, 109 (6): 117—130.

[4] Shanks v. Unilever Plc & Others [R]. Reports of Patent, Design and Trade Mark Cases, 2009, 126 (11): 331—345.

将专利受让人取得的收益作为被告应当取得的专利经营收益。[1] 我国《专利法》对于关联关系和关联交易没有特别规定，可以参照公司法的相关规定，防止职务发明交易中的利益输送对奖酬的减损。《公司法》对于关联关系有明确界定，其范围是指公司控股股东、实际控制人、董事、监事、高级管理人员与其直接或者间接控制的企业之间的关系，以及可能导致公司利益转移的其他关系。因此，对于具有关联关系的公司之间进行专利权交易的行为，如果因此产生职务发明奖酬纠纷的应当以非关联交易作为价格参考对象加以认定。此外，在我国还可以考虑认定发明人作为企业内部债权人的地位，允许其行使《合同法》第 73 条规定的代位权和第 74 条规定的撤销权，从而避免作为雇主的企业通过关联关系放弃或者转移其专利权经营收益，并逃避对发明人应当支付的奖励和报酬。

第四，解决技术人员离职以后的职务发明奖酬发放存在的缺失。职务发明专利归企业所有，因此并不会因为技术人员的离职而丧失其为企业增加收益的作用。2009 年重庆市高级人民法院判决的唐开平与嘉陵工业股份公司的职务发明报酬案，就涉及作为原告的技术人员有权获得其离职后原用人单位继续实施职务发明所获利润而产生的报酬的法律问题。[2] 原则上，不因技术人员离职就剥夺其继续获得职务发明报酬的权利。法律应当明确雇员在离职以后仍然可以像在职期间一样获得职务发明奖酬，不因其职务的变化而有所减弱。并且，可以规定如果企业怠于行使专利权取得经营收益，或者放弃专利权的，雇员有权主张专利权，以维护其职务发明奖酬的权益。

第五，法律应当从实体上明确职务发明奖酬支付的标准。法律制度要明确职务发明奖酬计算的基数和所占的比例。对于职务发明实施后的报酬而言，要考虑到专利权的实际经济价值。[3] 法律应当规范法官自由裁

---

[1] Shanks v Unilever PLC [R]. Reports of Patent, Design and Trade Mark Cases, 2011, 128 (12): 352－360.

[2] 参见重庆市第一中级人民法院民事判决书（2008）渝一中法民初字第 52 号和重庆市高级人民法院民事判决书（2008）渝高法民终字第 246 号。该案中，原告唐开平在诉讼请求中，要求被告嘉陵公司支付在原告起诉以后的 2008 年 1 月至 5 月期间实施专利所获得的利润而产生的职务发明奖酬，并获得了一审、二审法院的支持。而法院的判决也将判令被告支付的报酬所对应的时间限定在 2008 年 5 月以前，意味着此后的职务发明奖酬可以另行起诉解决。

[3] 俞文华．职务发明专利、比较优势和封锁动态——基于国家知识产权战略实施的视角 [J]. 科学学研究，2010，27（4）：515－522.

量权的行使，明确认定职务发明奖酬数额的四方面影响因素：（1）职务发明创造在整个产品或者工程中的技术贡献比例、职务发明创造在整个转让或者许可使用项目中的技术贡献比例，而不限于专利产品的销售。可以参照 GEC Avionics Limited 专利案中，法院将专利权对于非专利产品销售额的提高计算在奖酬基础范围内的做法。（2）合同约定或者法律规定的报酬提成比例，发明人或设计人对发明创造的个人贡献比例，其中要考虑雇主本身的贡献和其他技术参与者的贡献。不能仅以专利请求书中发明人的排序认定发明贡献。（3）发明人所担负的职责和所处的职位以及已经获得的其他薪酬收。可以参照《英国专利法》的规定，在提高报酬比例的基础上，对于雇主已经支付的额外薪酬要计算在内，而不能仅因其没有标明是针对某项专利或者发明就否定其属于职务发明奖酬的性质，避免由于雇主意思表示的缺失而造成利益失衡。（4）职务发明在非一般专利转让或者许可中的贡献给予充分认定，包括在交叉许可或者侵权诉讼中所获得的收益。确定职务发明奖酬时，不仅要考虑企业为其他技术相关但是并未实施的专利技术开发所花费的成本，也必须考虑由于职务发明没有获得工业产权保护而给雇员造成的经济损失，从而平衡企业的专利技术开发与实施风险和技术人员获得报酬的权利。对于交叉许可等没有实际许可收入或销售收入时，发明者和雇主共同估计发明的价值，雇员取得估计价值的一定比例。

第六，完善职务发明奖酬纠纷解决机制。对于雇主和雇员所签订的集体合同（relevant collective agreement）中关于职务发明奖酬的条款，英国专利法是认定其有优先适用效力的，可以排除专利法相关条款而优先被法院加以适用。❶ 2002 年 Entertainment UK Limited 案❷认为专利局局长可以颁发初步裁决，使得当事人可以利用行政机关的专业性，及时通过调解和裁决化解纠纷。另外，为防止企业滥用劳动合同谈判的优势地位，对于英国专利法对雇佣合同中减损雇员应当享有的职务发明奖酬权利的条款是加以排除的，将不能得到法院的认可，从而防止职务发明

❶ 根据《英国专利法》第 40 条第 3 款，此处“集体合同”是指在完成职务发明时已经生效的雇员工会与雇主或者雇主团体所签订的劳动合同。

❷ Entertainment UK Limited's Patent, Patent Office [R]. Reports of Patent, Design and Trade Mark Cases, 2002, 119 (11): 291—296.

奖酬领域的雇佣关系被优势一方所利用和扭曲。由于技术人员属于企业职工，其在职期间无法有效主张职务发明奖酬的权益，因此企业可能利用劳动合同谈判和执行方面的优势而损害技术人员权益。纠纷无法得到有效解决，既可能造成技术人员不能充分为企业获得或者维护专利权作出贡献，也有可能使得职工在离职之后不能及时开展新的研发活动。2008 年 5 月开始实施的《劳动争议调解仲裁法》规定，劳动关系存续期间因拖欠劳动报酬发生争议的，劳动者申请仲裁不受普通仲裁时效期间的限制；但是，劳动关系终止的，应当自劳动关系终止之日起一年内提出。该规定对于离职以后的职务发明奖酬主张时效进行了规定，保证了技术人员离职以后仍然可以主张相应的权利。但是，对于在职期间出现纠纷希望能够及时解决的技术人员而言，同样是这部法律规定的劳动争议调解组织企业劳动争议调解委员会在企业当中却尚未有效建立，阻碍了职务发明奖酬纠纷及时得到化解。

四、小　结

英国职务发明奖酬制度为我国《专利法》及其实施细则的制度完善和改进提供了很好的借鉴。近年来，国内有效发明专利中的职务发明专利比例明显提升，比重从 2006 年的 70.1%上升到 2010 年的 81.3%。[1]日益增长的职务发明不仅带来了专利技术水平和质量的提高，而且意味着更多的职务发明纠纷可能随之产生，在制度设计上必须具有相应的前瞻性。必须在职务发明奖酬领域平衡企业和技术人员的权益要求。进行法律适用时，既要考虑到企业对技术开发和实施投资的积极性，也要考虑到技术人员的合理薪酬需求得到满足，从而促进职务发明创造成果能够不断涌现。

---

[1] 国家知识产权局规划发展司．2010 年中国有效专利年度报告［R］．专利统计简报，2011（6）：1—59.

专利制度的“副产物”

——专利申请资助的工作模式浅析

汤元成[1]

摘　要

伴随着我国专利制度的发展，支持和鼓励创新逐渐成为各地的一项重要工作。为了推进自主创新和促进专利事业发展，国家和各级地方政府相继出台了一些专利申请资助的政策。本文从地方专利管理部门的角度，审视和比较了我国各级专利申请资助政策，并从专利资助范围、专利资助标准、专利资助程序等维度分析了专利申请资助的不同的工作模式。

[1] 作者单位：国家知识产权局专利局北京代办处。

近几年，为了推动自主创新和促进专利事业的发展，国家及各级地方政府相继出台了一些专利资助政策。比较分析全国各地资助政策后，不难发现专利申请资助在专利资助范围、专利资助标准（额度）、专利资助程序等方面都有所不同，本文将从以上这三个方面分别进行分析。

一、专利资助范围方面

资助范围的限定不仅会影响到专利资助政策本身的效益，也会直接影响专利制度的运行效率。各地资助政策主要限定受资助专利类型、费用种类等。

（一）专利资助类型

目前，各地资助的专利类型一般分为发明专利、实用新型专利、外观设计专利。部分地区只针对发明专利，如广东省、浙江省、辽宁省、福建省等。地方政府对于不同专利类型的差异化关注，侧重于政策的导向功能，将以往片面追求专利数量逐步调整为专利数量达到一定规模后追求专利质量，以改善专利申请结构。另外，部分地区还资助国防专利，如上海市、永州市等。对于国防专利资助，没有带有任何功利意味（国防专利申请不在全国各地专利申请排名统计内），而是从国家专利战略安全角度考虑，防止大量国防专利因为费用问题[1]转换为普通专利申请而挤进可获资助行列。

随着经济全球化、企业国际化步伐的加快，技术壁垒日益成为贸易壁垒的首选，专利壁垒理所当然地成为技术壁垒的先锋。各国申请人的跨国专利申请，体现了其专利战略布局。鉴于此，财政部和全国各地都相继推出了国外专利申请的资助政策。目前，进行国外专利申请资助的大部分只针对发明专利，部分地区国外专利资助针对三种专利，如青海省、哈尔滨市、福建省等。部分资助政策只针对 PCT，如财政部（2012年延伸到《巴黎公约》途径申请）、济源市等。部分地区有选择性地资助目的国或地区（如美、日、欧等），如江苏省、广州市、深圳市、珠海市、温州市、宁波市、湖南省、株洲市、成都市、佛山市、中山市、韶关市、杭州市、嘉兴市、昆明市、兰州市等。另外，部分地区还资助境

[1] 据了解，国防专利申请费用普遍较低。

外专利，如上海市、中山市、韶关市、山东省、贵州省、广州市、汕头市、湛江市、烟台市、日照市等资助港澳台发明；辽宁省、丹东市、葫芦岛市、闵行区、江西省、南昌市等资助港澳发明；深圳市、成都市、温州市、湖州市等视境外专利（包括港澳台专利）为国内专利予以资助。福建省对于住址在福建省的港澳台同胞也给予资助待遇。对于境外专利申请，考虑到海峡两岸、港澳与内地的交流沟通日益频繁，经济贸易活动日趋加剧，适时、适当地鼓励内地申请人向港澳台地区申请专利，以缩小海峡两岸、港澳与内地间的技术差距，扩大相互之间的经济融合度。

（二）专利费用种类

众所周知，申请专利就需要缴纳专利申请费，发明专利还需要缴纳实质审查费，专利授权后每年还需缴纳年费。如果委托代理机构办理，还会支付代理费；如果先期进行了相关检索，还需要支付检索费。总之，在申请专利到专利权终止整个过程的费用问题一直会是申请人切身利益的一部分。

一种模式是不具体指明资助的专利费用种类，如采取定额资助的地区；另一种模式是将专利费用划分为专利申请费用、专利授权费用、专利年费、专利代理费、检索费等几类，资助其中的一种、几种或者全部。

大部分地区对于专利流程全程的申请费用都给予资助。部分地区资助授权后年费，如上海市、广东省、苏州市、嘉兴市、葫芦岛市资助授权前3年年费、天津市资助第4～6年年费、广西壮族自治区资助授权前6年年费、株洲市资助第6～8年年费、盐城市资助第7年起年费等。从功效上讲，专利申请和授权阶段收取的专利费用（俗称官费）主要为了弥补专利受理、审查和授权过程中花费的公共行政成本；专利授权后收取的年费，更多的是一种经济杠杆效用。过多的介入专利年费，不仅造成有限的财政资源的浪费而且会导致专利制度的失衡。

虽然通过专利代理可以大幅提高专利质量，但由于专利代理费是一种由市场定价的专利中介服务费，政府很难获取真实的议价信息及对交易过程进行有效的控制，所以各地对于专利代理费，态度也不大一样。目前，资助代理费有上海市、山西省、陕西省、河南省（代理是资助的前提）、深圳市、西藏自治区、湛江市、韶关市、中山市、连云港、闵行区、宝山区、蚌埠市、沈阳市、抚顺市、丹东市、黑龙江省、广西壮族自治区、内蒙古自治区、山西省、新疆维吾尔自治区等地区。如果希望提高代理机构的服务积极性，也可以考虑对代理机构予以支持。目前，深圳市、南通市、佛山市、中山市、温州市、宁波市、天津市滨海新区、南京市、无锡市、廊坊市、湘潭市、济南市、芜湖市、蚌埠市、长春市等都有对代理机构的资助政策。不过，需要对公共资源介入市场行为的度进行适当把握与平衡。

如果申请人希望在发明专利申请之前了解授权的前景，往往会在申请前进行专利新颖性方面的检索。很明显，如果经过检索没有发现破坏新颖性的文件后才提出的专利申请，其授权前景肯定比较好。对于新颖性检索费的资助与代理费用则不同，定价是由专利局检索咨询中心统一定价，如果本地区财政规模足够支撑，资助检索费也是一个不错的选择。目前资助检索费的有广东省、江苏省、苏州市、连云港市、烟台市、四川省等。

二、专利资助标准（额度）方面

专利资助对额度的限定与对范围限定一样也会直接影响到政府实施该政策的成本和专利制度的运行。

由于各地经济与科技发展水平的差异，资助的额度及方法各有不同。从资助的额度上看，有实际发生额（实行实报实销）的补助性资助（如重庆市、广东省、黑龙江省、广西壮族自治区、宁夏回族自治区、西藏自治区等）或者按其一定比例予以资助（如上海市、四川省、山西省、河南省等）；有定额资助，仅统计专利申请数量并依次进行资助（如江苏省、浙江省、福建省、湖南省、河北省、新疆维吾尔自治区等）；有按照最高标准下的实际发生额进行资助（如北京市、陕西省、甘肃省等）。

另外，有的地方实行分类差别对待的资助或奖励政策，即按不同专利类型政策（如大部分地方对发明专利的资助给予相对优惠待遇）或根据专利的不同权属而力度不同（如山东省、湖南省、福建省、云南省、甘肃省、深圳市等对职务发明类专利提供相对优惠的资助或奖励政策），以及根据申请人身份的不同给予不同标准的资助（如北京市、辽宁省、天津市等对专利试点、示范及其创建单位给予更优惠的待遇）。

（一）实际发生额

实际发生额，看似比较公平，但随着专利申请和数量的逐年攀升，资助政策的实施成本将不断提高。另外部分费用，如年费、代理费、国外专利申请费用等带有市场定价、制度调节功能的费用完全由各级政府负担显然不太合适。

（二）定额资助

定额资助，看似简单易行，但受专利费用减缓制度、专利代理的市场定价、各国专利费用制度的差异因素的影响，不同的对象往往费用差异较大，定额资助不易把握，额度过高会诱发获利投机行为、非正常专利申请行为出现，过低会出现政策激励效果不足。

（三）最高标准下的实际发生额

最高标准下的实际发生额，即为该项费用设定一个最高限额，低于限额时按实际发生额资助，高过限额时按照该限额资助。这种模式实际上是相对比较合理的，一方面，通过设定最高限额控制财政支出的规模，避免了因过度占用公共资源减损政策效应；另一方面，通过以实际发生额资助，兼顾公平，避免过高、过低带来的政策失灵。

（四）差异化区别资助

对于发明专利给予高标准资助或者对于职务发明和非职务发明进行不同额度的资助，这体现的是不同地方对于专利工作的不同着力点。同样，对于单位因身份（试点、示范、普通）不同而资助额度不同，也存在地方工作着力点的考虑。部分地区对试点示范单位的资助采取的是“终身制”[1]“世袭制”[2]，这不利于整个地区专利工作的开展，降低试点示范工作的效果，凸显专利工作的单薄。部分地区如上海市曾经采取试点3年，示范2年，到期进行升降级或者直接取消试点示范资格方式。上海市这一模式，显得比较合理。当然，差异化服务这种模式操作起来会显得相对复杂一些。

三、专利资助程序方面

各地大多采取专利申请阶段予以资助的方式，部分地区采取授权后

[1] 是指部分单位一直享受专利试点、示范单位的待遇，不受时间限制。

[2] 是指部分单位改制、上市或者名称变更后，依然可以享受专利试点、示范待遇，不用另行申报审核资格。

予以资助的方式，即有的是拿到专利申请受理通知书即给予资助，有的是获得专利证书后给予资助。前一种模式主要是为了防止资助对象在取得资助金后不支出或者不按要求支出专利费用；后一种模式主要为了防止资助对象获得资助后主动终止专利申请程序或者提出的专利申请缺乏新颖性、创造性而质量不高，不符合授权条件而浪费有限的政府财政经费。

（一）专利申请并缴费（申请阶段）后

对于依靠资助政策促进专利申请数量增长的地区，如黑龙江省、内蒙古自治区、宁夏回族自治区、山西省、甘肃省、青海省、陕西省等，这样不可避免的都会有一些非正常专利申请产生。片面的追求专利数量而忽视对于专利质量的考虑，会让一些心怀他意的申请人有机可乘。

（二）专利授权（授权阶段）后

调整片面对专利数量的关注为对专利质量的关注，这是当前相对比较明智的做法。目前部分省市开始采取这种模式，如广东省、浙江省、山东省、辽宁省、安徽省、湖南省、福建省等。但是，专利授权并不完全代表专利质量的提高，特别是实用新型和外观设计专利，由于不经过实质审查，初审通过即可授权，专利法律状态并不十分稳定，专利质量无法有效保障。

（三）专利申请后与专利授权后

目前，大部分地区都在采取这种模式，同时关注专利数量与专利质量，即采取专利申请与专利授权并重的策略。如江苏省、河北省、重庆市、天津市、上海市、北京市、深圳市等。其中，大多省份在不同的资助范围上设定不同的策略，如在国内要求授权后才资助、国外在提出申请后即可资助；发明在提出申请后即可资助，实用新型和外观设计在授权后才资助；官费在提出申请后即可资助，代理服务费、检索费在授权后才资助。

日前，因为地区差异存在客观性，各地采取不同的资助模式有其现实需要，不能也不可能做到千篇一律。但是，可以肯定的是片面追求专利申请数量，忽视专利申请质量的政策一定是不可持续的。

鉴于各地政府评价专利申请质量的手段比较欠缺，往往采取专利授权作为评价质量的重要或者主要参考依据。该模式虽然简单易行，但是套用在实用新型、外观设计或者一些极端的发明专利上未必科学。在目前状况下，可行的是探索建立一套专利质量的评价指标体系，按照评价的结果予以资助。选取广东省、江苏省或者北京市等发明申请与授权数量相对较高的省份先行开展试点，成熟后推广到全国范围。

专利申请资助政策不是与生俱来的，而是伴随着我国专利制度的发展而产生的，也会随着其发展而发展。本文将专利申请资助视为我国专利制度的“副产物”，不是视其为“洪水猛兽”，而是看做一定时期的必然产物，相信随着社会专利意识的提高，各类专利资助政策将会逐步取消，回归到由专利制度调节整个社会的创新活动的“主产物”上来。

海外收购知识产权法律风险评估方法研究

——以专利收购为重点

黄清华[1]

摘　要

从法律风险评估目标、程序、方法和工具的角度，文章介绍、分析和讨论了海外收购知识产权（IP）法律风险评估的原理：目标、功能和实现目标的措施及其机理。IP法律风险评估，要求运用多种分析方法和工具，掌握各种IP法律风险与相关风险因素的合理性、可控性和可防性，为制定IP法律风险防控方案提供科学根据。文章着重探讨了尽职调查和FMEA在海外收购IP法律风险分析中的适用。

[1] 作者单位：中国综合开发研究院。

作为一种可变现、融资和投资的财产权，知识产权（intellectual property，IP）正日益成为中国企业海外收购的核心目标，相关交易在跨国并购中的比重越来越大，对于商业目标的实现也越来越具有战略意义。

在联想收购 IBM 全球个人电脑（PC）业务这一案例中，“IBM 公司把 PC 业务部门所持有的品牌和相关技术一次性变卖而实现了它的价值，融得了巨额资金，同时又甩掉了亏损的包袱，可以说是一箭三雕”❶。这一定程度上得益于风险评估技术应用于 IP 技术风险管理和法律风险管理，实现了两者完好的结合。本文讨论 IP 法律风险评估相关问题。

对于 IP 依赖型企业而言，在考虑任何进入市场或扩充业务的决定时，IP 法律风险评估应是重要的一步。评估的方法，国内法律界和知识产权界通常认为 IP 法律风险评估就是搞好相关的审慎性调查（又称尽职调查）。❷ 这种观点有许多可取之处，但是，总的来说，对于如何评估 IP 法律风险，在思维方式、策略、方法和工具方面，仍存有诸多可改进之处。下文从介绍海外 IP 收购的法律背景与任务入手，明确 IP 法律风险评估的目的、对象、种类和基本方法，并从风险分析工具的层面讨论 IP 法律风险定性分析与尽职调查的关系，从理论上总结海外收购 IP 法律风险评估方法，为进一步制定有效的风险控制策略提供科学根据。

一、法律背景与任务

一般来说，各国法律，尤其是英美法系多数国家的法律，要求收购过程遵循收购方（buyer）责任自负原则，收购者有义务仔细了解拟收购的目标企业或标的物的价值与状况，因未尽此项义务造成的损失由并购方自己承担。❸在跨国 IP 收购中，这就需要评估所涉 IP 的法律风险。

IP 收购在法律上必然导致 IP 资产权属的转移。作为无形资产，IP 的转移涉及的问题和主体较之传统实物资产的转移更为复杂，比如，权利的合法性和稳定性、在先权利的审核、权利价值确认、转移的程序性管

❶ 聂莹．兼并收购 vs 知识产权——从联想购并 IBM PC 业务看知识产权兼并与收购［N］．知识产权报，2007－2－22．

❷ 刘丽，陈彬．中国企业海外并购中的知识产权审慎性调查问题研究［J］．科技与法律，2011（1）．

❸ DALE A. OESTERLE. Mergers and Acquisitions［M］. Beijing：Law Press，2005：22.

理等，在交易前后存在着诸多的不确定性和纠纷隐患。[1] 这些法律风险问题在国际收购中更为突出。

IP 国际收购中，法律风险来源于标的 IP 的技术、经济和法律上的价值、状况和相互关系以及法律差异和对这种差异的认知。例如，在品牌（驰名商标）收购中，以尽职调查为基本手段的 IP 法律风险评估，就要确定该品牌已在哪些国家注册，在哪些国家存在商标异议，未来是否有代价高昂的国际诉讼的可能性，是否存在侵权或假冒货物的生产；否则，收购就可能会导致惨重损失甚至彻底失败。同样，国际专利收购，就要调查该项专利技术的 IP 国际保护状况，如果其产品缺乏专利保护，相应的生产工艺、制作方法缺乏商业秘密的保护，可能会导致广泛的复制，致使该专利技术经济价值的稀释；[2] 而对计算机软件的收购，如果该软件未得到有效的版权保护措施，其战略价值和经济价值都可能会丢失。应当说，IP 法律风险评估，应当是围绕查明这些情况，在风险管理理论指导下运用风险分析方法和工具的审慎性调查。

具体来说，IP 法律风险评估，应当是在系统识别 IP 法律风险的基础上进行的；它通过关键点分析、系统分析、原因分析、效果分析，结合定性分析和（或）定量分析方法，从 IP 的技术、经济和法律及其相互关系的角度，掌握各种 IP 法律风险与相关风险因素的合理性（reasonableness）、可控性（controllability）和可防性（preventability），为制定 IP 法律风险防控方案提供科学根据。

有鉴于此，IP 法律风险评估的任务，主要是通过对识别的 IP 法律风险与相关风险因素，从不同角度进行定性和（或）定量分析，进而回答：

（1）识别的 IP 法律风险是何性质？性状如何？有何特征、标志？各种 IP 法律风险之间有何关系？

（2）什么是某一特定 IP 法律风险（特有）的风险因素？这些风险因素之间有何关系？比例关系如何？

（3）这些风险因素是合理的还是不合理的？何种情况下这些风险因素才是合理的或不合理的？为什么？

---

[1] 王海波．专利收购策略分析［J］．中国知识产权，2012（10）．

[2] JOSEPH SIINO. Dealing with IP Risk in the U. S.：Who Can be Trusted［J］．财新传媒，2010（5）．

（4）这些风险因素是可避免的还是不可避免的？多大程度上这些风险因素是可避免的或不可避免的？为什么？

（5）这些风险因素是可预防的还是不可预防的？多大程度上这些风险因素是可预防的或不可预防的？为什么？

（6）如果这些风险因素可避免和可预防，应采取哪些技术、经济、法律和管理措施？到多大的程度上值得采取这些措施？

对海外IP收购法律风险的评估，如能得到有关上述问题的清晰回答，就有可能能制订出最佳的IP法律风险控制方案，从而实现对外投资安全。这些可归纳为海外收购IP法律风险评估思维方式。这是IP法律风险评估方法不同于传统尽职调查的一个显著特点。

二、评估的目的和对象

IP法律风险及其相关风险因素的合理性、可控性和可防性的判断标准，包括法律上的标准和经济—技术上的标准。法律上的标准，以特定并购项目法定或约定适用的法律为判断依据；在适用的法律不明确或法律没有明确规定的情况下，以商业或行业惯例为判断依据；没有商业或行业惯例的，以同一行业一般理性之人有权期待的那样一种情况为判断依据。经济—技术上的标准意味着，除了法律上的考量外，还应当从经济—技术上评估IP法律风险及其相关风险因素是否合理、可控和可防。例如，专利的稳定性分析，“很多专利因为在申请前文献检索手段受限等原因，并没有根据其拟保护的范畴，进行充分的现有技术检索，而给后期的法律程序带来非常大的障碍”[1]，就涉及经济—技术上的标准问题。这就需要综合考量并购的战略目标或商业目标、经济—技术政策和目标、风险管理的目标等，并运用风险与风险因素分析的某些工具和方法，进行准确的IP法律风险评估。

具体地说，应从目标企业IP可能适用的法律的角度，结合收购方（中国企业）的战略目标或商业目标，适用一定的方法，如国际公认的或双方约定的标准，确定目标企业IP资产的种类、质量、数量、所有权归属、拥有人的实际控制权，侵犯这些IP的潜在责任，目标企业侵犯他人

[1] 王海波．专利收购策略分析 [J]. 中国知识产权，2012 (10).

IP的可能性，以及标的IP的稳定性、战略价值和经济价值等。

IP的战略价值，通常取决于拟收购的IP是否能很好地适合并购方业务目标，是否能够有效地实施。在海外收购中，符合或有助于实现收购战略目标的那部分IP资产，为有战略价值的IP。评估IP的战略价值，应首先获得该项IP的特征、范围、有效性、可实施性和局限性等信息。可见，对IP战略价值的评估，离不开对其法律风险的评估。

IP的经济价值，则是从投入产出、保值增值的角度对并购标的IP所作的评估。IP的经济价值不仅取决于其产品、服务的市场价值与前景，同样取决于IP的类型及其范围，包括IP的稳定性、有效期的长短和受保护的地域范围、是否受到其他协议如排他性使用协议的限制等，也即质量限制、时间限制、地理限制或者潜在协议限制。[1] 因此，对IP的经济价值的评估，同样离不开对其法律风险的评估。

以上说明，海外收购IP法律风险的评估具有基础性，是IP战略价值和经济价值评估的重要组成部分；或者说是IP战略价值和经济价值评估的前提，其核心是IP的法律价值问题。这是海外收购IP风险评估与IP法律风险评估的联系和区别。IP风险评估除了IP法律风险（含稳定性）外，还包括IP技术风险。后者超出了本文的讨论范围。

三、评估的种类

IP法律风险评估，就是要对IP权属瑕疵风险、地域性风险、时间性风险和诉讼或争议风险，从外国法（东道国法）、国际法（含双边或多边国际条约、协定）和冲突法的角度，进行分析、评估。

（一）评估IP所有权权属瑕疵风险

收购IP首先要审查的是该智慧财产的权属，如果权属存在瑕疵将直接导致收购失败。对企业拥有的IP，权属状况应如何界定，许多国家的法律都有明确规定，但又存在一定的差异，这就潜藏着法律冲突风险。例如，按中国的专利法，凡是利用所在单位的物质条件完成的发明创造，都是职务发明，专利（申请）权归单位所有。我国的职务发明定义接近

[1] 黄忠全．知识产权战略与企业知识产权价值评估［J］．江苏科技信息，2008（5）．

德国，但德国的职务发明专利的原始权归发明人，雇主拥有实施选择权。[1] 类似这样的法律冲突，在中国企业海外并购中，就暗藏着 IP 法律风险。

一般来说，目标企业使用的 IP 可能存在三种所有权形式：企业所有的 IP、与他人共享的 IP 以及第三方（雇员、独立合同方和其他第三方）所有的 IP。以专利权为例，英国专利法（Patent Act 1977）明确规定，雇员在雇佣工作过程中获得的发明一般归雇主所有，美国专利法也有类似规定或做法。但在下列情况下，目标企业所使用的专利权并不为其所有，应予特别关注。

1. 雇员享有专利权

如果雇佣合同明确规定专利发明归雇员所有，企业就不能享有该项专利的所有权。因此，必须仔细审查目标企业相关劳动合同（Employment Contract）中的发明创造权利归属条款，以确定专利权的权属状况，查明是否需要补偿以及如何补偿相关的雇员发明人。

2. 独立合同方所享有的权利

一些目标企业所使用的专利技术有可能是独立合同方（independent contractor）在帮助企业设计与研发产品过程中作出的。这类发明按不同国家的法律可有不同的归属。在英国，如独立合同（independent contract）无专门约定，独立合同方所作出的发明归发明方所有。因而确定专利所有权时，必须仔细审查相关的独立合同，如委托开发合同。

3. 其他第三方所享有的权利

如果目标企业所使用的专利来自于第三方，那么，必须认真审查相关的使用许可合同（permission contract），必须查明许可的种类以及合同中是否存在被许可人可以对许可技术进行修改的约定，许可协议中是否存在控制权变更条款。

4. 共同所有权

在某些情况下，共同所有的专利可能不需要其他方的同意就可以转移。因而，需要仔细审查共同所有权的内容：例如，各方的许可权限，专利转移的条件，对专利有效性的维持以及侵权时谁负责救济、遭遇侵

[1] 刘丽，陈彬．中国企业海外并购中的知识产权审慎性调查问题研究［J］．科技与法律，2011（1）．

权时谁负责请求救济等规定或约定。

根据以上可知，IP 权属瑕疵风险的风险因素主要来自相关国家 IP 法律冲突（差异）和相关合同风险。因此，为了评估 IP 权属瑕疵风险，应审查、评估该项 IP 的性质，注意所有权与使用权的区别，弄清楚目标企业所主张的权属是所有权还是使用权。为此，要仔细审查母国与投资地国法律关于 IP 权属规定的差异以及与目标 IP 权属有关的合同。这些问题不搞清楚，轻则显著增加交易费用，重则整个交易程序根本无法往下进行。

（二）评估 IP 地域性风险

IP 具有严格的地域性，因此是海外收购 IP 法律风险的一个重要风险源。地域性意味着，按照一个国家或者地区的法律产生的 IP，只在该国家或地区范围内有效，超出该地域范围，该项 IP 即不复存在。与此相对应的是，同一项技术可以在很多国家取得专利，同一个商标也可以在很多国家获得注册。因此，大型跨国公司一般都会在很多国家申请专利，此所谓“专利圈地”；其产品也会销售到很多国家，在其产品销售国一般都会注册商标。这项专利技术或产品商标因为地域性问题分别在若干个国家申请专利或者注册商标，就成了若干个国别专利权或注册商标专有权。同理，收购目标企业在某一个国家获得的技术专利或产品（服务）商标，并不意味着当然获得该企业在其他国家就同一技术或产品的专利权或商标专有权。有鉴于此，评估 IP 地域性风险一定要与收购企业的海外发展目标（战略目标和商业目标）联系起来。

每个企业海外并购 IP 的目的并不是一样的，有的只想购买一个或者几个国家专利或商标专有权，有的则是全部收购。而购买在一个国家申请、注册的专利权或商标与购买在多个国家申请、注册的专利、商标，其价格的差异非常大。如果中国企业的战略目标是某专利或商标的全球注册，就必须审查该项 IP 在哪些国家或地区申请权属并获准了，不能遗漏。这是 IP 地域性风险评估最重要的内容。评估 IP 地域性风险，要求了解母国与投资地国所涉 IP 法律的差异，还要审查收购者是否有明晰的海外专利战略和商标战略，例如，在专利收购中，弄清楚收购意图是从属性收购、经营性收购，还是对抗性收购或战略性收购。

需要说明的是，就商标国际注册而言，只要向欧盟商标注册局（the Community Trade Marks Registry）递交一份单一申请就可能在所有成员国拥有一个注册商标。同样，只要向位于日内瓦（Geneva）的世界知识产权组织（the World Intellectual Property Organisation，WIPO）递交一份单一申请就可能获得世界范围的商标注册。这取决于申请人的选择、需要和付费能力。同理，就申请专利国际申请而言，《专利合作条约》（*Patent Cooperation Treaty*，PCT）实现了一国申请，多国有效。按照PCT，在任何一个PCT成员国提出的一项专利申请，可以视为在指定的其他成员国同时提出了申请。因此，外国专利的获得，同样取决于申请人的发展选择、战略需要和付费能力。明乎此理，就能更准确地评估IP地域性风险。

（三）评估IP时间性风险

一般来说，IP资产有着严格的时间界限。如发明专利，多数国家规定了二十年的保护期，具体的则取决于各国法律的规定。超过这一时间界限，法律对于相应的IP资产不再给予垄断性保护。而且，在专利法规定的保护期内，专利权人还须向专利机关（patent office）交纳规定的专利年费（maintenance fee），以维持专利的有效性。因此，通过审查这些方面的情况，确定所要收购的IP资产是否在法律保护的有效期限内，以及有效期限的长短，直接决定了该项IP保护的范围和强度，最终对收购价格的形成产生影响，这对于保证交易安全十分重要。

由于对IP时间性风险认识不足，中国企业海外并购中因此而失利的案例不在少数。上海易初通用机器公司收购国外某公司的压缩机技术时，尽管收购方是国内领先的汽车空调压缩机生产企业，但外方利用中方信息不对称，不了解该专利的具体情况，刻意夸大该专利的含金量。外方声称其压缩机技术中包含24件专利，其实有21件并未得到授权，真正享有完全知识产权的专利技术只有3件。而中方在该技术即将到期、所有专利和商标将被停止使用之际才发现这一问题，致使投入巨资收购的专利技术，战略价值和经济价值均显著低于并购预期。[1]

此案说明，海外IP资产收购，一定要关注每项IP的法律保护期限。对于期限快要届满的核心IP，一定要弄清所适用的法律，是否可以续展、如何续展、是否存在障碍和续展的费用等。例如，对于商标，特别要注意商标有效期以及是否在期限届满前申请续展并获得批准。

---

[1] 宇文．对国外“知识产权陷阱”的规避［J］．大经贸，2008（6）．

（四）评估 IP 诉讼或无效争议风险

收购方需要评估目标公司近 5 年内作为原告或被告参与的、已结案或正在审理的诉讼案件情况，包括调查案件性质、诉讼法律关系和（可能的）结案情况，并透过这些情况了解目标公司 IP 经营管理的状况和基础。这对于整合阶段顺利营运收购的 IP，实现 IP 的价值转移十分重要。

如果第三方对目标公司 IP 所有权或（和）有效性提出法律质疑，收购方更要分析、权衡这种诉讼纠纷或 IP 稳定性争议是否有可能在收购之前结案、诉讼或争议的焦点和结局，尤其是目标公司可能要承担的责任损失的大小、对目标公司 IP 稳定性的影响以及对收购方购买、营运这些 IP 资产会造成何种影响。

对于未结案或即将来临的国际专利诉讼，还应关注原告的具体目的和被告的应对之策。这对于成长中的国际化中国企业来说，不仅是收购阶段 IP 法律风险评估的需要，也是整合阶段形成并实施新专利战略、控制国际专利诉讼风险的需要。

一般来说，国际专利诉讼，原告为的是：（1）防止被告的侵权行为；（2）通过专利诉讼确定权利的最终范围；（3）迫使被告与原告商谈相关专利许可（Patent License）事宜；（4）促使被告与原告商谈双方专利的交叉许可（Cross License）或组成专利策略联盟事宜；（5）通过专利诉讼获得高额的惩罚性赔偿；（6）通过昂贵的专利诉讼费用拖垮对手；（7）通过专利诉讼诋毁对手商誉，使被告的客户转而与之交易。弄清楚原告提起国际专利诉讼的目的，有利于准确把握国际专利风险控制策略。通过分析原告提起诉讼的目的，进一步评估并购专利收购中遭遇到的法律风险的大小、强弱，并找到化解办法。[1]

此外，收购方还要调查、评估目标公司正在申请、审查过程中的 IP 状况，例如，发明专利的申请与审查情况、驰名商标的申请与认定情况，了解官方审查意见、目标公司的答复意见和利益相关人的质疑意见，查明可能存在的 IP 争议风险。

以上说明，IP 法律风险涉及权属风险、地域性风险、时间性风险和诉讼或争议风险等方面，必须全面、通盘分析。其风险因素主要来源于法律差异和有关 IP 的经营管理行为，通常为可防可控的风险。因此，海

---

[1] 黄清华．国际专利诉讼风险控制实战分析［J］．投资北京，2011（1）．

外收购 IP 的法律风险评估，重点应就如何防控以及可能的成本提供评估意见。

四、IP 尽职调查：风险评估的基本方法

IP 法律风险评估主要是通过 IP 尽职调查（IP Due Diligence Investigation）来完成的，其结果将会直接影响交易的价格，有时可能会导致交易结构的重新评估或改变，甚至决定收购的成败。

IP 尽职调查的发起人，既可以是投资企业本身，也可以是收购者委托的独立中介机构，如律师事务所和会计师事务所。在某些国家，涉及行业安全和国家产业战略布局时，行业协会或者国家知识产权管理有关部门则可能是 IP 尽职调查的发起人。值得注意的是，随着专业化的发展，由专门的 IP 管理咨询公司承接这类业务，可以确保调查研究方法的适当性和结论的准确性，在关键市场取得市场调查信息，获取目前或潜在的假冒和相关问题的证据，协调国际注册和诉讼评价。

IP 尽职调查的一般步骤为：❶ 第一步：（参与）选择目标企业的目标 IP；第二步：确定交易方式，明确是资产收购还是股权收购；第三步：确定交易中有实质意义的 IP，弄清是品牌收购还是技术收购；第四步：审查 IP 资产相关的材料；第五步：确定并购价格，基于审慎性调查结果制订最终并购方案。具体地说，这种专门调查一般应包括如下方面：

第一，掌握收购目的。根据企业自身的规模、实力和发展战略来选择交易对象。例如，专利战略性收购一般是基于整个公司的战略考量所进行的综合部署，既有保持和强化已有技术优势和专利优势的考量、弥补弱势技术点的考量，又有全球营商活动所需的区域性专利部署考量、上下游资源的专利控制考量、目标专利资产竞争的考量等。❷ 作为收购方的 IP 专家应了解投资方在 IP 方面要达到的商业目的和未来的商业计划，必须清楚地了解投资方的期望，明确从此次交易中拟获得何种资产，如何使用这些资产以及要实现怎样的战略目标、技术目标和经济目标。

---

❶ 刘丽，陈彬．中国企业海外并购中的知识产权审慎性调查问题研究［J］．科技与法律，2011（11）.

❷ 王海波．专利收购策略分析［J］．中国知识产权，2012（10）.

第二，确认收购的交易结构。只有在确认了交易结构后，才能根据不同的交易结构设计不同的审查重点。股权收购中的IP问题相对简单，交易成本较低。因为在股权收购中，目标公司所拥有的所有IP资产将自动转移给买方。但即使如此，仍然需要审查：目标公司是否真的拥有或者有权利使用那些实现收购目标必不可少的IP。

资产收购中的IP问题相对复杂。不但要审查目标公司对每一专利、商标、版权、域名等IP资产是否拥有所有权或使用权，还必须弄清楚其是否有权转让或许可他人使用，这些转让和许可是否要受限于某些条件；同时，在交易过程中还需要针对目标公司每一项IP，准备单独的转让或许可协议，必须考虑不同国家对这些协议的条款和生效有不同的要求，如要求相应的知识产权当局批准或备案等。

第三，审查IP的有效性。于专利而言，必须审查专利文件，而不能仅看专利（权）证书。不少专利由于专利（申请）文件中有关“技术特征”等核心内容写得太差，使该专利的权利要求很容易被绕过，或者真正核心的部分不被保护，该“专利”实际处于不被保护的状态。这样的权属瑕疵案件国内外都有，国内更为频繁。对所涉专利问题，还要注意审查目标企业是否按时交纳专利年费以维持其专利的有效性，必要时可通过查询专利登记簿来确定拟收购的专利的法律状态，审查其是否被认定无效，或因其他原因失去专利权。[1]

IP权属瑕疵更多的表现在IP对外许可使用上。如果IP对外设有使用许可，可视为权属上的瑕疵。因此，必须要审查是否有许可使用。方法上，可到备案登记机构查询。从备案登记机构无论能否查实目标IP的使用许可情况，都应要求目标企业作出必要的相应承诺。[2]

第四，分析IP的真正权利人。以专利为例，需要查明是否合作开发或委托开发的专利技术。为此，应当审查发明人与目标公司的关系，弄清楚发明人是不是目标公司的职员，谁是该专利技术的真正的权利人，避免表面上的专利权人并不真正拥有该专利带来的风险。对于员工发明

[1] 刘丽，陈彬．中国企业海外并购中的知识产权审慎性调查问题研究［J］．科技与法律，2011（1）．

[2] 聂莹．兼并收购vs知识产权——从联想购并IBM PC业务看知识产权兼并与收购［N］．中国知识产权报，2007－2－22．

而以目标公司作为申请人申请的专利，需要审查劳动合同中有关专利权属的约定：如果有约定，应根据劳动合同中的约定来确定谁拥有该项专利；如果没有约定，就应该根据所适用的专利法的相关规定，来看其是否属于职务发明并确定其归属。

对于合作开发或委托开发的专利技术，应先审查双方是否有约定；有约定的从约定，无约定的委托开发其专利权属于受托方，无约定的合作开发其专利权属于合作各方共有。对于共有专利的情况，一定要审查双方的合作合同，审查相互之间的权利义务，尤其是对专利转让是否有限制性的规定。

第五，熟悉与目标企业 IP 相关的法规政策。就收购方而言，对所涉 IP 进行尽职调查时，对目标企业所在国的各种 IP 法律法规、国家安全政策、技术出口限制政策和反垄断等法律制度进行全面了解非常必要，尤其是熟悉、甚至掌握跨国 IP 并购协议可能适用的法律。[1] 对东道国这些法律、政策的充分了解，既可防止目标企业利用中国企业不熟悉所涉法律、政策对并购合同文本作不合理的修改，也可避免中国企业因错误预测侵权后果遭受损失。

第六，考察目标公司是否存在侵害他人 IP 的情形。避免因疏忽失察成为 IP 侵权的“埋单”方，是在海外收购中需要特别注意的。在了解相关情况后，再评估已有的诉讼对目标公司运营的影响以及潜在纠纷的可能结果等。如果目标企业有侵犯他人 IP 的情形，就需要权衡并购目的和侵权后果的轻重。

总之，IP 尽职调查是一项非常复杂的工作，视具体情况和需要包括但应不限于以上几个方面。这样才能形成所涉 IP 法律风险评估的准确判断，为确定收购策略、价格和收购后实现 IP 价值提供客观依据。

五、IP 法律风险分析工具与尽职调查

在 IP 法律风险评估中，如何将风险管理中常用的风险与风险因素分析工具和方法，应用于 IP 所有权权属瑕疵风险、IP 地域性风险、IP 时间

---

❶ MICHAEL FRICKLAS. Strategic Issues in Intellectual Property Risk Management [J]. Acc's col Thinktank Series，2007：13.

性风险、IP 侵权诉讼或（和）IP 稳定性风险的评估，是 IP 法律风险评估区别于传统的尽职调查的突出特点，值得中国 IP 学界、法律学界和风险管理学界的关注。这些方法和工具包括但不限于：（1）HACCP（Hazards Analysis and Critical Control Point，危险分析和关键控制点）；（2）FMEA（Failure Mode and Effects Analysis，故障模型和效果分析）；（3）FIA（Full Investigation and Analysis）充分地调查和分析；（4）RI（Risk Index）风险指数；（5）RCA（Root Cause Analysis）根本原因分析；（6）SCA（System Cause Analysis）系统原因分析；（7）FTA（Fault Tree Analysis）事故树形图分析。[1]

举例来说，HACCP 技术可用于定位不同企业 IP（法律）风险管理的关键控制环节，例如，就如何应对来自境外或第三方的专利侵权诉讼风险而言，对于研发型企业来讲，其关键控制点应是重点做好产品开发期间的专利检索和专利文献分析；对于实力雄厚、资金充沛又严重依赖对方专利技术的公司来讲，关键控制环节很可能就是通过参股、收购原告公司来化解诉讼风险。

RI 技术用于 IP 法律风险程度的评估，根据数据库积累的信息，国际上一般按照相关风险因素的强弱，将风险指数分为很高（extreme high）、高（high）、中（moderate）、低（low）和很低（extreme low）五类。这种五分法较之国内“高、中、低”或者“核心风险、重要风险和一般风险”[2] 三分法的划分，对风险与风险因素判断更准确，更利于投资决策者采取应对措施。

如果一个高度依赖 IP 的企业，其 IP（风险）管理系统出现严重故障，那么进行 FMEA、RCA 和 SCA 分析就是必须的。

以 FMEA 为例，作为风险管理通用分析工具，故障模式和效果分析（FMEA）运用系统的方法，按照故障类型、相应的效果或严重程度及其对系统的影响，进行分类，用以分析和处理一个系统内潜在的故障模式及其相关原因。在这款工具中，故障（失败）的原因可能是设计、物件或项目（管理）过程中任何错误或缺陷，特别是那些潜在的或实际的影

[1] 黄清华．中国律师应参与海外并购法律风险管理［J］．（新加坡）亚洲保险，2011（3）．

[2] 辛红．国务院国资委专题研究海外投资法律风险防控·央企海外投资急需建立监督制度［N］．法制日报，2011—7—3．

响客户或者经营目的的错误（缺陷）。这款工具最初被广泛应用于制造业产品的生命周期各个阶段的分析，现在被越来越多地用于（咨询）服务行业。[1]作为一个系统的和积极的方法，FMEA 可用于评估一项业务进程或程序，以确定它在何处以及如何会失败，评估失败的相关影响，并确定这一进程或程序中最需要改变的那部分。

使用该工具时，“故障原因”是指在设计、工艺、质量或（部分）应用程序上的缺陷，这是故障或发起一个程序从而导致失败的根本原因。效果（影响）的分析，是指研究那些故障（失败）的后果。“严重性”是指一个故障模式的后果。“严重性”问题要考虑失败的最严重的潜在后果，确定财产损害或系统损坏最终可能发生的损伤程度。

FMEA 分析的一般步骤是：[2] （1）理清程序中的每个步骤（The Steps in the Process）；（2）建立故障模型（Failure Modes），弄清什么东西可能变糟；（3）分析故障原因（Failure Causes），查明某个故障为什么会发生；（4）预测故障后果（Failure Effects）。具体到（海外）收购 IP（法律）风险分析，建议采取八个步骤：[3]

① 仔细地检查一个（核心）IP（丛）[4] 的收购过程（程序），并且概括出其中的每一个步骤；

② 识别该收购过程中可能出错的环节，建立相应的故障模型；

③ 预测、确立每一个故障模型的后果；

④ 认定造成后果可能的基础原因或（重大）归因因素；

⑤ 根据后果发生的可能性、严重性的频度，评估故障模型及其每一个归因因素（之间）的等级、级别；

⑥ 识别任何现存的预防、避免、监督和减轻这些风险的控制因素；

---

[1] “Failure mode and effects analysis”，From Wikipedia，the free encyclopedia，Available at http：//en. wikipedia. org/wiki/FMEA.

[2] 黄清华．中国律师应参与海外并购法律风险管理［J］．（新加坡）亚洲保险，2011（3）.

[3] 参见英国皇家妇产科学会设计的卫生服务故障模型和效果分析 Healthcare Failure Mode and Effect Analysis（HFMEA®）RCOG（Royal College of Obstetrician and Gynecology）。

[4] IP 丛的概念源于 IP 保护的多样性。以某一拥有核心发明专利的信息技术为例，它的产品可以专利（patent）保护，产品的软件部分（software）和销售文献（sales literature）可通过著作权（copyright）予以保护；产品外形和构造（shape and configuration）则可通过工业设计权（design right）予以保护；产品的（商业）名称可通过商标权（trade mark）予以保护。

⑦ 使用这种等级级别区别IP法律风险（因素）的优先次序，决定哪些因素是要重点考虑的、哪些是可接受的、哪些是要去处理的；

⑧ 设计一个行动计划，即制订明晰的IP法律风险控制策略和方案。

通过以上工作程序，这款工具可从定性和（或）定量分析的角度，建立不同类型的故障与相应效果的关系，以应用于IP法律风险与相关风险因素的预测和评估，帮助制定收购IP的法律风险控制策略和方案。[1]

IP法律风险定性分析（Qualitative analysis）可应用于IP尽职调查，以评估特定IP法律风险与被观察的风险因素的关系，描述它们的含义、特征、标志和性状。这种分析方法可用于探讨和理解IP法律关系当事人之间有关IP法律风险的信念、经验、态度和行为等，也可用于揭示特定IP法律风险和相关风险因素的合理性、可控性和可防性，为制定IP法律风险控制策略、确定不同种类的IP风险控制好的做法甚至最佳做法，提供科学根据。

IP法律风险定性分析程序通常包含四个步骤：设计、样本和环境、过程、（结果）的合成与分析。定性分析一般通过四种方式收集数据：[2]（1）系统的文献回顾；（2）直接观察和对环境的参与；（3）对重点人群个人的深度访谈；（4）对相关材料和文件进行定性分析时所采取的探讨性和描述性设计。

IP法律风险定性分析用于海外收购中IP尽职调查时，既可用于战略层面的评估，例如，对目标公司市场开发、长期投资、合营合作等战略措施的评估，评估目标公司战略的强弱和目标公司与收购方战略配合的情况；[3] 也可用于评估IP预防性的法律事务（proactive legal affairs），如目标公司IP所有权和其他财产权利的评估、反不正当竞争监督、IP权属管理监督、IP相关交易合同签订与履行监督等。

通过IP法律风险评估，对目标企业中的“或有事项”，如有关IP的未决诉讼、仲裁或索赔，行政处罚，有无违反IP相关法律、法规的规定或国家利益、社会公共利益的情形，形成是否合理、可控、可防，如何

---

[1] Institute for Health Care Improvement，‘Use the FMEA Tool’，20 December 2007 found at www.ihi.org/ihi/workspace/tools/.

[2] Qualitative analysis，From Wikipedia，the free encyclopedia.

[3] 宾建成．我国企业海外并购的障碍因素与克服对策［J］．工业技术经济，2009（1）.

防控以及防控成本的评估意见，为制定收购项目 IP 法律风险控制策略提供客观依据。

六、结语：IP 法律风险评估报告

IP 法律风险评估的一般目的是，掌握各种 IP 法律风险与相关风险因素的合理性（reasonableness）、可控性（controllability）和可防性（preventability），为制定风险防控方案提供科学根据。为此，IP 风险评估的任务，主要是通过对识别的 IP 法律风险与相关风险因素，运用风险分析工具从不同角度进行定性和（或）定量分析，形成有关 IP 风险的性质、程度、对 IP 价值的影响和控制策略的专业意见，为下一步制订最佳的 IP 法律风险控制方案，实现对外投资安全，奠定科学良好的管理基础。

为此，建议 IP 法律风险评估按可接受风险、可避免风险、可减低风险和可转移风险的分类方法进行报告。

（1）可接受风险：如果风险必然面临，并且风险中固有的风险因素是合理的、不能避免的和不能控制的，这类 IP 风险为可接受风险。如果避免或控制风险的措施耗费甚巨，视为可接受风险。

（2）可避免风险：如果 IP 风险中固有的风险因素是不合理的，并且达到专业上的注意标准即可控制，这类风险为可避免风险。

（3）可减低风险：如果 IP 风险既难于接受又难于避免，评估报告应当指出减低风险的技术方法和管理方法。

（4）可转移风险：如果经风险—效益分析值得采取转移风险措施，可建议收购方投保专门保险如“并购保证赔偿保险”“国际专利诉讼保险”。

总之，IP 法律风险评估报告一定要就 IP 法律风险（因素）的合理性、可控性和可防性，以及在何种情况下、多大程度上，这些 IP 法律风险（因素）是合理的、可控的和可防的，诸如此类的问题，作出分析以便制定相应的 IP 风险控制策略。

构建符合中国国情的专利标准化法律规制研究*

顾金焰[1]

摘　要

近年来在技术专利化、专利标准化的趋势下，专利标准化问题已经进入司法领域，需要立法对专利标准化行为作出妥善回应。现行法律、社会机制中也存在一些调整、规制专利标准化行为的规范，但是尚无完全妥善解决专利标准化引发的纷争。中国的行政主导的专利标准化不同于欧美自由竞争经济里形成的以市场主导的专利标准化。面对专利标准化以及世界知识产权体制不断演变的形势，我们可以选择沿袭以往的历史传统，在欧美法律制度的影响下亦步亦趋、随之变化，也可以根据中国的实际情况制定新的战略，尝试制度创新，采用新的战略思维来应对专利标准化的挑战。

* 本文为教育部哲学社会科学研究重大攻关项目阶段性研究成果，项目编号 08JZD0009。

[1] 作者单位：中国政法大学博士后研究人员。

一、问题：法律如何回应专利标准化的挑战

近年来技术专利化、专利标准化、标准全球化的趋势越来越明显；同时专利标准化的范围已经扩大到专利与商标、版权相结合的知识产权标准化。国内外都有一些专利纠纷涉及标准的案例，针对这些案例，法院在司法实践中陷于难以处理的困境，学术界似乎也缺乏明确的意见和有力的论证。

2008 年最高人民法院针对一则专利标准化是否构成侵权的案例出台了一份批复意见。[1] 它代表着目前最高人民法院对于标准与专利关系的认识和意见，也说明了我国目前对于专利标准化的法律规制在司法实践中陷入困境，反映出专利标准化问题已经进入司法领域，立法需要对专利标准化行为作出妥善回应。

此则案例后面还可作进一步分析。至少此意见体现出以下几种情况：

（1）最高法院认识到目前标准制定机关尚未建立有关标准中专利信息的披露机制、使用制度或者现有的专利信息披露、使用机制尚无法为解决专利纷争发挥有效作用。

（2）最高法院提出了如果涉案专利已被纳入标准，则应考虑的法律规则有如下几点：其一，专利权人参与了标准制定或经其同意，将专利纳入国家、行业或者地方标准的，视为专利权人许可他人在实施标准的同时实施该专利。那么，此时他人实施该标准的行为不视为侵犯专利权行为。其二，专利标准化后，专利权人有权要求实施人支付适当使用费，除非承诺放弃专利使用费（即免费许可）。其三，此种许可费应明显低于正常的许可使用费。

该司法解释发布之后，曾引起一些专利权人的质疑，主要质疑其中关于不构成侵权的意见，显示出对于此类问题在立法上亦有缺失。这就是说，从专利权人的角度来看，本来专利法已经对于专利侵权与不侵权确定了一个法律上的适当范围。为何目前在专利标准化问题上出现法律

---

[1] 最高人民法院．最高人民法院知识产权案件年度报告（2008）［EB/OL］．［2013－5－18］．http：//old. chinacourt. org/html/article/200904/23/354227. shtml.

规制的争议？对于专利标准化行为，立法到底应当如何进行规制？

二、现象：专利标准化的中国困境及规制现状

（一）专利标准化的中国困境现象

就让我们先从上述那则案例出发来探讨一下。

2007年辽宁省高级人民法院遇到一起关于专利与标准冲突的案件——季强、刘辉与朝阳市兴诺建筑工程有限公司专利侵权纠纷案。该案原告季强、刘辉代理专利权人向市场上一些可能涉嫌专利侵权的公司提出专利侵权诉讼；其主要案情涉及专利权已经被纳入建设部批准颁发的行业标准《复合载体夯扩桩设计规程》。原告方要求法院认定被告专利侵权并赔偿；被告则主张自己是按建设部的标准设计施工，如果不按此标准施工，则不符合建设规范。

对此，受案法院感到很棘手，遂诞生了一份最高人民法院［2008］民三他字第4号司法批复。即关于朝阳兴诺公司按照建设部颁发的行业标准《复合载体夯扩桩设计规程》设计、施工而实施标准中专利的行为是否构成侵犯专利权问题的回函。

该司法批复意见提出了这样的处理原则："鉴于目前我国标准制定机关尚未建立有关标准中专利信息的公开披露及使用制度的实际情况，专利权人参与了标准的制定或者经其同意，将专利纳入国家、行业或者地方标准的，视为专利权人许可他人在实施标准的同时实施该专利，他人的有关实施行为不属于《专利法》第十一条所规定的侵犯专利权的行为。专利权人可以要求实施人支付一定的使用费，但支付的数额应明显低于正常的许可使用费；专利权人承诺放弃专利使用费的，依其承诺处理。"

此则司法批复在一定程度上代表着目前最高人民法院对于标准与专利关系的认识和意见。法律需要对专利标准化行为作出妥善回应。这种妥善的回应就在于要让司法作出一种选择：抛开技术层面的考量，在假设被控侵权人使用的技术落入专利权的保护范围，且该技术的确被专利权人明确写入中国国家标准甚至是行业标准的情况之下，究竟是应该支持专利侵权还是应该支持涉嫌侵权方的抗辩理由——按标准施工则不构成侵权的主张。

（二）现有法律法规能否有效规制

现行法律、社会机制中也存在一些调整、规制专利标准化行为的规范，但是尚无法完全妥善解决专利标准化引发的纷争。

国内、国外以及国际上都存在一些关于专利标准化的法律法规，国内外标准化组织有着自律性规则即标准中的专利政策。

中国的法律制度里与专利标准化相关的法律不多，相关的一些内容主要集中于：（1）《标准化法》及其相关行政规章；（2）《专利法》《专利法实施条例》及其相关规章；（3）反垄断法、反不正当竞争法；（4）与前述法律相关的司法解释。我国《标准化法》和《专利法》这两部法律，包括其实施条例或细则都没有直接涉及调整标准化与专利之间法律关系的条款。中国《反垄断法》的适用范围并未将知识产权引发的垄断行为排除在外，但也没有直接规范专利标准化现象的内容。还有一个值得注意的是一件司法解释的草稿。2009 年 6 月 18 日，最高人民法院公布《关于审理侵犯专利权纠纷案件应用法律若干问题的解释 》（征求意见稿），其中第 20 条对于专利标准化引起的法律问题提出了规范意见，显示出最高法院最新的一些进展和意见。遗憾的是，在随后通过的正式司法解释却将该条与专利标准化有关的内容删除了。这可能是因为该条的内容存在较大争议。

中国国家标准化管理委员会曾在 2004 年公布了一份有关专利政策的法规草案，遇到众多组织和个人提出意见，最终未能实施。2009 年 11 月 2 日，国家标准化管理委员会公布了《涉及专利的国家标准制修订管理规定（暂行）（征求意见稿）》（以下简称“专利政策草案”）。一些政府机构、公司及民间利益团体对此提交了大量的意见书。其中大多数意见表达了一个共同的观点：该“专利政策草案”低估了专利权人在标准制定活动中作出的贡献和可能发挥的作用，甚至会抑制他们为国家标准贡献创新性解决方案和技术。[1]

根据国家标准化管理委员会批准的 2009 年标准制修订计划起草制定，中国标准化研究院提出并负责起草了《国家标准涉及专利处置的实

---

[1] GEORGE T. WILLINGMYRE. 再论中国涉及专利的国家标准制修订管理规定草案［EB/OL］. ［2013－1－15］. http：//www. ip-watch. org/weblog/2010/01/26/take-two-china%E2%80%99s-proposed-regulations-for-patent-involving-national-standards-2/.

施指南》，后来更名为《国家标准涉及专利的处置规则》，于2010年1月21日公开征求意见。2012年12月17日，国家标准化管理委员会再次发布《国家标准涉及专利的管理规定（暂行）》征求意见稿中英文版。这是国家标准化管理委员会试着解决我国国家标准中涉及专利问题如何处置，即处置的要求和程序的标准。❶ 2013年2月，国家标准化管理委员会在回答公众提问中指出："该规定规范了我国国家标准在制定、修订和实施过程中涉及的专利的处置问题，目前已经完成社会公示，并将在进一步的修改完善后发布实施。"❷ 但令人遗憾的是，直到2013年5月仍未有正式的规范性文件发布。

（三）标准中的知识产权自律规则也无法有效应对

目前我国法律法规中并无一个对于专利标准化的总体策略与规制原则。我们再来看看国际国内主要的一些标准组织中的知识产权政策，可以发现这种自律规则也无法完全有效应对专利标准化带来的挑战。

标准按颁布主体可分为国家标准、行业标准、企业标准；按是否具有强制性可分为强制性标准与推荐性标准；按公开程度分为公开标准与私密标准；按形成方式可分为法定标准与事实标准等。事实标准，它不是由机构制定，是由一些企业自己相互联合，由于他们产品形成绝对的垄断力量成为事实上的标准。今天看到的很多标准都是事实标准，不是哪个行业协会或者政府以及政府间组织颁布的。事实标准的特点有私有性、秘密性特点，❸这是企业、市场的行为。如果事实标准形成了对市场的垄断、妨碍了竞争，妨碍了消费者的利益，妨碍了社会的发展，应当纳入《反不正当竞争法》《反垄断法》进行规制。

我们这里主要讨论法定标准。法定标准是公开的，都会公开其知识产权政策。我们将这些标准的知识产权政策分为免责型、明示型、混合型三类。

1. 免责型

此种标准中声称不负责标准实施中有关知识产权问题。主要是标准

---

❶ 刘仁．国家标准中的专利处置将有章可循［N/OL］．中国知识产权报，［2009－09－11］，［2013－5－1］．http：//www.sipo.gov.cn/yl/2009/200909/t20090911_475217.html.

❷ 国家标准化管理委员会．专利产品不许申报国家标准不利科技推广［EB/OL］．［2013－5－28］．http：//www.sac.gov.cn/gzcy/gzly/gyheb/201301/t20130121_132600.htm.

❸ 张平，马骁．标准化与知识产权战略［M］．北京：知识产权出版社，2005：24－25.

制定机构或者不能或者不愿意对该标准中所涉及的知识产权问题予以明示和处理。以前的大多数标准均是如此。标准的制定机构实际上并未注意到标准中是否会有专利潜伏或者说对此无能为力。

2. 明示型

此种标准中指明该标准中所涉及的知识产权信息和政策，包括其涉及的专利、专利权人、愿意许可的方式等。以中国《数字电视地面传输标准》为例，其知识产权政策一节载明，该标准所涉及的专利技术主要有哪些专利权人及其专利件数。但是该说明是否就一定涵盖了所有与该标准有关的专利，恐怕标准制定机构也难以全部弄清。

3. 混合型

混合型即是明示型与免责型兼顾的一种做法。比如欧洲电信标准机构（ETSI）的知识产权政策。一方面，欧洲 ETSI 既有明确的知识产权政策，设有知识产权委员会，负责知识产权的鉴定、裁决等，更为重要的是，还专门建立了网络数据库，公开了其获知的与标准有关的专利权人及其详细信息的专利清单。❶ 另一方面，欧洲 ETSI 又发布其免责声明，申明其可能并未包括全部的专利权信息。原因在于该数据库中的信息只是收集了任何提交给该组织的基本专利或潜在的基本专利或其他知识产权信息。言外之意就是，无法保证其信息的完整性与有效性。❷

综合现有的法律法规和自律规则，现有的法律规范与政策、自律规则并不能妥善解决目前的司法案件。即使出台一些层级较低的规章或类似规范性文件，仍无法避免争议和有效解决专利标准化面临的挑战。

---

❶ What is the ETSI IPR Database? [EB/OL], [2009-4-10]: The ETSI IPR Database allows public access to information at any time with respect to IPRs which have been notified to ETSI as being essential, or potentially essential, to ETSI Standards and Technical Specifications. http: //www. etsi. org/WebSite/AboutETSI/IPRsInETSI/iprdb. aspx.

❷ What is the ETSI IPR Database? [EB/OL]: You should however note that the ETSI IPR Database provides data that is based on the information received. This means that ETSI has not checked the validity of the information, nor the relevance of the identified IPRs to the ETSI Standards and Technical Specifications and cannot confirm, or deny, that the IPRs applications are, in fact, essential, or potentially essential. No investigation, or IPR searches, have been carried out by ETSI and therefore no guarantee can be given concerning the existence of other IPRs which are, or may become, essential. [2009-4-10]. http: //www. etsi. org/WebSite/AboutETSI/IPRsInETSI/iprdb. aspx.

三、原因：专利标准化法律规范困境的原因分析

（一）专利与标准冲突的内在原因

在传统观念中，标准与知识产权几乎没有关联。知识产权是一种私权，具有专有性、地域性和时间性的特点；技术标准则具有通用性、无偿性、公益性特点。所以我国原来大力推行国际标准适用于国内并未意识到其中会存在何种问题。现在，随着高新技术的迅猛发展，高新技术的发明人和所有人越来越多地运用知识产权制度来保护技术。标准与技术于是呈现融合趋势。

知识产权的保护强势化、全球化趋势也越加明显。人们认识到知识产权的保护与运用，有利于社会的技术创新与文明的发展；认识到标准化对于人类总体技术水平与社会生活品质提高起到一定积极作用；[1] 然而，知识产权的标准化也带来一定的负面影响。知识产权的私权属性注定使其权利人要去追求自身利益的最大化，从而极力将自身专利技术、商标等融入（或塞入）标准之中，成为标准之下的潜水艇，并希望以此获得垄断的市场利益。

标准与知识产权的关系是既冲突而又促进的。标准与知识产权的冲突在实质上是私益与公益的冲突；但我们绝不是说私益就一定是错误的，正因为有了私益的最大化追求，才有市场那双无形之手发挥作用，构成我们丰富多彩的物质生活世界。标准也不会就一定代表了全体的利益，有时标准还会接受市场的考验。标准与知识产权又是相互促进的因素。知识产权制度在一定程度上可以促进技术创新；技术创新为标准的不断发展和演进起到发动机的作用。

（二）为何国外没有专利标准化的这种困境

外国以美国、欧盟为例的专利标准化是一种市场主导的专利标准化格局，相应的专利标准化的法律规范很少，主要是以标准化组织的自律性知识产权规则为主，加上反垄断法律以及相关判例构成整个专利标准化的法律规范体系。专利标准化最先发源于市场经济的工业化国家，于

[1] 杨帆．国际技术标准与知识产权［M］．北京：人民法院出版社，2006：9－10.

是必然在那个环境下形成一系列专利标准化的法律规范和自律性规则。

（三）专利标准化中国困境的症结

中国以行政主导的专利标准化不同于欧洲和美国自由竞争经济里形成的以市场主导的专利标准化。两者有着不同的特点。在自由竞争的专利标准化里，专利权人之间组成技术联盟，继而在市场机制作用下开展专利标准化活动；而中国是在受命令经济影响、国有经济主导下的标准化，标准化工作中以行政机关为主导力量，专利权人为辅，完成专利的标准化。对专利标准化的自由放任论和反垄断论是自由市场经济的产物，其来源于工业经济和私权神圣的结合思想。但在知识经济时代，科技和经济发展到目前境况，法律就不得不随着适应与变化。

其一，中国国家标准需行政审批和发布，不同于市场契约形成的标准。标准化法规定了标准的审查、批准、发布机制，该法明确了由国务院标准化行政主管部门审查、批准、编号及发布有关国家标准的职责，并负责行业标准和地方标准的备案工作。其中，即使是行业标准也往往要由行业主管部门的批准与备案过程。由此，中国国家标准以及经过行政审批的行业标准、地方标准不同于企业联盟标准，把它视同为技术法规更为妥当。

其二，中国的标准管理机构是有行政审批权的机构，不同于市场上企业间的自律联盟。中国标准化工作实行统一管理与分工负责相结合的管理体制。标准化法规定，国务院标准化行政主管部门统一管理全国标准化工作，赋予其法定的行政职权、职责，配备公职人员等。所以，中国的标准化行为加入了公权力因素，不可纯粹照搬完全靠市场自治主体相互合约进行标准化的规则。

四、战略：专利标准化的法律规范两种选择——鼓励还是遏制

（一）战略选择

面对专利标准化以及世界知识产权体制的不断演变的形势，我们可以选择沿袭以往的历史传统，在欧美法律制度的影响下亦步亦趋、随之变化；也可以根据中国的实际情况制定新的战略，尝试制度创新，采用新的战略思维来应对专利标准化的挑战。前者笔者称为“传统战略”，后

者为“新战略”，即是所述的“法律遏制”战略。

传统战略植根于自由竞争的市场经济，成长于欧美成熟的法治文化、自治管理的私权社会，对于市场主导格局适用。但是，这一战略对于目前中国社会就会产生“桔生淮南为橘，生于淮北为枳”的效果。中国尽管也在从计划经济转向市场经济，但是就标准化而言，即使是建成非常成熟的市场经济，如果标准化仍因历史、惯例等原因须由行政机关审批，标准化组织并未有制定和撤销标准的全部权利，那么在市场经济条件下的专利标准化仍可以被行政主导，从而仍面临专利标准化的“中国困境”。

与其盲目照搬并不适合于中国专利标准化的法律规范机制，不如根据实际情况，制定新战略、新措施。在此基础上，甚至对于世界知识产权体制的进一步发展演变未尝不是一个好事。看得更为长远些，说不定还将对未来国际上应对专利标准化提供宝贵的法律规制经验。

（二）法律规制原则

基于专利标准化法律规制新战略——法律规范论，笔者在此提出几项法律规制所应遵循的基本原则。期望在此基础上知识产权标准化行为能够得到进一步的规范化发展。

1. 公共利益优先原则

专利权的标准化过程，其实质是一个私权公共利益化的过程。就标准化这种以公共利益为依归的本质特性来说，必须坚持公共利益优先的原则。专利标准化现象里的公共利益，既包括社会公众因标准获得的社会信息搜寻成本、互联互通成本的收益，也包括专利制度中所要维护的社会公共利益。标准和专利中也有一定的私人利益，私人利益必须保护，才能有助于公共利益。换句话讲，只有每一个私人利益在法律上得到了切实充分的保护，才能同时对公共福利起到促进作用。

技术标准的发展，要求标准中的技术方案在一定程度上是先进的、有利于人们生活品质的提高而不是相反，所以某项技术标准的制定与推广，又要求所采技术是创新的技术而非落后的技术。鼓励人们创新的制度不可避免地涉及知识产权制度。所以，我们不得不在标准化过程中遇到知识产权制度。保护知识产权可以激励企业或个人进行技术创新。保护知识产权也会促进技术标准的不断发展。

但这并不意味着我们就要片面强调知识产权保护而不顾公共利益。

因为，专利制度的根本意义在于赋予专利权人在法律规定的范围内享有自身权利和利益，从而促进公共福利的增加而不是相反。当专利权人获得专利之后，合法运用自身权利是其正当行为；一旦将专利权纳入标准之后，也即作出专利标准化这一行为之时，便已经超出了私权的合法范围，涉嫌借助公共利益以扩张自身利益。这些行为理应受到法律的合理规范，并且对于这种规范应当以公共利益优先的原则作为法律衡量的基础。

2. 知识产权披露与公示透明度原则

首先，标准作为一种公共信息而存在，如果其中暗含着专利陷阱的话，显然是标准对于社会公共利益的一种侵蚀和损害。由此，笔者认为，标准制定组织有社会责任，继而在法律层面上应有法律责任，承担起披露标准知识产权并公示的责任。其中的知识产权，既包括标准中的专利，也包括标准的版权以及标准组织或标准涉及的商标权利等。

其次，或许有人会提出质疑，标准中的专利信息是否能够得到完全的披露？在现代技术飞速发展的信息时代，专利层出不穷，呈现专利竞赛的局面，有人会提出标准化组织没有能力完全检索并分析出全部与标准有关的专利。笔者承认，当今世界专利的数量已经远远超出人力所能分析的范围。人们进行专利检索与分析，不仅要借助于功能强大的信息平台、数据库、工具软件，还要借助于许多专家的人工分析；并且在这种情况下还不一定能将标准中的专利完全检索出，更何况分析到位。但是，不能完全检索并分析并不是说标准化组织就没有责任进行披露与分析。这是不同层面的两个问题，正如我们现实中无法要求所有的司机都遵守交通规则，也无法穷尽知道每一条道路的信息，但我们却依然要并且一定要制定详尽而尽可能完备的交通法律及交通规则一样。

从标准化组织角度来看，标准化组织是接受提案、拟定标准、讨论标准的组织方，对于某项标准可以说是最为接近真相、最清楚其中技术方案的组织。许多标准化组织细分为若干个技术小组或工作小组，有的参与者可以说是盲人摸象，只知道自己参与的那一部分。标准化组织汇总技术方案、选择技术方案，至少对于其中参与各方所拥有的专利、非参与方提出过的技术方案、技术细节和其他信息总是这个社会最清楚的一个组织了。我们只需设计好标准化组织的披露义务、披露方式、披露范围以及相关法律责任，就会以法律的方式引导标准化组织妥善处理专利信息甚至是知识产权信息披露的规范化问题。

3. 免费许可与公平合理无歧视许可结合的原则

专利标准化之后的许可问题，这同样应当成为法律规制的一个重要内容。专利标准化的许可政策，在标准制定过程中就会涉及，标准实施后更是关键的环节。与标准结合的专利究竟应当如何许可才能有效地平衡各方利益，并有效遏制专利标准化中专利权人不当行为。

在当下以市场主导的专利标准化格局中，形成的是以 RAND（合理、无歧视）原则或者 FRAND（公平、合理、无歧视）为核心的许可政策。围绕着 FRAND 原则的是，鼓励免费许可。但在法律上既然没有强制专利权人披露相关信息，那对于专利权人的许可选择无异于是一纸空文，因为压根标准化组织或标准使用方就无法完全清楚有哪些专利，更何况说清楚会以什么方式得到专利权人的许可。

笔者提出标准中的专利许可政策应建立以免费为主、FRAND 为辅的许可政策。在行政主导的专利标准化格局里，只要经过行政机关批准才生效的那些标准，理应免费许可；只有当企业在市场竞争中形成以事实标准存在专利标准化时，企业作为专利权人应当得到合理的市场回报，这时公平合理无歧视原则才应适用。

五、机制：符合国情的专利标准化法律规范

行政主导的专利标准化格局下，我们可以采取哪些法律规制措施呢？主要考虑几方面的措施：其一，立法进行规范，明确专利标准化的法律规范及标准化主体的法律责任；其二是明确信息披露规则及法律责任；其三是明确各类标准的专利许可政策及其法律责任。在此基础上，形成具体的法律规范，引导专利标准化行为走向规范化，遏制不当专利标准化行为。

（一）法律责任

除了目前标准化组织中的知识产权规则和现行法律中的反垄断规则之外，对于专利标准化行为，在标准化法或专利法体系中理应有着清楚明确的法律规范。标准化组织内部的自律性知识产权政策或规则，也应服从于特别制定的有关专利标准化的法律规范。

这种明确，首先是法律责任的明确。在标准由国家机关进行批准的情况下，应由批准机构对标准中的专利信息披露、标准的制定、发布及实施、撤销负有法律责任。这些批准机构包括批准或者发布强制性标准的国家标准化管理委员会、各部委，发布推荐性标准的各部委、批准地方性标准的地方政府等。

其次还应当对于专利标准化的法律原则明确规定，知识产权规则都应遵守公共利益优先原则、知识产权披露与公示透明度原则、鼓励免费许可与 FRAND 许可原则。

（二）信息披露

对于行政主导下的专利标准化，分为“行政审批标准”和“非行政审批标准”。对于这两种标准中的信息披露，都应当提出明确要求。

对于行政审批标准，标准化组织和批准机关有责任、有义务在标准中披露该项标准“就其所知”的所有知识产权信息，包括专利信息。

其一，标准化组织和批准机关有法律义务披露该标准的专利信息。作为一项规范性文件，对于社会各方提出了法律上的义务，相应的，该文件的起草方（标准化组织）和/或批准方，就理应对于该文件中涉及的专利信息承担起公开、明示的义务。我们不可能容忍一项要求社会各方遵守的文件里，竟然能够隐藏起明知的知识产权障碍或隐患。

其二，披露专利信息的范围是批准机关所知的范围。专利信息浩如烟海，我们无法要求批准机关挖掘出所有与该标准相关的专利——如果真的那样要求了，批准机关也无法做到，等于是没有要求。但是，标准化组织和批准机关应就标准起草、制定和发布过程中，任何参与者所提出的或者标准化组织自己发现的任何与该标准有关的专利信息进行公示，不允许有任何隐瞒的行为存在。

其三，既然对于标准化组织和批准机关有着这样严格而规范的专利信息披露责任，那么这种法律责任应当同样施加于参与制定该标准的企业或个人身上。换句话讲，任何该标准的参与者都有义务向标准化组织和/或批准机关明示本身是否有与该标准相关的专利、自己所知的任何其他人拥有的专利的信息。标准的参与者应就此签署书面承诺，确保自己已经将自己的专利信息、自己所知的他人与此有关的专利信息披露给了标准化组织和/或批准机关。如果标准的参与者在标准公示期满之后才提出任何有关自身涉及该标准的专利权时，应当根据法律规定视为其已经默示许可该标准的使用方。由此，不得再向任何该标准的使用方主张自己拥有的、未经披露的任何专利权。

标准制定方、参与制定者负有就该标准中已涉知识产权进行披露与明示的义务。参与制定者明示自身涉及该标准的知识产权；未明示者因为其未履行明示义务，从而丧失了在标准公开后再主张他人实施该公开的标准中知识产权侵权的权利。

未参与标准制定的自然人、法人并无披露义务；但有权在标准制定期间或公布后实施前期向标准制定方披露自身或者他人的知识产权。

如未参与标准制定的自然人、法人在标准实施前的制定期间或公布期间向标准制定方提出涉及自身知识产权的，有权参与该标准中知识产权的许可政策，如同标准制定参与方一样的权利和义务。该未参与标准制定的自然人、法人发现该标准涉及自身专利时，必须披露全部所涉及自身的知识产权，未履行其明示义务，不得在标准公开后再主张他人实施该公开的标准中构成知识产权侵权的权利。

专利标准化中应披露尽可能详细的专利信息，主要包括：（1）披露专利的范围，不仅是已经授权或公开的专利，还应包括申请中的专利（技术细节可以不公开，但专利的申请号必须明确）；（2）是否为必要专利；（3）这些专利之间是竞争性关系还是非竞争性关系；（4）专利权人对于许可政策的书面承诺意见；（5）专利权人对于未披露专利信息放弃主张专利权的书面承诺等。

（三）分级规制

1. 强制标准专利征用论

中国的强制性标准应等同于欧美标准体系中的技术法规，其理由是：（1）强制性标准一般是由国务院有关部门以规章形式制定并公布实施；（2）违反强制性标准的企业或个人面临违反法律强制性规定的严重后果。

如果强制性标准中含有私人拥有权利的专利，而该专利权人又站出来主张自己的专利权时，应当如何处理？比如，国家为了保证电热水器的安全性能，就规定了必须采用某些技术，而这些技术方法如果是由某家公司拥有的专利，这里应如何进行法律规范呢？从逻辑上讲，既然强制性标准属于技术法规，那些标准的使用人便是为法律所强制要求实施该标准以及标准中涉及的专利，而非标准使用人本人意志所能避免，所以要求标准使用人承担专利侵权责任及其法律后果是不公正的。这种法律责任，必须由将专利标准化的国家机关来承担。但是，考虑到国家机关又是为了公共利益的需求，才制定和实施含有该专利的强制性标准，所以这种专利权的回报只能由国家来埋单，并承担相应的责任。这时，我们可以认为，正是国家为了公共利益的需要，将私人的专利权得以征用了。

这种对于专利标准化后的行政征用有以下特点：其一，是专利权的使用权而不是所有权，所以是行政征用，而不是行政征收。专利权人并不失去其专利权，只是在一定程度上受到限制。其二，范围有限。即该专利权的使用权限于该标准适用的产品范围和行业范围。不能无限扩大化。其三，有条件性和期限性。即只有满足该标准的产品才可能会因为国家承担责任而使专利权人无法有效主张权利。在专利权的期限长于标准使用期限时，标准过期或废止，则也就同时不再征用专利权了。其四，有偿性。国家征用专利，应当根据一定的标准对专利权人进行补偿，除非专利权人放弃此种补偿。补偿的标准应参考许可费用，此时的使用费用可以低于正常的许可使用费。

2. 推荐性标准默示许可和强制许可论

行政主导的专利标准化格局中，推荐性标准有批准机关或备案机关，这时，批准机关同样应对标准担负起应有的法律责任。除了前述信息披露责任以外，在专利许可方面也应承担相应的法律责任。

那么，在此情况下，应当如何保护专利权人的合法权益而又不至于使标准使用人及社会公共利益受损呢？

本着鼓励创新同时又抑制不当行为的精神，笔者拟提出：

（1）在标准批准机关为行政机关的情况下，无论是国家标准还是行业标准，此时，企业实际遵守的仍是行政规章，这时首先适用专利权人在标准制定过程中披露该专利时进行的承诺。该承诺的底线应为公平合理无歧视原则下的许可。即推荐性标准中的知识产权应当在公平合理无歧视的原则下对任何承认并实施该推荐性标准的企业或个人授予许可。

（2）如果该专利并未在标准制定过程中披露，专利权人为参与人的情况下，都应视为该专利权人放弃了主张在该标准使用人范围内主张权利。

（3）如果未能参与标准制定的自然人、法人未在标准实施前的制定、公布期间提出知识产权主张的，标准实施后，有义务按照公平、合理、无歧视的原则对所有实施该标准的各方进行许可，不得拒绝许可。法律应赋予国家知识产权主管部门有权根据拟实施该标准的他人的请求，对该专利授予强制许可。

3. 事实标准反垄断论

事实标准即是指那些主要是由单个企业或几个企业基于自身的市场努力，建立起的企业标准，该标准在某一市场上获得了一定认同。这里同样可以分为两种情况。其一是单个企业的标准，针对单个企业的事实标准，这里面有着企业自身的创新努力以及企业技术秘密，笔者认为应当按照私人财产不受侵犯的法理得到妥善的保护，同时，该标准应根据该企业在市场上的具体行为受到反垄断法的规范。对于超过一家以上非关联企业之间的联合组成的技术联盟，此时应当在反垄断法中进行严格规范。关联企业，通常是指某一企业控制或被另一家企业控制50%以上股权或投票权的情形。对于市场上两家以上非关联企业之间的技术合谋行为，应根据其市场份额、技术创新程度、对竞争的影响等多方面进行考量后，由反垄断机关进行合乎法律程序的反垄断审查后作出决定。

六、结语：专利标准化的法律规范机制创新

鉴于以上分析，笔者以为，应当重视专利标准化的中国困境与其背后的诸多问题，因地制宜地制定相关规则，以便解决中国语境下的专利标准化的法律规制问题。

是到了对专利标准化的法律规制进行反思的时候了。对于自由放任式或权利自由加反垄断式的反思，我们结合中国的现状就可知道，这种选择路径并不一定是适合于行政主导下的专利标准化经济格局的。

对于市场主导下的自由经济中的专利标准化，权利自由加反垄断途径仍然面临着极大的困境。这种困境就是，专利丛林化带来专利标准化后专利壁垒森严，专利许可复杂度大大提高，甚至达到对于标准本身在社会中的推广、运用形成严重阻碍的程度。以MPEG-4标准的推广即是显著例证。

发展中国家想努力缩短与发达国家之间的技术差距，必然就既需要弥补技术差距，也需要弥补机制创新差距。技术差距本身与科技发展息

息相关，机制创新差距与经济体制、法律制度、知识产权制度、标准化制度都有极大关系。

如果我们仍旧在知识产权标准化制度方面向发达国家看齐，对发达国家亦步亦趋，那么就只能做知识产权标准化竞争格局下的“弱势群体”一方，坐等知识产权强势国家的宰割。

在经济学家克鲁格曼建立的一个模型中，“发达国家的技术优势是给定的前提，模型实践意义在于南北贫富差距的收敛，而发展中国家的超越是不可能的”❶。幸而，“演进学派则从技术进步的内在特征出发，指出发展中国家可以通过改变技术变迁路径，实现赶超战略”❷。

如果将缩短与技术发达国家之间的技术差距看作是一场赛跑，要想赶超就必须不仅在技术进步上有着相对速度快的优势，而且制度层面上应不断创新才行。“成功的超越最初是建立在新方向奔跑的基础上。”❸

欧洲专利局在其研究报告《未来知识产权的愿景》中，提出了四种未来知识产权的图景或者说是从四个视角展望了未来知识产权的发展趋势：其一是市场规则主导的灰色方案；其二是地缘政治作用下的红色方案；其三是社会公众知识树影响下的绿色方案；其四是技术推动下的蓝色方案。❹

制度变迁中，国与国之间的政治角力发挥着不可估量的作用。《中美知识产权较量》揭示出中国专利制度发展过程中，中国与美国两个大国之间政治、经贸之间力量角逐的深刻影响。我们不难设想到，地缘政治和社会公众对于未来专利制度变迁应该会发挥积极的影响。其中，伴随着中国经济实力的增强、技术创新的改善、社会文明的进步，以中国、巴西、印度、俄罗斯“金砖四国”的影响，世界专利制度战略应当有发展中国家的声音，相应新的战略也将随之而来。从这个意义上讲，欧洲专利局都已经看到新兴国家对于未来世界知识产权格局的重大影响，我们不妨在法律规范专利标准化行为这件事情上进行制度创新，从而有助于世界知识产权制度的变革与发展。

---

❶ 保罗·克鲁格曼．克鲁格曼国际贸易新理论［M］．黄胜强，译．北京：中国社会科学出版社，2001：88.

❷❸ 多西，等：技术进步与经济理论［M］．钟学义，等，译．北京：经济科学出版社，1992.

❹ 欧洲专利局．未来知识产权制度的愿景［M］．郭民生，杜建慧，刘卫红，译．北京：知识产权出版社，2008：6—8.

遗传资源国际立法的里程碑

——《名古屋议定书》解析

张小勇[1]

摘　要

《名古屋议定书》是为进一步推动《生物多样性公约》第三项目标和相关规定的实施而通过的一份具有法律约束力的国际文书。它的通过是遗传资源国际立法的一个里程碑事件。《名古屋议定书》扩展了《生物多样性公约》有关遗传资源和传统知识的规定，并且确立了若干具有创新性的规定。这些规定被期望将显著地推进《生物多样性公约》第三项目标——公正和公平地分享利用遗传资源所产生惠益的实现，并进而为另外两项目标——保护生物多样性和可持续利用其组成部分的实现创造重要的激励。考虑到《名古屋议定书》中的一些重要规定是对不同立场进行折中之后的产物，其未来的实施将会面临相当大的挑战。

---

❶ 作者单位：中国青年政治学院。

2010 年 10 月 30 日，在经过六年艰难的谈判后，《生物多样性公约》（以下简称《公约》）缔约方大会第十届会议在日本名古屋通过了《生物多样性公约关于获取遗传资源与公正和公平分享其利用所产生惠益的名古屋议定书》（以下简称《名古屋议定书》）。《名古屋议定书》是一份具有法律约束力的国际协议，它以遗传资源（包括与遗传资源相关的传统知识）的获取和惠益分享问题作为其规范的对象，旨在进一步推动《公约》三项目标及相关规定的落实，它的达成和通过是遗传资源国际立法的一个里程碑事件。

《名古屋议定书》不仅继受和扩展了《公约》中关于遗传资源的获取和惠益分享的原则与规范，而且引入和确立了若干具有创新性的原则与规范。《名古屋议定书》为缔约方设定了获取、惠益分享和遵守等方面的实质性义务，期望通过具有更大程度确定性和透明度的措施确保公正和公平分享利用遗传资源所产生的惠益目标的实现。在《名古屋议定书》获得通过之后，国际社会就其在保护全球生物多样性和实现可持续发展进程中扮演的重要角色表达了很高的期待。截至其开放供签署的最后日期，共有 92 个国家签署了议定书文本，它将在交存第五十份批准、接受、核准或加入文书之日后第九十天生效，从而步入更加关键的实施阶段。本文将较为深入地介绍、分析和评论《名古屋议定书》的缔结背景、一般性规定、遗传资源的获取和惠益分享、与遗传资源相关的传统知识的获取和惠益分享以及遵守等重要问题，以期增进国内相关部门对于《名古屋议定书》的了解，以及对未来我国的加入和实施有所助益。

一、缔结背景

《名古屋议定书》是一个专门针对遗传资源（包括与遗传资源有关的传统知识）的获取和惠益分享问题而缔结的国际协议。同时，遗传资源的获取和惠益分享问题也是 1992 年《公约》规范的重要对象。那么，为什么还要在《公约》之外就该议题发起旨在缔结专门制度的国际谈判呢？这就牵涉《公约》关于遗传资源的获取和惠益分享原则和规范的国内实施状况以及为改变这种状况而采取的行动。

为了应对全球生物多样性消失的挑战，1992 年 5 月，《公约》经各国政府间谈判而最终获得通过。《公约》确立了三项目标：保护生物多样性、可持续利用其组成部分以及公正和公平分享利用遗传资源所产生的惠益。在这三项目标中，第三项目标被认为是实现前两项目标所必需的措施的关键所在，这是因为确保惠益分享能够对保护和可持续利用生物多样性产生激励作用。除了将公正和公平分享利用遗传资源所产生的惠益确立为自身的目标外，《公约》第 15 条对遗传资源的获取和惠益分享问题进行了具体的规定。❶

根据《公约》第 15.1 条和第 15.7 条的规定，国家法律或立法措施在遗传资源的获取和惠益分享规定的实施过程中扮演着极为关键的角色。伴随着《公约》的生效，一些缔约方启动了制定国家法律以便实施《公约》第 15 条的进程。以 1995 年菲律宾颁布的世界上第一部关于遗传资源的获取和惠益分享法律制度为开端，至 2007 年之时，仅仅 39 个缔约方（《公约》此时共拥有 189 个缔约方）已经建立了本国法律制度或者尚处于这一进程之中。❷ 值得注意的是，这 39 个缔约方几乎都是作为遗传资源提供国的发展中国家。这些国家期望通过立法措施落实遗传资源的国家主权权利以及规范获取本国遗传资源的活动，并与发达国家及其产业集团分享利用资源而产生的惠益。

与发展中国家积极开展立法活动形成鲜明对照的是，拥有先进生物技术并且主要作为遗传资源利用国的发达国家，则在《公约》生效后的 10 余年间迟迟不采取立法措施履行《公约》第 15.7 条确立的义务。从《公约》第 15 条规定的措辞来看，《公约》第 15 条实际上并没有要求遗传资源的提供国采取立法措施以便规范获取遗传资源的活动，但明确要求缔约方（主要是发达国家缔约方）采取立法、行政或政策等措施以期与提供遗传资源的缔约方分享惠益。一个值得重视的事实是，已推出的立法措施基本上来自不负有义务的发展中国家，反倒是负担了采取立法措施义务的发达国家集体保持了沉默。

上述事实充分反映了《公约》第三个目标以及第 15 条规定的国家实

❶ 关于《生物多样性公约》第 15 条规定及其解释，参见 L. GLOWKA, et al. , A Guide to the Convention on Biological Diversity [M]. IUCN Gland and Cambridge, 1994: 76－83. L. GLOWKA. A Guide to Designing Legal Framework to Determine Access to Genetic Resources [M]. IUCN, Gland and Cambridge, 1998: 3－17.

❷ 参见：Overview of Recent Developments at National and Regional Levels Relating to Access and Benefit-sharing [R]. UNEP/CBD/WG-ABS/5/4, 30 August 2007: 3.

施处于一个非常低的水平之上。❶ 在发展中国家方面，已推出的立法招致了来自不同方面的批评，包括立法缺乏明确性和清晰性、对于获取活动限制严格、交易成本过高以及决策过程不透明等。❷ 这种立法现状与《公约》中关于遗传资源的规定的简陋和模糊存在着一定的关系，同时与发展中国家为防止针对其资源的“不当利用”行为的发生，而对获取遗传资源活动采取的限制性路径有着很大的关系。这种限制性路径或做法在很大程度上违背了《公约》第 15.2 条提出的便利获取遗传资源的要求。在发达国家方面，由于普遍性地没有采取立法措施落实与遗传资源提供国分享惠益的义务，发达国家明显违背了在《公约》谈判和缔结过程中作出的承诺，致使《公约》第三个目标和第 15 条规定无法在其国内获得充分的实施。

在《公约》实施过程中，有关缔约方和专业人士已经认识到了这一问题。为了寻求改变这样一种局面，以及帮助缔约方和利益相关方制定一种更加平衡的、能够兼顾不同需求的解决方案，2002 年 4 月，《公约》缔约方大会第六届会议通过了自愿性的《关于获取遗传资源与公正和公平分享其利用所产生惠益的波恩准则》（以下简称《准则》）。《准则》是缔约方在推进《公约》第三项目标和第 15 条规定实施过程中取得的一个有益成果。但是，《准则》存在着一些明显的不足，例如内容不完整、不具法律约束力、给予利用者过多的关注、未充分考虑提供者的重大关切（例如遵守和执行提供国的获取和惠益分享制度）。更重要的是，《准则》无法满足缔约方对于具有可实施性的解决方案的集中需要，也没有提供解决《公约》第三项目标和第 15 条规定实施中面临的内在障碍的机制。❸

---

❶ M. BUCK, C. HAMILTON. The Nagoya Protocol on Access to Genetic Resources and the Fair and Equitable Sharing of Benefits Arising from their Utilization to the Convention on Biological Diversity [J]. Review of European Community & International Environmental Law, 2011 (1).

❷ E. C. KAMAU, B. FEDDER, G. WINTER. The Nagoya Protocol on Access to Genetic Resources and Benefit Sharing: What is New and What are the Implications for Provider and User Countries and the Scientific Community? [J]. Law, Environment and Development Journal, Vol. 6/3.

❸ S. BHATTI, S. CARRIZOSA, P. MCGUIRE, T. YOUNG. Contracting for ABS: The Legal and Scientific Implications of Bioprospecting Contracts [M]. IUCN, Gland, Switzerland, 2009: 29.

就此而言，发展中国家缔约方必然会针对遗传资源议题提出进一步谈判的要求，从而解决《公约》第三项目标和第15条规定的全面和有效实施问题。❶

2002年9月，可持续发展世界首脑会议在南非召开，这次会议为发展中国家再度发起遗传资源议题的谈判适时地提供了国际论坛。基于对《公约》一些主要制度实施状况的不满，15个生物多样性大国组成了一个统一的联盟，期待就有关生物多样性的议题展开磋商和合作。在商定会议文件的过程中，该联盟呼吁谈判并缔结一个具有法律约束力的关于获取和惠益分享的国际制度。一些发达国家为了避免增加其本国生物技术产业和制药产业承担的法律义务，主张通过不具法律约束力的框架、安排和准则解决获取和惠益分享问题。经过双方的利益权衡，一个至2010年时减少生物多样性消失的全球目标得以设定，并且意识到发展中国家为此需要新的和额外的财政和技术资源。相应地，“具有法律约束力的国际制度”的提法消失了，《可持续发展世界首脑会议执行计划》要求采取行动经谈判而建立一个“国际制度”，以促进和保障公正和公平的惠益分享。

南非会议作出的承诺得到了2004年召开的《公约》缔约方大会第七届会议的响应。这届会议授权获取和惠益分享不限成员名额特设工作组拟定和谈判一个关于遗传资源的获取和惠益分享的国际制度，以期使该国际制度的文本得以通过，从而有效实施《公约》第15条和第8（j）条以及《公约》三项目标。正式谈判从2004年初开始，其间经历了六年的时间，一直持续到《公约》缔约方大会第十届会议举行期间。由于各方分歧严重，谈判缓慢而且艰难，可谓一波三折，在商定的完成谈判的时间——2010年10月29日，技术层面的谈判最终宣告失败。但是紧接着，为了打破谈判僵局，结束这一马拉松式的谈判，担任缔约方大会第十届会议主席的日本环境大臣就获取和惠益分享议定书提交了一份全面的折

❶ 遗传资源的获取和惠益分享问题具有一个关键属性，即跨国性。这意味着，至少两个国家，即提供国和利用方所在的国家，牵涉遗传资源的获取和惠益分享问题之中，仅有提供国的立法措施并不足以确保遗传资源的获取和惠益分享规范的实施。当遗传资源离开提供国而进入利用者所在的国家并被利用时，利用者所在的国家必须采取措施确保利用者遵守了提供国的立法以及与提供国分享有关的惠益。从这个意义上说，只有提供国和利用者所在国同时采取措施，才能使遗传资源的获取和惠益分享规范成为一项具有功能性（functionality）的法律制度。

中建议，表明了对于全部未决问题的解决方案。所有缔约方最终作出了重大妥协并接受了日本方面建议的议定书文本，作为“名古屋一揽子协议”的组成部分，《名古屋议定书》成功地于2010年10月30日凌晨获得通过。

二、一般性规定及其问题

《名古屋议定书》由正文和附件组成。正文包括27个序言段落和36个条文，附件是一个关于货币和非货币惠益的清单。《名古屋议定书》第1～4条分别规定了“目标”、“术语”、“范围”和“与国际协定和文书的关系”等问题，它们属于一般性的规定。

（一）《名古屋议定书》的目标

《名古屋议定书》第1条“目标”规定：“本议定书的目标是，公正和公平地分享利用遗传资源所产生的惠益，包括通过适当获取遗传资源和适当转让相关技术，同时顾及对于这些资源和技术的所有权利，以及通过适当提供资金，从而促进生物多样性的保护及其组成部分的可持续利用。”本条规定将公正和公平分享利用遗传资源所产生的惠益确定为《名古屋议定书》的目标。这一目标与《公约》第三项目标保持了完全一致，而且实现该目标所依赖的途径也与《公约》的规定相同。

本条规定指明了实现本议定书的目标所需的三种途径，即获取遗传资源、转让相关技术以及提供资金。值得注意的是，这三种途径均包含了“适当”这样一个限定语。与《公约》关于“目标”的规定相比，第1条增加了“促进生物多样性的保护和及其组成部分的可持续利用”的规定。这是一个创新之处，即在公平和公平地分享利用遗传资源所产生的惠益与保护生物多样性和可持续利用其组成部分之间建立起了明确的联系。[1] 实际上，《公约》的三个目标往往被视为一个整体，获取遗传资源并分享其利用所产生的惠益一直被期望回馈保护和可持续利用的目标。然而，这种联系并没有在《公约》的文本中体现出来，在这一点上，《名

---

[1] E. MORGERA, et al.. The 2010 Nagoya Protocol on Access and Benefit-Sharing in Perspective: Implications for International Law and Implementation Challenges [M]. Martinus Nijhoff Publishers, 2012: 32.

古屋议定书》则给予了明确的认可。

（二）两个关键术语的界定

《名古屋议定书》第 2 条“术语”规定了《公约》第 2 条界定的术语对于本议定书的适用性，同时对“缔约方大会”“《公约》”“利用遗传资源”(utilization of genetic resources)、“生物技术”以及“衍生物”(derivative)进行了界定。其中，“利用遗传资源”和“衍生物”是《名古屋议定书》界定的两个新的关键术语，它们与《名古屋议定书》实质性规定的运作有着紧密的关系。此外，《名古屋议定书》将《公约》第 2 条界定的“生物技术”未作任何改变移入其第 2 条中，这是因为它与上面两个关键术语有关。

在谈判关于获取和惠益分享国际制度的过程中，一些谈判方要求明确界定《公约》第 15.7 条使用的词语“利用”的含义。“利用”是遗传资源的获取和惠益分享中的一个核心问题，在《公约》中，“利用”发挥着将遗传资源的获取与惠益分享连接在一起的作用。“利用”实际上是惠益产生的前提，并由此构成了实现惠益分享的必要基础。就此而言，厘清它的含义对于确保惠益分享具有重要的意义。界定“利用”的含义还涉及另外一个具有很大争议的问题：基于天然生成的生物化学材料（衍生物）的研究和开发，而非仅仅是遗传材料本身，是否也需要遵照未来达成的议定书。

鉴于生物化学物质或衍生物对于某些产业，尤其是现代制药业具有极大的价值，关于议定书是否适用于衍生物的问题可以说是谈判过程中的一个焦点。发达国家坚持认为，《公约》第 15 条关注的是获取《公约》第 2 条所界定的遗传材料（即含有遗传功能单位的材料），也就是基因。发展中国家则认为，遗传资源的实际或潜在价值主要在于因基因活动而产生的天然生成的化合物（例如芳香、细胞中的生化物质、树脂等），不论是在遗传资源之中还是之外发现了它们。[1] 可见，前者依照严格的字面解释反对将不含有遗传功能单位的生物化学物质或衍生物纳入议定书的

[1] M. BUCK, C. HAMILTON. The Nagoya Protocol on Access to Genetic Resources and the Fair and Equitable Sharing of Benefits Arising from their Utilization to the Convention on Biological Diversity [J]. Review of European Community & International Environmental Law, 2011 (1): 20.

适用范围之中，从而避免就此类物质承受来自发展中国家的规制负担。后者则力主将衍生物或生物化学物质确立为议定书适用的对象，以便获得更多的参与分享惠益的机会。

事实上，在议定书的谈判开始之前，《准则》已经部分地解决了衍生物在获取和惠益分享框架中的适用问题。[1] 某些发展中国家遗传资源立法明确将衍生物确立为法律适用的物质。此外，实践中许多关于获取和惠益分享的协议和安排涵盖了针对遗传或生物资源的生物化学成分而进行的研究和开发。这些先例和做法有助于促使谈判各方在衍生物的定义以及议定书是否适用衍生物的问题上达成共识。2008 年 12 月，针对衍生物的商讨和谈判取得了重大进展，不断增多的核心谈判者们认为，《公约》第 15.7 条中的词语“利用遗传资源”具备解决衍生物问题的潜力。2010 年 9 月，各方同意在议定书草案第 2 条以方括号的形式加入一个新的界定术语“利用遗传资源”的分段落，而且尝试性地达成了三个方面的折中。[2]

尽管各方在技术层面的谈判中未能达成一致，但是作为更广泛的折中建议的组成部分，最终所有谈判方接受了 2010 年 9 月商定的方案。相应地，一个新的关于“利用遗传资源”的定义产生了。根据第 2 条规定，“利用遗传资源”是指对遗传资源的遗传和/或生物化学组成进行研究和开发，包括通过使用《公约》第 2 条界定的生物技术。在第 2 条加入术语“利用遗传资源”的定义意味着，决定针对获取其遗传资源而要求事先知情同意的缔约方，将预期在该场合同时规范对于基因和天然生成的生物化学化合物的研究和开发，不论是基因还是化学物都应包含在根据它们

[1] 《波恩准则》第 36 段列举了在事先知情同意程序中可能被请求提供的各类信息，其中包括因获取资源可能产生的惠益的类型（包括来自商业化和其他利用遗传资源而产生的衍生物和产品的惠益）；第 44 段提供了一份典型的共同商定条件的指示性清单，其中包括关于分享商业化和其他利用遗传资源及其衍生物和产品而产生的惠益的规定。

[2] 这三个方面的折中是：接受“利用遗传资源”定义草案需要删除议定书草案中所有提及术语“衍生物”的地方；该定义的范围仅仅是关于遗传资源的“研究和开发”，而与其“嗣后的应用和商业化”无关；术语“利用或其可替换的形式”（如“utilized”“use”）指明了议定书草案主要运作性规定的范围。参见：M. BUCK，C. HAMILTON. The Nagoya Protocol on Access to Genetic Resources and the Fair and Equitable Sharing of Benefits Arising from their Utilization to the Convention on Biological Diversity [J]. Review of European Community & International Environmental Law，2011 (1)：20.

本国获取和惠益分享框架取得的材料之中。《名古屋议定书》关注于其第2条界定的"利用"遗传资源之获取和惠益分享，对于提供国而言，遗传资源的经济价值得到了至少二十倍的提升。这种关注不仅将对于基因序列的研究和开发，而且将对于制药产业中的生物化学成分或基于采集自野外的天然生成芳香的香水的研究和开发，纳入了《名古屋议定书》的范围。❶

根据上述解释，发展中国家在谈判中就衍生物问题表达的观点部分地得到了采纳。换言之，"利用遗传资源"定义中的"遗传资源的生物化学组成"与发展中国家在谈判中不断强调的衍生物对产业具有重要价值的实质性成分——生物化学成分具有契合性。就此而言，衍生物的问题通过"利用遗传资源"定义获得了一定程度的解决，这也就是"利用遗传资源"具有解决衍生物问题的潜力的体现。需要指出的是，第2条又包含了一个"衍生物"定义。"衍生物"是指由生物或遗传资源的遗传表达或新陈代谢所产生的天然生成之生物化学化合物，即使其不含有遗传功能单位。然而，一个值得关注的问题是，除了该定义以及本条"生物技术"定义中提及"衍生物"之外，术语"衍生物"并没有出现在《名古屋议定书》的任何其他规定之中。

这种规定方式反映了谈判各方在2010年9月所达成的折中，即"利用遗传资源"定义的确立，是与议定书的实质性规定中不出现术语"衍生物"进行交换而得到的结果。实际上，《名古屋议定书》以一种间接迂回的方式认可了发展中国家针对衍生物问题提出的某些关键诉求。《名古屋议定书》中的"衍生物"定义较好地兼顾了发达国家和发展中国家的利益，但遗憾的是，它没有作为《名古屋议定书》的一个核心术语而在实质性规定中发挥作用。

尽管"衍生物"没有出现在《名古屋议定书》的实质性规定中，但是"生物技术"定义中出现了"其衍生物"一词。如前所述，"生物技术"定义并不是一个新的定义，《公约》已对其进行了界定。议定书的谈

❶ M. BUCK，C. HAMILTON. The Nagoya Protocol on Access to Genetic Resources and the Fair and Equitable Sharing of Benefits Arising from their Utilization to the Convention on Biological Diversity [J]. Review of European Community & International Environmental Law, 2011 (1)：20.

判者将一个既有的定义放进《名古屋议定书》文本中，意在通过术语“生物技术”及其定义与“利用遗传资源”定义发生关联。[1]“利用遗传资源”定义中含有这样的表述，“包括通过使用《公约》第 2 条界定的生物技术”，而“生物技术”定义中又提到了“使用生物体或其衍生物的任何技术应用”。在“利用遗传资源”定义中同时提及“生物化学组成”以及“使用生物技术”将该定义与作为天然生成之生物化学化合物的“衍生物”联系在一起。因此，“利用衍生物”也在《名古屋议定书》规范的范围之内。在这一点上，遗传资源的提供国成功地将分享的惠益延伸至来自于由生物或遗传资源的遗传表达或新陈代谢产生的生物化学化合物的惠益。[2]

（三）《名古屋议定书》的范围

关于《名古屋议定书》的范围问题是谈判中最具争议的问题之一。范围问题与谈判各方的切身利益密切相关，谈判各方通过商讨和谈判范围问题寻求确立符合自身利益的规定。为了避免推出一个“空洞”的议定书，谈判各方不仅就议定书适用的物质或对象问题展开商讨和谈判，而且将议定书在时间上和地域上适用的问题纳入到商讨和谈判中来。这样在议定书的谈判中就产生了三个相互联系但又各不相同的范围，即物质、时间和地域范围。[3]

对于上述问题的回答并非易事，因为它们反映了发展中国家和发达国家在涉及切身利益的问题上存在的严重对峙。事实上，发展中国家意图谈判和缔结一个规模宏大并且涵盖面广泛的议定书，发达国家则寻求

---

[1] 《名古屋议定书》第 2 条规定了《公约》第 2 条界定的术语对于本议定书的适用性。既然如此，《名古屋议定书》本无必要规定“生物技术”定义，因为《公约》对其已作了界定。“生物技术”定义再次出现在《名古屋议定书》之中，显然是谈判者们有意为之。

[2] E. C. KAMAU，B. FEDDER，G. WINTER. The Nagoya Protocol on Access to Genetic Resources and Benefit Sharing：What is New and What are the Implications for Provider and User Countries and the Scientific Community? [J]. Law，Environment and Development Journal，Vol. 6/3.

[3] 就物质范围而言，一个重要的争议是，除了遗传资源，《名古屋议定书》是否适用于生物资源、衍生物和传统知识？在时间范围方面，《名古屋议定书》是否适用于《公约》或本议定书生效之前获取的遗传资源或传统知识？以及是否适用于《公约》生效前已获取遗传资源的持续和新的利用？就地域范围而言，《名古屋议定书》是否适用于从国家管辖范围之外的区域或南极地区所获得的材料？

谈判和缔结一个适用范围狭窄的，同时明确包含若干排除事项的议定书。最终经谈判而形成的《名古屋议定书》第3条“范围”在某种意义上可以说是一个“作为不大”的规定，这是因为，它没有针对上述问题中的一些关键问题提供直接和明确的回答。鉴于这种规定方式，只有将第3条和其他有关规定，必要时和国际法一般原则结合起来加以考虑和解释，才能明确《名古屋议定书》的适用范围。

第3条“范围”规定：“本议定书适用于《公约》第15条范围内的遗传资源和利用此种资源所产生的惠益。本议定书还适用于与《公约》范围内的遗传资源相关的传统知识以及利用此种知识所产生的惠益。”本条规定首先指出了本议定书适用的物质——遗传资源，并将其限定为《公约》第15条范围内的遗传资源。本条规定紧接着明确了本议定书对于利用此种资源所产生的惠益的适用。除了遗传资源及利用所产生的惠益，本条规定指出了本议定书适用的另外一类对象——与《公约》范围内的遗传资源相关的传统知识。此外，利用此种知识所产生的惠益也是本议定书适用的对象。不过需要指出的是，第3条并不能直接回答《名古屋议定书》是否适用于生物资源和衍生物的问题。

实际上，“生物资源”曾经出现在议定书草案对术语“利用遗传资源”所作的界定之中，但最终推出的折中文本删除了“利用遗传资源”定义以及其他实质性规定中的“生物资源”一语。[1] 考虑到“生物资源”一语并没有被《公约》第三项目标以及第15条规定所提及，将其排除在议定书适用的物质范围之外就具有了充足的理由。不过，“生物资源”一语出现在了第2条就“衍生物”所作的界定之中，它构成了“衍生物”的一个物质上的来源，即“衍生物”作为一种天然生成之生物化学化合物，是由“生物资源”的遗传表现形式或新陈代谢所产生的。[2] 就此而言，“生物资源”经由“衍生物”和“生物技术”的定义而与《名古屋议定书》中的关键术语“利用遗传资源”，并进而与《名古屋议定书》的实

[1] E. C. KAMAU, B. FEDDER, G. WINTER. The Nagoya Protocol on Access to Genetic Resources and Benefit Sharing: What is New and What are the Implications for Provider and User Countries and the Scientific Community? [J]. Law, Environment and Development Journal, Vol. 6/3.

[2] “衍生物”也包括由“遗传资源”的遗传表现形式或新陈代谢所产生的天然生成之生物化学化合物。

质性规定发生了关联。

对于“衍生物”而言，《名古屋议定书》是否对其适用？第3条根本就没有提及“衍生物”，但本条规定中出现了短语“利用此种资源”(utilization of such resources)，而该短语在第2条中有着明确的界定。上文已指出，“利用遗传资源”定义涵盖了“利用衍生物”。这就意味着，“利用衍生物”所产生的惠益也是《名古屋议定书》适用的对象。结合第3条规定及以上分析可以得出，“衍生物”与获取无关，而与惠益分享有关。换言之，获取“遗传资源”确定地是《名古屋议定书》规范的活动，而获取“衍生物”则不属于《名古屋议定书》规范的活动。

接着来看时间范围问题。时间范围问题在谈判中引起了很大的争议，发展中国家意图使《名古屋议定书》适用于《公约》或《名古屋议定书》生效之前已获取的遗传资源和传统知识。发达国家对于以上主张表达了明确的反对意见。[1] 最终的结果是，《名古屋议定书》对极具争议的时间范围问题采取了回避的态度，发展中国家提出的主张没有在第3条中体现出来。

由于《名古屋议定书》没有包含直接和明确的有关时间范围的规定，这就需要遵照国际法的一般原则澄清和解决《名古屋议定书》在时间上的适用问题。这里的国际法的一般原则是指1969年的《维也纳条约法公约》第28条确立的“不溯及既往”原则。[2] 根据这一原则，《名古屋议定书》不能被适用于其生效之前已获得的遗传资源和传统知识。这就意味着，提供了遗传资源或传统知识的国家或社区不能针对这些已获得的遗传资源和传统知识要求经过其事先知情同意，也不能要求分享利用这些资源和知识所产生的惠益。由此可见，不仅《公约》生效之前，而且《名古屋议定书》生效之前已获得的遗传资源和传统知识，《名古屋议定书》均无法对之适用。

---

[1] E. C. KAMAU, B. FEDDER, G. WINTER. The Nagoya Protocol on Access to Genetic Resources and Benefit Sharing: What is New and What are the Implications for Provider and User Countries and the Scientific Community? [J]. Law, Environment and Development Journal, Vol. 6/3.

[2] 《维也纳条约法公约》第28条规定：“除条约表示不同意思，或另经确定外，关于条约对一当事国生效之日以前所发生之任何行为或事实或已不存在之任何情势，条约之规定不对该当事国发生拘束力。”

这里有一个问题需要单独加以讨论，即《名古屋议定书》是否适用于《公约》生效后但本议定书生效前已获得遗传资源或传统知识的持续和新的利用所产生的惠益？按照《维也纳条约法公约》的“不溯及既往”原则，条约不适用于其生效以前已不存在的任何情形。然而，问题在于，在《公约》生效后但《名古屋议定书》生效前已获得遗传资源或传统知识在本议定书生效之后被继续利用或被投入新的利用。那么，应当如何看待这些持续和新的利用活动？显然，它们不属于已不存在的情形，而是在《名古屋议定书》生效之后存在的情形。就此而言，《名古屋议定书》可以适用于这些利用活动所产生惠益，同时没有违反国际法中的“不溯及既往”原则。❶

最后分析地域范围的问题。一些发展中国家在谈判中提出，《名古屋议定书》应当适用于从国家管辖范围以外的区域（例如公海）以及南极地区取得的材料。这种主张背后的原因是发展中国家不满“生物勘探”技术先进的发达国家独享利用来自以上区域的材料所产生的惠益。尽管发展中国家和发达国家在这一问题上存在争议，但第3条的态度实际上相当明确，即《名古屋议定书》并不适用于从国家管辖范围以外的区域以及南极区域取得的材料。

根据第3条的规定，本议定书适用于“《公约》第15条范围内”的遗传资源。《公约》第15条适用于各国对之行使主权权利的遗传资源，而这仅仅是针对在国家管辖范围内发现的遗传资源的情形。明确提到“《公约》第15条范围内”，而非“《公约》范围内（还在谈判中）”表明，谈判各方不希望将《名古屋议定书》的地域范围与《公约》第4（b）条联系在一起，因为这可能引发《名古屋议定书》是否适用于公海中的生物勘探活动的问题。《名古屋议定书》也不适用于在南极条约区域采集的材料。《南极条约》（1959年缔结）缔约方已经商定，它们之间不对南极条约地区提出领土要求。这意味着，对于《南极条约》的缔约方而言，来自该区域的材料类似于从国家管辖范围之外的区域得到的材料。此类材料也超出了既非权利主张者，也非《南极条约》缔约方的国家管

❶ G. S. NIJAR. The Nagoya Protocol on Access and Benefit Sharing of Genetic Resources: Analysis and Implementation Options for Developing Countries [R]. Research Paper of South Centre, 2011: 20.

辖范围。❶

（四）与国际协定和文书的关系

自从1992年《公约》生效和实施以来，遗传资源议题吸引了世界上许多国家的关注，一些相关国际组织也将遗传资源议题纳入了各自主导的国际谈判的范围。从实际的谈判情况看，《公约》框架之外的国际谈判主要针对某种具体类别的遗传资源或特定的遗传资源问题而展开。❷ 经过若干年的努力，遗传资源议题的国际谈判取得了一定的成就，但是依然面临着极大的挑战。

在谈判关于获取和惠益分享国际制度的过程中，一个相当棘手的问题呈现在了谈判者们的面前，即如何处理与已有的有关遗传资源的国际协定以及正在其他国际论坛上针对遗传资源进行的商讨和谈判进程之间的关系问题。考虑到遗传资源的获取和惠益分享制度牵涉不同类别的遗传资源、不同的领域以及不同的利用活动等方面的复杂因素，谈判一个综合与全面性的或"一站式"的文书，以便将相关国际协定和文书适用的资源或活动或地理区域，以及其他国际论坛正在商讨和谈判的遗传资源议题一并纳入进来并为它们提供解决方案，事实上很难或根本无法实现。比较实际的路径应当是，在议定书中对不同类别的遗传资源、不同的领域以及不同的利

❶ M. BUCK, C. HAMILTON. The Nagoya Protocol on Access to Genetic Resources and the Fair and Equitable Sharing of Benefits Arising from their Utilization to the Convention on Biological Diversity [J]. Review of European Community & International Environmental Law, 2011 (1): 20.

❷ 联合国粮农组织的粮食和农业遗传资源委员会（The Committee on Genetic Resources for Food and Agriculture）长期以来负责商讨和谈判粮食和农业遗传资源的保护、获取和利用等方面的问题，并于2001年成功地通过了《粮食和农业植物遗传资源国际条约》。《南极条约》磋商会议（The Antarctic Treaty Consultative Meeting）已经将南极条约地区的"生物勘探"活动纳入了其审查和讨论的范围，以期解决获取南极条约地区的遗传资源和分享其利用所产生的惠益的问题。联合国大会建立的海洋事务和海洋法不限成员名额非正式磋商进程（The Open-ended Informal Process on Oceans and the Law of the Sea）和工作组以及《联合国海洋法公约》国家缔约方会议（The Meeting of States Parties to UNCLOS）正在考虑和商讨关于国家管辖范围之外的海洋遗传资源的保护和利用所涉及的法律问题。世界知识产权组织下设的知识产权与遗传资源、传统知识和民间文艺政府间委员会（The Intergovernmental Committee on Intellectual Property and Genetic Resources, Traditional Knowledge and folklore）不断寻求解决与遗传资源的获取和惠益分享有关的知识产权问题。世界贸易组织的与贸易有关的知识产权理事会（The TRIPs Council）根据其成员的请求，致力于审查TRIPs协议与《公约》之间的关系，以及商讨发展中国家成员提出的在TRIPs协议中为专利申请人确立披露其所利用的遗传资源和传统知识来源义务的问题。

用活动不加区分，只建立关于获取和惠益分享的最低要求，当不存在特殊的获取和惠益分享制度时，这些默认的或最低的要求将予以适用。

最终经谈判形成的第 4 条“与国际协定和文书的关系”主要反映了以上路径的内容。第 4.1 条首先指出，本议定书的规定不得影响任何缔约方产生于任何现有国际协定的权利和义务，除非行使这些权利和义务将会给生物多样性造成严重的损害或威胁。这里重复了《公约》第 22.1 条规定，如此规定也是国际公约具有的一个典型的特征。第 4.1 条还指出，本段无意在本议定书和其他国际文书之间划分等级。第 4.2 条规定的内容为：本议定书的任何规定都不妨碍缔约方制定和实施其他相关国际协定，包括其他专门性获取和惠益分享协定，但条件是这些协定必须支持并且不违背《公约》和本议定书的目标。考虑到在本议定书谈判中以及通过之时，与议定书规范的活动密切相关的议题正在其他国际论坛上进行商讨和谈判，第 4.2 条体现了一种更加务实和易于达成目标的谈判路径。

第 4.3 条包括两句规定，第一句在第 4.1 和 4.2 条的基础上进一步为缔约方确立了以同其他相关国际文书“相互支持”的方式实施本议定书的义务。第二句要求缔约方适当注意在这些国际文书和相关国际组织下开展的有益和相关的连续性工作或做法。值得注意的是，这里提到了国际法中一个具有很大争议的问题，即在这些国际文书和相关国际机构下开展的有益和相关的连续性“工作”或“做法”。鉴于连续性“工作”或“做法”在国际法中并不拥有法律上的地位，它们出现在本段规定之中从一定程度上反映了议定书规范的对象涉及问题的多面性和复杂性。《名古屋议定书》因此要求缔约方对它们给予适当注意。第 4.4 条也包括两句规定，第一句明确地揭示了《名古屋议定书》在国际法中的角色——实施《公约》获取和惠益分享规定的文书。本段规定第二部分处理了议定书与专门性国际获取和惠益分享文书的关系，即专门性国际文书在满足了一定条件的情况下将优先于《名古屋议定书》而适用。这些一定条件包括，专门性文书符合并且不违背《公约》和本议定书的目标；专门性文书所适用的特定遗传资源；为了专门性文书的目的；作为专门性文书的缔约方。

三、遗传资源的获取和惠益分享

如上所述，《名古屋议定书》是实施《公约》关于遗传资源的获取和惠益分享规定的文书。《名古屋议定书》为此扩展和丰富了《公约》第 15 条及相关规定，从而建立了关于遗传资源的获取和惠益分享的一般性规范框架。这一框架由第 6 条“遗传资源的获取”和第 5 条“公正和公平的惠益分享”等规定构成，它们是《名古屋议定书》的核心所在。

(一) 遗传资源的获取

第 6 条“遗传资源的获取”是《名古屋议定书》中规范遗传资源的获取问题的关键规定，它对提供遗传资源的缔约方在规范获取活动中拥有的权利和负担的义务进行了规定。本条包括三段规定，其中第三段规定含有七个分段规定。

第 6.1 条规定：“在行使对自然资源的主权权利时，并遵照国内获取和惠益分享立法或规范性要求，为了利用而获取遗传资源，应经过作为此种资源原产国的提供资源的缔约方或根据《公约》已获得了遗传资源的缔约方事先知情同意（prior informed consent)，除非缔约方另有决定。”本段规定是关于提供遗传资源的缔约方针对获取遗传资源而要求事先知情同意的权利的规定。本段规定首先确认了国家对其自然资源享有的主权权利，这在《公约》第 15.1 条中已有明确的规定。不仅如此，本段规定将缔约方针对获取遗传资源而要求事先知情同意的权利放到了行使遗传资源主权权利的情境之中。

本段规定接着提到了“遵照国内获取和惠益分享立法或规范性要求”(regulatory requirements) 的问题。从这一表述看，本段规定要求提供遗传资源的缔约方制定国内获取和惠益分享立法或规范性要求，以作为提供国给予事先知情同意的前提条件。这一点也可以通过联系与本段规定有着呼应关系的第 15.1 条而得到确认，根据第 15.1 条，如果提供国不存在获取和惠益分享立法或规范性要求，其就无法要求利用国制定和实施遵守提供国关于获取和惠益分享的国内立法或规范性要求。从这个意义上说，遗传资源的提供国确立的国内获取和惠益分享立法或规范性要求对于《名古屋议定书》的有效实施而言是必不可少的。

在对以上两个问题进行确认和规定后，本段规定指出，为了利用而获取遗传资源，应经过作为此种资源原产国的提供资源的缔约方或根据《公约》已获得了遗传资源的缔约方事先知情同意，除非缔约方另有决定。这里有四个重要问题需要进一步加以解释和说明。

第一个问题涉及获取遗传资源的目的，根据上面的规定，这一目的是“利用”（utilization），即为了“利用”而获取遗传资源应当经过有关缔约方的事先知情同意。至于“利用”的含义，《名古屋议定书》第2条包含了对它所作的界定。

第二个问题是关于《名古屋议定书》框架下的有权要求事先知情同意的缔约方的范围，其包括作为遗传资源原产国的提供此种资源的缔约方或根据《公约》已获得了遗传资源的缔约方。本段规定就有权要求事先知情同意的缔约方所作的限制对许多国家而言有其重要性，因为它避免了如下情况，《名古屋议定书》被解释为将要求事先知情同意的权利延伸至以非原生境收集品（ex situ collections）的形式而持有的材料，并且费用由这些材料的原产国负担。❶

第三个问题是关于事先知情同意。事先知情同意是指遗传资源提供方在获取之前给予某个利用者的同意。该概念基于这样一个原则：在一个有风险的活动开展之前，应当向受其影响者和被授权决定的机构或个人详细告知该活动潜在的风险，以便其能够作出一个充分的知情决定。不论《公约》还是《名古屋议定书》，都没有对事先知情同意进行界定。一般认为，事先知情同意包括三个方面的要素：遗传资源提供方的明确同意；遗传资源利用者提供的真实的、并足以使提供方理解其含义的信息；在获取活动发生之前。❷ 需要指出的是，《波恩准则》列举了事先知情同意制度的基本原则和组成部分，这为《公约》缔约方建立本国的事先知情同意制度提供了若干有用的规则。❸

最后一个问题涉及对“除非缔约方另有决定”的理解。该短语意味着，本段规定并未强制性地要求缔约方一律使获取经过事先知情同意，提供遗传资源的缔约方可以放弃要求事先知情同意的权利，从而推行一

❶ M. BUCK, C. HAMILTON. The Nagoya Protocol on Access to Genetic Resources and the Fair and Equitable Sharing of Benefits Arising from their Utilization to the Convention on Biological Diversity [J]. Review of European Community & International Environmental Law, 2011 (1): 20.

❷ L. GLOWKA, et al., A Guide to the Convention on Biological Diversity [M]. IUCN Gland and Cambridge, 1994: 81.

❸ 根据《波恩准则》，事先知情同意制度的组成部分可以包括，给予或提供事先知情同意的主管部门；时间规定和截止日期；关于利用的具体说明；获得事先知情同意的程序；与利益相关者磋商的机制；步骤。其中，“获得事先知情同意的程序”非常值得缔约方参考，因为它提供了一份详尽的关于申请获取遗传资源时可能需要提供的信息的非指示性清单。

种自由的或不受限制的获取的原则。

第 6.2 条规定："每一缔约方应根据国内法酌情采取措施，以期确保在土著和地方社区拥有准予获取遗传资源的既定权利的情况下，获取此种资源得到了土著和地方社区的事先知情同意或批准和参与。"本段规定为缔约方确立了采取措施以确保获取遗传资源得到了土著和地方社区事先知情同意的义务。针对获取遗传资源而得到土著和地方社区的事先知情同意或批准和参与（只要这些社区对于遗传资源拥有准予获取的既定权利），这是关于遗传资源的获取和惠益分享国际法中的一个新的要求和规范。《公约》第 8（j）条就土著和地方社区的传统知识的有关问题进行了规定，但没有涉及获取遗传资源时取得土著和地方社区的事先知情同意或批准和参与的问题。《名古屋议定书》向前迈进了一大步，将土著和地方社区的权利延伸至遗传资源，它反映了自《公约》，特别是 2007 年《联合国土著居民权利宣言》通过以来国际社会对于土著居民权利的日益强调和关注。更重要的是，《名古屋议定书》首次在一个具有法律约束力的国际条约中将反映在其他进程和软法文件之中的期望加以了具体化，从而显著地扩展了《公约》。[1]

本段规定既提到了"事先知情同意"，又使用了"批准和参与"的表述。那么，这两个表述之间有差别吗？在《公约》实施过程中，《公约》的缔约方一直认为后者表述指的就是事先知情同意，它们之间不存在明显的差别。[2] 尽管如此，但细究起来，这两个术语之间还会有某种细微的差异。作为一个专门术语，"事先知情同意"已经被包括《公约》、《联合国土著人民权利宣言》在内的许多国际法律文件所采用。这意味着其在国际法中获得了一个特定的地位，从而使得某些要素自动地与其联系起来，例如"事先"和"知情"指什么的定义。反观"批准"（事实上包含了参与的意思），尽管出现在《公约》第 8（j）条中，但其很少被国际法律文件所使用，也几乎没有被作为一个带有自动与其相联系的要素的专

---

[1] E. MORGERA, et al.. The 2010 Nagoya Protocol on Access and Benefit-Sharing in Perspective: Implications for International Law and Implementation Challenges [M]. Martinus Nijhoff Publishers, 2012: 40.

[2] G. S. NIJAR. The Nagoya Protocol on Access and Benefit Sharing of Genetic Resources: Analysis and Implementation Options for Developing Countries [R]. Research Paper of South Centre, 2011: 25.

门术语而提及。[1] 由于以上差异的存在，不同的缔约方在实施本条规定时就拥有了必要的伸缩性。

第 6.3 条是关于要求事先知情同意的缔约方所负担的采取措施义务的规定。本段规定指出，“根据上述第 1 段，每一个要求事先知情同意的缔约方，应酌情采取必要的立法、行政或政策措施，以便……”需要指出的是，本段规定不仅明确了缔约方应当采取的措施的属性，即“立法、行政或政策措施”，而且在分段（a）至（g）中列出了缔约方应当采取的与获取有关的一系列具体措施，这些措施旨在实现不同方面的目的。

本段规定是对《公约》第 15 条中有关获取规定的重大发展。与这些规定相比，本段规定为缔约方制定国内获取和惠益分享立法或规范性要求中的获取规则提出了具体的要求。事实上，由于《公约》第 15 条仅仅是关于获取和惠益分享的一般性原则和要求的规定，这就使得作为遗传资源提供国的缔约方制定的实施《公约》第 15 条规定的国内立法带有一些普遍性的缺陷，包括对获取设定了严格的条件、规则缺少明确性和清晰度、法律实施不透明且官僚化严重等等。这些缺陷的存在为遗传资源的利用者获取遗传资源设置了诸多法律和实际方面的障碍，并因此在实践中导致了拒绝获取和非法获取情形的出现。发起本段规定的谈判旨在回应发达国家对于遗传资源提供国立法更大程度的法律确定性的需要，本段规定的确立能够避免上述缺陷在未来遗传资源提供国实施《名古屋议定书》的过程中再次出现。

分段（a）要求缔约方采取的立法、行政或政策措施应当对本国的获取和惠益分享立法和规范性要求的法律上的确定性（certainty）、明晰性（clarity）和透明性（transparency）作出规定。分段（b）要求缔约方采取的措施对有关获取遗传资源的公平和非任意性的规则和程序作出规定。分段（c）要求采取措施的缔约方提供如何申请事先知情同意的信息。分段（d）要求采取措施的缔约方就国家主管当局在合理期间内并以具成本效益（cost effective）的方式作出明确和透明的书面决定进行规定。分段（e）要求采取措施的缔约方确立如下内容的规定：在获取时颁发许可证或其等同文件，以作为授予事先知情同意的决定和订立的共同商定条件

[1] T. GREIBER et al.. An Explanatory Guide to the Nagoya Protocol on Access and Benefit-Sharing [M]. IUCN, Gland, Switzerland, 2012: 110.

(mutually agreed terms) 的证据，并相应地通告获取和惠益分享信息交换所（Access and Benefit-Sharing Clearing-House）。[1] 分段（f）要求采取措施的缔约方，在适用的情况下并遵照国内立法，就获得土著和地方社区针对获取遗传资源的事先知情同意或批准和参与，制定标准和（或）程序。分段（g）要求采取措施的缔约方就要求和订立共同商定条件确立明确的规则和程序，并指明了共同商定条件的形式和四个方面的内容。[2]

（二）公正和公平的惠益分享

公正和公平的惠益分享是《公约》三个互相紧密关联的目标之一，也是《名古屋议定书》的唯一目标。惠益分享被认为是认可各国和有关社区对遗传资源以及相关传统知识拥有权利的一个逻辑上的结果，它也是要求惠益应与所有为惠益产生作出贡献者予以分享的公平原则适用的结果。通过惠益分享，《名古屋议定书》寻求确保来自生物多样性的惠益，不论货币还是非货币惠益，能够向生物多样性丰富的国家和社区提供保护和可持续利用生物多样性所需要的激励机制和资金支持。为了从制度上保障这一目标的实现，《名古屋议定书》第 5 条具体地规定了缔约方担负的惠益分享义务及其范围、惠益分享的实现途径、惠益的类别等问题。本条由五段规定组成，其中第五段规定处理了与遗传资源相关的传统知识的惠益分享问题，这一规定将在下文关于传统知识的部分进行解释。

第 5.1 条规定："根据《公约》第 15 条第 3 段和第 7 段，应当与作为

---

[1] 分段（e）将支持第 15 条和第 17 条所规定的"利用者国家措施"的有效实施，而这有益于要求事先知情同意和共同商定条件的缔约方国内获取和惠益分享框架的完整运作。本段规定还提到了一个重要的问题，即颁发许可证的时间是"在获取时"，这是发达国家针对遗传资源的获取问题提出的一个额外要求。其中的理由是，第 15 条规定的"利用者国家措施"的可预见性和实时性取决于提供者国家采取的在获取时将信息链固定于其管辖范围内的措施。参见：M. BUCK，C. HAMILTON. The Nagoya Protocol on Access to Genetic Resources and the Fair and Equitable Sharing of Benefits Arising from their Utilization to the Convention on Biological Diversity [J]. Review of European Community & International Environmental Law，2011 (1)：20.

[2] 共同商定条件是《公约》第 15 条除事先知情同意外提出的另一个与获取遗传资源有关的重要条件，其意味着在提供者请求获取者之间会就获取（包括惠益分享）发生一场谈判，成功的谈判，换言之双方达成共同商定条件，则会推出一份包含了这些条件的合同或协议。分段（g）指出，共同商定条件应当以书面形式拟定，以及除其他外，可以包括：争议解决条款；关于惠益分享，包括与知识产权有关的条件；关于嗣后第三方适用的条件；在适用的情况下关于意向变更的条件。

遗传资源原产国的提供此种资源的缔约方或根据《公约》已取得遗传资源的缔约方以公正和公平的方式分享利用遗传资源以及嗣后的应用和商业化所产生的惠益。这种分享应当按照共同商定的条件。”本段规定着重确认了分享惠益的义务。分享惠益的义务在《公约》第15.7条有着明确的规定，本段规定再次对它进行了确认。然而，与《公约》第15.7条所使用的语言相比，本段规定明显使用了更加强有力的语言来规定分享惠益的义务。这种规定方式反映了国际社会对于惠益分享要求的重视以及实现该要求的期待。

第15.1条不仅确认了惠益分享义务，而且阐明了惠益分享义务所涉及的一些关键问题，包括这一义务的范围、惠益分享的方式、相对方以及惠益分享的实现途径。首先来看惠益分享义务的范围。根据本段规定，应予分享的惠益包括，利用遗传资源以及嗣后的应用和商业化（subsequent application and commercialization）所产生的惠益。这里区分了两种不同的产生惠益的活动。需要指出的是，《名古屋议定书》在获取方面规范的是为了利用遗传资源而获取此种资源的活动，但在惠益分享方面扩展了分享惠益义务的范围，它不仅规范分享利用遗传资源而产生的惠益的活动，还规范分享嗣后的应用和商业化所产生的惠益的活动。“嗣后的应用和商业化”之所以被纳入到分享惠益义务涵盖的范围中来，是为了回应许多国家表达的这样一种关切，即只有惠益分享延伸至沿着价值链所开发的产品和方法，惠益分享才是有效的。❶

接下来分析惠益分享的方式问题。第5.1条指出，应当“以公正和公平的方式”分享惠益。“公正和公平”的概念同样也出现在《公约》相关规定中，但《名古屋议定书》和《公约》都没有对其进行界定。这是因为，考虑到“公正和公平”概念的实质内容取决于特定的情形或具体的案件，不可能存在一个唯一的关于“公正和公平”的定义。事实上，“公正和公平”可以通过不同方面的标准加以评估和衡量。❷

---

❶ G. S. NIJAR. The Nagoya Protocol on Access and Benefit Sharing of Genetic Resources：Analysis and Implementation Options for Developing Countries [R]. Research Paper of South Centre，March 2011：6.

❷ 在遗传资源的获取和惠益分享领域中，有人尝试性地提出了评估惠益分享是否“公正和公平”的若干标准。参见 G. DUTFIELD. Intellectual Property，Biogenetic Resources and Traditional Knowledge [M]. Earthscan，2004：46—47.

再来看惠益分享的相对方。根据第 5.1 条规定，应当与“作为遗传资源原产国的提供此种资源的缔约方或根据《公约》已取得遗传资源的缔约方”分享惠益。这里提到的缔约方就是与担负惠益分享义务的一方相对应的缔约方，它们实际上就是遗传资源的“提供方”。需要说明的是，第 5.1 条从惠益分享方面对“提供方”进行了规定，它与第 3 条和第 6.1 条分别从范围和获取方面对“提供方”所作的规定保持了一致。

最后讨论惠益分享的实现途径。第 5.1 条第二句就此作出规定：惠益分享应当按照共同商定的条件。《公约》第 15.7 条已有如此规定，第 5.1 条只是加以了复制。“惠益分享应当按照共同商定条件”意味着，遗传资源的提供方和获取方或利用方应当就惠益分享的安排展开谈判，并达成一份合同或者协议。这份合同或者协议一般包含有关拟分享的惠益类型、惠益的时间性、惠益在不同主体间分配方法等方面的条件和条款。通过执行（包括必要时以诉讼、调解或仲裁的方式）这份合同或者协议，惠益分享将最终得以实现。

第 5.2 条规定：“每一缔约方应酌情采取立法、行政或政策措施，以期确保根据关于土著和地方社区对遗传资源拥有的既定权利的国内立法，利用土著和地方社区持有的遗传资源所产生的惠益，与有关社区按照共同商定条件，以公正和公平的方式予以分享。”本段规定处理了分享利用土著和地方社区持有的遗传资源所产生的惠益的问题。从本段规定的内容看，土著和地方社区针对遗传资源所拥有的权利获得了明确的认可。这可以说是有关生物多样性保护的国际立法取得的一个重大进展。不过，本段规定只是提到了“关于土著和地方社区对遗传资源拥有的既定权利”，但没有指出这是一种什么样的权利。这与第 6.2 条提到的“准予获取的既定权利”有所不同。考虑到这些社区对遗传资源拥有的权利在产生依据上的多样性和内容上的复杂性，本段规定显然无法就这个问题提供统一的答案，其只能留待缔约方结合自身的具体情况进行解释。

第 5.3 条规定：“为实施上述第 1 段，每一缔约方应酌情采取立法、行政或政策措施。”本段规定可以被看做是附属于第 5.1 条的规定，其要求缔约方采取立法、行政或政策措施，以便作为实施第 5.1 条确立的分享惠益义务的途径。特别需要说明的是，本段规定中提到的是“每一缔约方”。这就意味着不仅遗传资源利用者所在的国家，而且提供遗传资源的国家（即使是与此类国家分享惠益），都应当为实施第 5.1 条而采取立法、行政或政策措施。第 5.4 条规定："惠益可以包括货币和非货币惠益，包括但不限于附件所列出的惠益。"本段规定指出了《名古屋议定书》中利用遗传资源所产生的两类不同的惠益，即货币和非货币惠益。本段规定还提到了《名古屋议定书》的附件。该附件照搬了《波恩准则》附件二，它包含了一个关于货币和非货币惠益的指示性清单。

四、与遗传资源相关的传统知识

与生物和遗传资源有关的传统知识持续为管理、保护和改良种类繁多的资源提供了内在的依据，这已经成为人们的共识。《公约》认可了土著和地方社区持有的与遗传资源相关的传统知识对于其保护和发展目标，尤其是生物多样性的保护和可持续利用具有的极其重要的促进作用，并且呼吁保存和维持此类知识以及提高它们的价值。[1] 事实上，在大多数情况下传统知识与遗传资源本质上是联系在一起的，它们无法被分割开来。[2]

基于以上事实，关于获取和惠益分享国际制度的谈判动因不仅仅是为了有效实施《公约》第 15 条，而且牵涉第 8（j）条（传统知识、创新和做法）的有效实施问题。[3] 不仅如此，由于第 8（j）条提到了利用传统知识、创新和做法以及分享惠益的问题并因此建立起了与第 15 条的联系，与遗传资源相关的传统知识被纳入关于获取和惠益分享国际制度谈判的范围就具有了相应的基础。[4] 经谈判而最终形成的《名古屋议定书》

---

[1] G. S. NIJAR. Incorporating Traditional Knowledge in an International Regime on Access to Genetic Resources and Benefit Sharing: Problems and Prospects [J]. The European Journal of International Law, 2010 (2).《公约》第 8（j）条规定："遵照国家立法，尊重、保存和维持土著和地方社区体现了传统生活方式而与生物多样性的保护和可持续利用相关的知识、创新和做法并在此种知识、创新和做法持有者的批准和参与下促进其广泛应用，以及鼓励公平地分享利用此种知识、创新和做法而产生的惠益。"

[2] 参见：The Report of the Meeting of the Group of Technical and Legal Experts on Traditional Knowledge Associated with Genetic Resources in the Context of the International Regime on Access and Benefit-Sharing [R]. UNEP/CBD/WG-ABS/8/2, 2009.

[3] 《公约》缔约方大会第七届会议决定授权其获取和惠益分享不限成员名额特设工作组详细拟定和谈判一个关于遗传资源的获取和惠益分享的国际制度，以便有效实施《公约》第 15 条和第 8（j）条及其三项目标。

[4] T. GREIBER et al.. An Explanatory Guide to the Nagoya Protocol on Access and Benefit-Sharing [M]. IUCN, Gland, Switzerland, 2012: 109.

中关于与遗传资源相关的传统知识的规定包括第 7 条“与遗传资源相关的传统知识的获取”、第 5.5 条以及第 12 条“与遗传资源相关的传统知识”。第 5.5 条是关于分享利用传统知识所产生的惠益的规定，第 12 条则针对传统知识的获取和惠益分享以外的一些其他问题进行了规定。

（一）与遗传资源相关的传统知识的获取

第 7 条规定：“每一缔约方应根据国内法，酌情采取措施，以期确保土著和地方社区持有的与遗传资源相关的传统知识是在这些土著和地方社区事先知情同意或批准和参与之下所获取，并且订立了共同商定条件。”本条规定是关于缔约方就获取与遗传资源相关的传统知识所负担的采取措施义务的规定。根据本条规定，缔约方采取的措施必须确保在作为与遗传资源相关的传统知识持有者的土著和地方社区的事先知情同意或批准和参与之下，以及按照订立的共同商定条件获取此类知识。本条规定主要涉及三个方面的问题，以下逐一解释和分析。

首先来看本条规定的中心概念——与遗传资源相关的传统知识（以下简称相关传统知识）自身的问题。在概念的使用上，《名古屋议定书》将《公约》第 8（j）条提到的知识、创新和做法限缩为相关传统知识，这无疑是其适用的首要客体——遗传资源所施加的一个影响。尽管作为一个关键术语，但相关传统知识并没有被《名古屋议定书》加以界定。[1]在规范的具体活动上，根据本条和第 5.5 条的规定，获取相关传统知识和分享利用此种知识所产生的惠益是受《名古屋议定书》规范的活动。值得注意的是，《名古屋议定书》并没有重复《公约》的规定，而是确立了与遗传资源问题相同的解决方案。造成这种状况的原因是，遗传资源是谈判中的焦点所在，给予相关传统知识的关注比较少，谈判者们首先常常就如何处理遗传资源情景下的特定问题寻求达成一致，在这之后，

---

[1] 在谈判中，专家们承认相关传统知识具有多面性，其代表了一类处于变化之中的、具有活力并且与当代相关的知识。专家们因此放弃了界定相关传统知识的努力，转而通过提及此类知识的核心特征而对其作出描述。这些特征包括：与特定文化或人群有联系（它是在一个特定的文化背景下创造的知识）；由未指明的创造者通常通过口述传统长期发展；具有动态和不断变化的属性；以成文或不成文（口头）形式而存在；代代相传（本质上是代际的）；性质上是当地的以及常常融合在当地语言中；独一无二的创造方式；可能难于确定原创者。参见：The Report of the Meeting of the Group of Technical and Legal Experts on Traditional Knowledge Associated with Genetic Resources in the Context of the International Regime on Access and Benefit-Sharing［R］. UNEP/CBD/WG-ABS/8/2，2009.

同样的解决方案也被用于相关传统知识的问题之上。在大多数场合，以基本上与遗传资源相同的方式处理相关传统知识不成为问题，甚或是有益的，因为它促成了《名古屋议定书》的一致性。[1]

其次来看相关传统知识的权利问题。按照本条规定，土著和地方社区“持有”相关传统知识。“持有”意味着相关传统知识归属于土著和地方社区，这些社区对于相关传统知识拥有一定的权利，即使本条规定中没有出现权利的字眼。本条规定中的用语与《公约》第8（j）条中的表述“土著和地方社区的知识、创新和做法”所要表达的旨意基本相同。在这个问题上，《名古屋议定书》并没有一体化地处理遗传资源和相关传统知识的权利问题，土著和地方社区对于相关传统知识的权利因此未能被清楚地规定出来。

最后来看本条规定中包含的一些对于缔约方负担的采取措施义务的限制性条件。本条规定针对缔约方采取措施的义务同时提到了三个限制性条件，它们是：“根据国内法”、“酌情”和“以期确保”。一般认为，引入这三个条件的目的是为缔约方实施本条规定提供伸缩性。还有观点认为，本条规定中的一些关键概念没有得到界定，从而导致本条规定缺少明确性，而这种明确性的缺失可以解释一些谈判方对于“根据国内法”和“酌情”等限制性条件的坚持。[2]“根据国内法”指出了缔约方应当采取措施的方式，即根据或通过国内法采取措施。“酌情”则意味着国家并不处于一般性的采取措施的义务之下，它们仅仅需要在有一个已认定的需求时采取措施。此时国家不能选择不采取措施，因为本条规定使用的词语是“应当”。国家决定采取的措施必须“旨在”（aim to）确保相关传统知识是在土著和地方社区事先知情同意或批准和参与下，并基于共同商定条件所获取。[3]

---

[1] T. GREIBER et al.. An Explanatory Guide to the Nagoya Protocol on Access and Benefit-Sharing［M］. IUCN, Gland, Switzerland, 2012: 109.

[2] M. BUCK, C. HAMILTON. The Nagoya Protocol on Access to Genetic Resources and the Fair and Equitable Sharing of Benefits Arising from their Utilization to the Convention on Biological Diversity［M］. Review of European Community & International Environmental Law, 2011 (1): 20.

[3] T. GREIBER et al.. An Explanatory Guide to the Nagoya Protocol on Access and Benefit-Sharing［M］. IUCN, Gland, Switzerland, 2012: 112.

（二）与遗传资源相关的传统知识的惠益分享

第 5.5 条规定："每一缔约方应酌情采取立法、行政或政策措施，以便利用与遗传资源相关的传统知识所产生的惠益以公平和公正的方式与持有此种知识的土著和地方社区予以分享。这种分享应当按照共同商定的条件。"本段规定处理了分享利用相关传统知识所产生的惠益的问题。根据本段规定，缔约方有义务采取措施，以便按照共同商定条件，与土著和地方社区分享利用相关传统知识所产生的惠益。本段规定与《公约》第 8（j）条的模糊和非义务性相比更为具体，而且在语言上更加直截了当。[1] 值得指出的是，本段规定使用了"以便"（in order that）这样的短语来强调分享利用相关传统知识所产生的惠益的问题，而非出现在第 5.2 条、第 6.2 条和第 7 条中的短语"以期确保"（with the aim of ensuring），这可以看做是对缔约方在相关传统知识的惠益分享问题上所负担义务的一种强化。

这种强化反映了国际社会对于土著和地方社区管理、控制以及开发其相关传统知识权利的不断认可，以及各国采取措施以便认可和保护这些权利行使的义务的日益强调。在相关传统知识的权利问题上，本段规定提到了"与持有此种知识的土著和地方社区"分享惠益的要求。这一要求连同第 7 条中的有关表述事实上确认了在《名古屋议定书》的框架下相关传统知识归属于创造了此种知识的土著和地方社区，以及这些社区对相关传统知识拥有权利。

（三）与遗传资源相关的传统知识其他方面的问题

除了以上关于相关传统知识的获取和惠益分享的规定外，《名古屋议定书》中还有一个以"与遗传资源相关的传统知识"为题的规定，这就是第 12 条规定。从第 12 条规定的标题看，其应当包含相关传统知识所涉及的各个方面的规定。但是，第 12 条规定了一些次要性的问题，看上去有些"名实不符"。

实际上，在《名古屋议定书》谈判的最后阶段，针对是否应当将议定书中相关传统知识的规定限定为一个条文，或与之相反是否应当将其作为一个跨领域问题（cross-cutting issue）而加以处理，各方的观点并不

[1] 《公约》第 8（j）条仅仅要求缔约方遵照国内立法，"鼓励"公平地分享利用相关传统知识所产生的惠益。

一致。当哪种立场将会胜出仍未确定的时候，第 12 条被支持前一种观点的人看做是《名古屋议定书》中的传统知识规定。在最后谈判代表们选择将相关传统知识作为一个跨领域问题而处理时，关于相关传统知识的主要规定最终出现在了第 5.5 条、第 7 条和第 16 条中。但是，第 12 条的标题并没有被修改以便反映这种变化，并因此造成了误导。[1] 第 12 条对相关传统知识的获取和惠益分享之外的一些其他问题进行了规定，它是对第 5.5 条和第 7 条等规定的补充。

第 12.1 条要求缔约方在履行本议定书的义务时考虑土著和地方社区的习惯法、社区议定书和程序的作用。第 12.2 条要求缔约方在相关土著和地方社区的有效参与下建立向相关传统知识的潜在利用者通告其获取和惠益分享义务的机制。第 12.3 条要求缔约方努力支持土著和地方社区制定三种不同的规范性文书或要求，它们是：有关获取相关传统知识以及公正和公平分享利用此种知识所产生惠益的社区议定书；实现公正和公平分享利用相关传统知识所产生惠益的共同商定条件的最低要求；分享利用相关传统知识所产生的惠益的示范合同条款。第 12.3 条特别提到了社区内的妇女，毫无疑问，相关传统知识的创造、维持和管理也离不开她们的贡献，将她们作为主体纳入到制定有关文书或要求的过程当中是对其已经和正在作出的贡献的认可。第 12.4 条向缔约方施加了一个不作为的义务——不限制遗传资源及其相关传统知识的习惯性使用和交流。这是为了回应这样一种关注而确立的规定，即《名古屋议定书》的实施可能导致土著和地方社区内及相互间对于遗传资源以及相关传统知识的交流正式化，并因而限制此类交流活动。

五、遵　守

在实施《公约》第 15 条的过程中，一些发展中国家推出了规范获取遗传资源以及分享其利用所产生惠益活动的立法措施。然而，作为利用遗传资源活动主要发生地的发达国家则没有遵照《公约》第 15.7 条的要求采取旨在实现惠益分享的立法措施。不仅如此，国际层面上一段时期

[1] T. GREIBER et al.. An Explanatory Guide to the Nagoya Protocol on Access and Benefit-Sharing [M]. IUCN, Gland, Switzerland, 2012: 137.

内关于获取和惠益分享问题的讨论主要集中在发展中国家的获取和惠益分享立法之上。这些事实反映出在较长的时间内遗传资源提供国的立法支撑着《公约》第 15 条的国内实施。

然而，考虑到获取和惠益分享问题具有的跨国属性，至少两类国家牵涉到获取和惠益分享活动之中，仅仅通过提供国一方的立法措施规范获取和惠益分享要么在法律上不可能，要么在成本上极为昂贵。[1] 随着《波恩准则》的通过，这种局面发生了一定的改变。共同的理解逐步扩大，从而认识到或许提供国的获取立法并非是实现公正和公平惠益分享所需的唯一要素。[2] 实际上，利用者所在的国家采取的措施是实现惠益分享所需的另外一个方面的要素，此类措施旨在促使其管辖范围内的利用者遵守提供国的获取和惠益分享立法。

在发展中国家看来，利用者遵守提供国的获取和惠益分享立法的问题构成了未来议定书的“核心的核心”。[3]事实上，一个处在《名古屋议定书》谈判背后的推力来自以下看法：当利用者身处来源国的管辖范围之外时，他们并不受到获取和惠益分享法律制度的约束。[4] 因此，生物多样性大国高度关注利用者没有遵守它们国内获取和惠益分享立法的问题，也就是所谓的“不当利用”（misappropriation）问题，并且强烈要求在《名古屋议定书》中建立具有法律约束力的义务，以使提供国的获取和惠益分享立法得到遵守。各方经过谈判并在作出重大妥协后确立了包括第 15 条、第 16 条、第 17 条和第 18 条在内的解决遵守问题的一套规定。第 15 条是关于遵守有关获取和惠益分享的国内立法或规范性要求的规定。

---

[1] 提供国的立法措施规范获取其本国遗传资源的活动，但提供国之外的利用者有时无须亲自到提供国管辖的范围内获取资源，其可以通过某种方式从已经获取了相关资源的人（中间人）那里得到资源，从而逃避履行根据提供国立法所承担的义务。在惠益分享方面，提供国立法一般要求在共同商定条件（合同）中达成惠益分享的安排，这样一来就将惠益分享的最终实现归结为合同条款的执行（enforcement）问题。当利用者违反合同条款时，提供方就需要前往利用方所在的国家要求有管辖权的法院执行合同条款，但这会产生费时费力以及花费高额诉讼成本的问题。

[2] M. W. TVEDT，T. YOUNG. Beyond Access：Exploring Implementation of the Fair and Equitable Sharing Commitment in the CBD [M]. IUCN，Gland，Switzerland，2007：18.

[3] G. S. NIJAR. The Nagoya Protocol on Access and Benefit Sharing of Genetic Resources：Analysis and Implementation Options for Developing Countries [R]. Research Paper of South Centre，2011：5.

[4] M. W. TVEDT，T. YOUNG. Beyond Access：Exploring Implementation of the Fair and Equitable Sharing Commitment in the CBD [M]. IUCN，Gland，Switzerland，2007：3.

第16条规定了遵守有关与遗传资源相关的传统知识的获取和惠益分享国内立法或规范性要求的问题。第17条处理了一个与遵守紧密相关的问题——监测利用遗传资源。第18条规定了另外一种遵守，即遵守共同商定条件的问题。

（一）遵守有关获取和惠益分享的国内立法或规范性要求

第15.1条规定："每一缔约方应采取适当、有效和相称的立法、行政或政策措施，以便规定，如其他缔约方国内获取和惠益分享立法或规范性要求所规定，其管辖范围内利用的遗传资源已经遵照事先知情同意而获取，并且订立了共同商定条件。"本段规定为缔约方设定了采取当初谈判者们称为"利用者国家措施"或"利用者措施"的义务。这可能是一个最具创新性的义务。它第一次满足了提供者国家（主要是发展中国家）对利用者国家（主要是发达国家）提出的建立此种强制性遵守措施的要求。[1] 这一义务的确立在很大程度上能够预防和阻止遗传资源的利用者对提供国资源的"不当利用"或"盗用"行为，并且有力地推动提供国获取和惠益分享立法目标的实现。下面就本段规定涉及的各个方面的问题进行解释和说明。

第一个需要解释的问题是本段规定开头就提到的采取措施的缔约方。根据本段规定，"每一缔约方"有义务采取措施。这表明，不仅仅利用者所在的发达国家（当初发展中国家发起遵守问题谈判时指向的国家）有义务采取措施，而且遗传资源提供国（主要是发展中国家）也有义务采取措施，只要其管辖范围内发生着利用来自其他国家遗传资源的活动。[2] 就此而言，谈判中针对发达国家提出的采取遵守措施的要求最终扩展到了发达国家缔约方和发展中国家缔约方，这是一个值得注意的变化。

---

[1] G. S. NIJAR. The Nagoya Protocol on Access and Benefit Sharing of Genetic Resources: Analysis and Implementation Options for Developing Countries [R]. Research Paper of South Centre, 2011, 6.

[2] 日益增多的发展中国家在遗传调控和生物化合物的合成上已经具备了技术能力，这使得这些国家经由甚至是最专门的定义而成为了"利用者"。同样，很多新近的例子已经记录了涉及从某个发达国家来源所提取的遗传资源的获得和利用。当然，最复杂和可能最有价值的利用遗传资源的形式通常发生在发达国家，而大多数发展中国家主要或专门为了农业品种开发而利用遗传资源。参见：M. W. TVEDT, T. YOUNG. Beyond Access: Exploring Implementation of the Fair and Equitable Sharing Commitment in the CBD [M]. IUCN, Gland, Switzerland, 2007: 5—10.

接着来看缔约方有义务采取的措施问题。根据本段规定，缔约方有义务采取“适当、有效和相称的立法、行政或政策”措施。在商讨和谈判第 15 条规定的过程中，一些谈判者认为“利用者措施”应当被详细地加以描述，其他谈判者则想要保留各国采取它们认为适当的措施的主权权利。最终的第 15 条文本并没有包含具体的措施，相反，它向缔约方提供了与所采取措施的属性有关的相当大的伸缩性。❶ 因此，每个缔约方单独需要决定是否制定法律，或采取行政措施（例如颁布行政条例）或政策措施（例如通过一个战略或行动计划）。除了属性方面的限定，本段规定还使用了“适当、有效和相称的”三个词语对缔约方采取的措施所需要满足的条件作出了限定。❷

再来看缔约方采取的措施所要达到的效果问题。本段规定指出，每一缔约方必须“规定”，其管辖范围内利用的遗传资源已经遵照事先知情同意而获取，并且订立了共同商定条件。换言之，每一缔约方必须规定其管辖范围内利用的遗传资源在获取和惠益分享方面处于良好的法律状况。上文在解释第 6.3 条分段（e）时提到了一个时间点——在获取时，这个时间点对于本段规定来说具有重要的意义，进一步来说，缔约方只需要规定其管辖范围内利用的遗传资源“在获取时”处于良好的法律状况。

最后需要解释的是“如其他缔约方国内获取和惠益分享立法或规范性要求所规定”的问题。这一表述中提到“其他缔约方国内获取和惠益分享立法或规范性要求”明确说明了，缔约方义务的范围并没有延伸至其他缔约方的国内立法或规范性要求的整体，而仅仅是关于获取和惠益分享的立法或规范性要求，也就是规定在获取遗传资源时取得事先知情同意以及订立共同商定条件的立法或要求。其意图因此就是，不给利用者国家施加一个额外的负担，即要求它们开展一个正式的检查以决定与事先知情同意和共同商定条件相关联的具体条件是否已得到满足。换言之，缔约方采取的措施必须支持证实事先知情同意和共同商定条件的存

---

❶ 本段规定为缔约方提供的伸缩性是相当重要的，这是因为《名古屋议定书》适用于不同产业部门中的各种利用遗传资源的活动，而且这些不同的产业部门拥有截然不同的商业和创新模式以及遗传材料和相关信息的交易类型。

❷ “适当的”意味着缔约方采取的措施必须与其政治、法律、社会和经济状况相契合，“有效的”指缔约方采取的措施具备成功地实现预期的效果的潜力，“相称的”则强调了缔约方采取的应当是充分的以及不应是不必要地超出其负担的措施。

在，而不是证实它们的实际内容或者执行。需要指出的是，违反包含在共同商定条件中的合同条款的情形由第 18 条予以处理。❶

第 15.2 条规定：“缔约方应采取适当、有效和相称的措施，以便处理不遵守根据上述第 1 段通过的措施的情事。”本段规定要求缔约方采取措施处理其管辖范围内的利用者不遵守根据第 1 段规定所采取的措施的情事。这实际上是有关“执法”问题的规定，而“执法”指的是缔约方为处理潜在的不遵守根据第 15.1 条采取的措施而应当利用的一类程序和行动。与第 1 段规定一样，本段规定没有提及具体的措施，缔约方因此被给予了必要的伸缩性，以决定最适合它们自身法律制度以及相关社会、文化和经济状况的措施。

第 15.3 条规定：“缔约方应尽可能并酌情在被控违反上述第 1 段所指的国内获取和惠益分享立法或规范性要求的情形开展合作。”本段规定为缔约方设定了一个在被控违反国内获取和惠益分享立法或规范性要求的情形开展合作的义务。合作包括了分担调查、交流信息等，但不能被解释为包括了承认外国判决的问题，因为本段规定提到的是仍然处在“被控”（alleged）违反阶段的情形。本段规定一方面为缔约方设定了合作的义务，但同时又使用了表述“尽可能并且酌情”，这一义务因而遭到了弱化，相应地，缔约方在履行义务的过程中拥有充分的自主决定的权利。

（二）遵守有关与遗传资源相关的传统知识的获取和惠益分享国内立法或规范性要求

第 16.1 条规定：“每一缔约方应酌情采取适当、有效和相称的立法、行政或政策措施，以便规定，如土著和地方社区所在的其他缔约方国内获取和惠益分享立法或规范性要求所规定，其管辖范围内利用的与遗传资源相关的传统知识已经遵照此种土著和地方社区的事先知情同意或批准和参与而获取，并且订立了共同商定条件。”从表述方式和使用的措辞来看，本段规定连同第 16 条第 2 段和第 3 段规定几乎“重复”了第 15 条规定，只不过本段规定特别集中在遵守有关与遗传资源相关的传统知识（以下简称相关传统知识）的获取和惠益分享国内立法或规范性要求之上。与第 15.1 条相同，本段规定也为缔约方设定了采取“利用者国家措

❶ T. GREIBER et al. An Explanatory Guide to the Nagoya Protocol on Access and Benefit-Sharing [M]. IUCN, Gland, Switzerland, 2012: 163.

施”的义务。但不同于第 15.1 条的是，缔约方采取的此类措施将支持遵守对相关传统知识的获取和惠益分享问题作出了规定的获取和惠益分享国内立法或规范性要求。

考虑到本段规定的表述方式及使用的一些措辞与第 15.1 条规定完全相同，上文就第 15.1 条规定所作的解释同样也适用于本段规定。但是，相比于第 15.1 条规定，本段规定包含了三个重要差别，值得在此提出并加以说明。

首先，本段规定不仅提到了事先知情同意，而且增加了土著和地方社区的“批准和参与”的表述。这是由于第 7 条规定要求缔约方确保在土著和地方社区的事先知情同意或“批准和参与”下获取相关传统知识，本段规定在涉及获取相关传统知识的部分自然地将这一表述纳入其中。其次，本段规定额外地加入了一个在《名古屋议定书》其他规定中多次出现的限定词——“酌情”。之所以加入这个限定词主要是考虑到相关传统知识在一些方面具有不同于遗传资源的属性和特点，以及《名古屋议定书》中缺少某些关键术语的定义。[1] 最后，本段规定提到的获取和惠益分享立法或规范性要求是指“土著和地方社区所在的”其他缔约方的国内获取和惠益分享立法或规范性要求。这里对“其他缔约方”作出了进一步的限定，这当然也是考虑到了相关传统知识与土著和地方社区之间具有的密不可分的属性。

第 16.2 条和第 16.3 条规定与第 15.2 条和第 15.3 条规定的内容相同，上文就第 15.2 条和第 15.3 条规定所作的解释完全适用于这两段规定，此处不再重复解释。

（三）监测利用遗传资源

《名古屋议定书》谈判中一个极具争议性的问题是，缔约方根据第 15 条负担的采取措施的一般义务是否应当被监测其管辖范围内的遗传资源利用者或利用遗传资源活动的具体义务所补充。发展中国家认为，遗传

[1] 这些属性和特点包括，相关传统知识被土著和地方社区所持有或拥有，而且情形极为多样；国家只是相关传统知识的监管者，而非持有者；在某些场合，获取相关传统知识需要遵照土著和地方社区的习惯法、社区议定书和程序行事。《名古屋议定书》没有作出界定的关键术语是：“与遗传资源相关的传统知识”“利用与遗传资源相关的传统知识”及“土著和地方社区”。参见：T. GREIBER et al. An Explanatory Guide to the Nagoya Protocol on Access and Benefit-Sharing [M]. IUCN，Gland，Switzerland，2012：169－170.

资源的交易和利用情况需要受到利用遗传资源活动所在的国家有关部门的监测和检查，否则利用者没有足够的动力遵守提供遗传资源的国家确立的有关获取和惠益分享的义务。发展中国家因此强烈建议强制性地建立事先确定的"检查点（checkpoints）"，例如专利局。[1] 而且，为了展示遗传资源的良好法律状况，利用者需要提供一个涵盖具体遗传资源的国际公认的遵守证明书（internationally recognized certificate of compliance）。该证明书将带有使其获得国际认可的标准特征，从而证明遗传资源系遵照事先知情同意而获取以及订立了共同商定条件。

发达国家则坚决反对发展中国家提出的上述建议。在谈判中，双方的立场差距之大几无调和的可能，但在通过《名古屋议定书》之前的最后时刻，一个微妙的政治妥协方案形成并最终被各方所接受，而第 17 条规定就是这一方案有关内容的体现。具体来看，检查点和国际公认的遵守证明书这两个概念出现在了第 17 条之中，但第 17 条没有提到任何具体的检查点和专利申请中"披露义务或要求"的字眼，也没有明确提出判定是否构成"有效"检查点的标准。第 17 条规定可以分成两个部分，第 1 段为要求缔约方酌情采取措施以监测利用遗传资源和加强这种利用透明度，第 2 段、第 3 段和第 4 段则处理了国际公认的遵守证明书的问题。

第 17.1 条第一句规定："为了支持遵守，缔约方应酌情采取措施，以便监测利用遗传资源情况和加强这种利用的透明度。"这一规定为缔约方设定了采取措施以监测利用遗传资源情况以及加强这种利用透明度的义务。第 17.1 条第二句连同分段（a）（b）和（c）为缔约方实施前一句规定提供了一个措施清单。需要指出的是，这是一个非穷尽式的措施清单，这就意味着缔约方可以采取除分段（a）（b）和（c）规定的措施之外

---

[1] 这里的"检查点"是指当利用者从事遗传资源研发活动或就来自研发活动的创新成果主张权利或对终端产品进行商业化时，其需要前往的地方。利用者会被要求在检查点提供有关信息，以供检查点考虑和评估。发展中国家提议将专利局确定为监测利用遗传资源活动的一个检查点是与它们在世界贸易组织框架下的相关谈判立场紧密地联系在一起的。世界贸易组织多哈回合谈判涉及的一个议题就是 TRIPs 协议和《公约》的关系问题，发展中国家认为 TRIPs 协议与《公约》存在冲突。为了解决冲突以及确保两者相互给予支持，必须对 TRIPs 协议第 29 条进行修改，修改的具体建议是，专利申请人应当披露其在要求保护的发明中所利用的遗传资源的原产地或来源以及取得的事先知情同意和达成的惠益分享安排的证据。对于许多发展中国家来说，在国际法律文书中寻求确立有约束力的披露遗传资源来源（以及其他有关信息）义务是它们积极参与《公约》框架下关于获取和惠益分享国际制度谈判的主要原因。

的措施。

分段（a）规定的措施是指定一个或多个检查点。如上文所述，分段（a）只是提到了指定检查点，但并未详述和罗列特定的检查点。❶ 根据分段（a）规定，缔约方虽然可以决定检查点的形式，但指定的检查点必须具备某些必要的功能和特征。分段（a）之下的（i）至（iv）对这些功能和特征进行了描述和规定。

第 17.1 条分段（a）之（i）规定了指定的检查点的功能：收集或接收关于事先知情同意、遗传资源的来源、共同商定条件的订立和（或）利用遗传资源情况相关信息。第 17.1 条分段（a）之（ii）由两句规定组成。第一句规定基于使指定的检查点发挥功能的需要而为缔约方设定了要求遗传资源利用者在检查点提供信息的义务。显然，这个义务的“原形”可以对应于发展中国家在谈判中建议的披露义务，但如今已被改造成了一个一般性的义务，从而不再包含一些具体的要素。第二句要求缔约方采取措施，处理遗传资源利用者不遵守要求提供信息措施的情事。但是，这里并没有为缔约方提供可能采取的措施的范例，因此要由缔约方来决定，只要采取的措施符合“适当、有效和相称的”的条件。❷

第 17.1 条分段（a）之（iii）提到了指定检查点的另一项功能——提供信息。按照这一规定，指定检查点收集或接收的信息将被提供给二类实体和一种机制，它们是相关国家当局、授予事先知情同意的缔约方以及根据第 14 条建立的获取和惠益分享信息交换所。但是，信息将在不损害保护机密性信息的情况下提供。不过，哪些信息属于机密性信息，以及谁来作出这样的决定将作为未决问题留待有关缔约方解决。值得注意的是，分段（a）之（iii）规定在《名古屋议定书》中首次提到了术语“国际公认的遵守证明书”，而且指出“可以获得的”国际公认的遵守证

❶ 在《名古屋议定书》谈判中，发展中国家建议的检查点包括海关当局、专利局、上市许可（market approval）部门、研究资助机构以及土著和当地社区代表。由于发达国家并不接受在《名古屋议定书》中提及检查点的具体名称，发展中国家一度建议每个缔约方在一定时限内有义务通知秘书处其所指定的检查点，以及建议已将专利局作为检查点纳入其国内法中的缔约方必须指定此类机构作为它们在《名古屋议定书》之下的检查点。然而，这些折中建议也遭到了发达国家的抵制，没有被最终的谈判文本所接受。

❷ T. GREIBER et al. An Explanatory Guide to the Nagoya Protocol on Access and Benefit-Sharing [M]. IUCN, Gland, Switzerland, 2012: 177.

明书能够提供相关信息。

第 17.1 条分段（a）之（iv）指出了检查点必须具备的一些特征。首先，检查点必须有效。但这里并没有列出界定有效性的标准，这将由缔约方决定一个指定的检查点是否实现了期待的监测利用遗传资源和加强利用透明度的效果。其次，检查点应该拥有与实施分段（a）相关的功能。这似乎是多余的，考虑到分段（a）都是关于检查点及其功能的规定。再次，检查点应与利用遗传资源相关。但这同样是多余的，因为第 17.1 条已经明确了这一点。[1] 最后，检查点应与在研究、开发、创新、商业化之前和商业化任何阶段相关信息的收集相关。这里对收集相关信息的阶段进行了一个非穷尽式的列举。[2]

第 17.1 条分段（b）和（c）不具有多大的争议性，谈判者们比较容易地商定了它们的内容。分段（b）为缔约方监测利用遗传资源和加强利用透明度而确立的措施是，鼓励利用者和提供者在共同商定条件中纳入分享有关其执行的信息的条款（此类条款可以包括报告要求）。分段（c）要求使用具成本效益的交流工具和系统，以监测利用遗传资源和加强利用的透明度。

第 17.2 条规定："依照第 6.3 条分段（e）颁发并提供给获取和惠益分享信息交换所的许可证或其等同文件应成为国际公认的遵守证明书。"本段规定对国际公认的遵守证明书进行了必要的说明和界定。按照本段及第 6.3 条分段（e）规定，国际公认的遵守证明书是作为授予事先知情同意的决定和订立了共同商定条件的证据所颁发的，并且提供给获取和惠益分享信息交换所的许可证或其等同文件。就此而言，颁发许可证或其等同文件并提供给获取和惠益分享信息交换所的事实导致许可证或其等同文件拥有了国际公认的遵守证明书的地位。在《名古屋议定书》中，国际公认的遵守证明书被确定为一个具体的监测工具，其价值就在于监测利用遗传资源的情况。

第 17.3 条规定："国际公认的遵守证明书应作为证据证明，如授予

---

[1] T. GREIBER et al. An Explanatory Guide to the Nagoya Protocol on Access and Benefit-Sharing [M]. IUCN, Gland, Switzerland, 2012: 179.

[2] 这样的列举存在着一定的问题，它似乎超出了第 17 条"利用遗传资源"的范围，因为"利用遗传资源"涵盖的活动是研究和开发，其并没有提到诸如"创新、商业化之前和商业化"之类的活动。可见，某些已收集的信息可能实际上与实施第 17 条无关。

事先知情同意的缔约方的国内获取和惠益分享立法或规范性要求所规定，其所涵盖的遗传资源已经遵照事先知情同意而获取并且订立了共同商定条件。”本段规定指明了国际公认的遵守证明书所具有的法律效果：证明遵守了要求事先知情同意和订立共同商定条件的国内获取和惠益分享立法或规范性要求。本段规定的措辞与第 15.1 条所使用的措辞部分地相同，其表明，提供了一份国际公认的遵守证明书的遗传资源利用者拥有充分的证据，以证明他们是以遵守提供遗传资源缔约方的获取和惠益分享立法或规范性要求的方式获取了资源。❶

第 17.4 条提供了一份国际公认的遵守证明书应当包含的最低限量信息清单。这一清单上的信息包括：颁发当局；颁发日期；提供者；证明书的独特标识；被授予事先知情同意的人或实体；证明书所涵盖的对象或遗传资源；确认订立了共同商定条件；确认获得了事先知情同意；商业和（或）非商业用途。“最低限量信息”（minimum information）强调了国际公认的遵守证明书起码应当包括本段规定所列举的这些信息。

（四）遵守共同商定条件

不同于第 15 条和第 16 条，第 18 条规定的则是“遵守共同商定条件”的问题。第 15 条和第 16 条旨在阻止“不当利用”行为的发生，关注的问题是利用者有没有依照提供国获取和惠益分享立法或规范性要求订立了共同商定条件，而第 18 条关注的是如何处理违反已经订立的共同商定条件的情况，这种情况在谈判中被称为“违规利用”（misuse）。

由于获取和利用遗传资源的一方往往来自提供国管辖范围之外的国家，包含了共同商定条件的合同不可避免地含有涉外因素。利用者和提供者之间的合同关系因此是跨越国境的。考虑到不同国家私法制度因内容差异而在法律适用上产生的冲突，一国的国际私法规则（也称冲突规则）需要就此发挥规范作用，以便确定当事人之间的涉外私法关系应当适用哪个国家的法律。❷ 在违反包含了共同商定条件的合同的情况下，解

---

❶ T. GREIBER et al. An Explanatory Guide to the Nagoya Protocol on Access and Benefit-Sharing [M]. IUCN, Gland, Switzerland, 2012: 180.

❷ 国际私法是一个国家的国内法中关于处理涉外民商事案件时所适用的原则和规则的总和，其旨在确定哪个国家的法律应当适用于涉外民商事案件。这一般被称为严格意义上的国际私法，但有些国家的国际私法立法还规定了涉外民商事案件的司法管辖权、外国判决的承认和执行等问题。需要指出的是，这三个方面的问题在《名古屋议定书》第 18 条中都有提及。

决涉外合同争议所牵涉的国际私法问题随之产生。按理说，这些问题不应当由作为国际公法的《名古屋议定书》加以处理，因为它们通常落入了一国的国际私法范围之中。然而，一些国家在谈判过程中表达了这样的关切：它们缺少处置违反共同商定条件的情事的能力。第 18.1 条和第 18.3 条的部分规定通过处理解决共同商定条件争议牵涉的国际私法问题对这一关切进行了回应。第 18.2 条和第 18.3 条的另一部分规定处理了与解决共同商定条件争议有关的寻求追索权（recourse）的机会和诉诸司法（access to justice）的问题。

第 18.1 条规定："在实施第 6.3 条分段（g）之（一）和第 7 条时，每一缔约方应当鼓励遗传资源和（或）与遗传资源相关的传统知识的的提供者和利用者在共同商定条件中适当纳入涵盖争议解决的条款，包括（a）提供者和利用者将任何争议解决过程提交的司法管辖权；（b）适用的法律；以及（或）（c）非诉讼争议解决方式的选择，例如调解或仲裁。"本段规定处理了解决共同商定条件争议牵涉的最重要的国际私法问题（以何种方式以及适用何种法律解决争议）。处理的方式则是，要求缔约方"鼓励"遗传资源和（或）相关传统知识的提供者和利用者在共同商定条件中"适当"纳入已列举出的涵盖争议解决的条款。

然而，要指出的是，即使本段规定没有采取这种处理方式，涉外合同的当事人一般都会在合同中纳入他们已经商定的关于如何解决争议的条款，尤其是关于双方协议选择的管辖法院和适用的法律的条款，这可以说是一个普遍性的做法。从这个意义上说，本段规定能够发挥的作用似乎有限，何况缔约方负担的只是"鼓励"提供者和利用者"适当"（where appropriate）纳入涵盖争议解决条款的义务，词语"鼓励"和"适当"明显缓和了本段规定中的义务对于缔约方的约束力。

第 18.2 条规定："每一缔约方应确保当共同商定条件产生争议时，在其法律体系内按照适用的司法管辖权要求有寻求追索权的机会。"本段规定为每一缔约方设定了一个义务，这就是确保在其法律体系内具有当事人可得利用的解决违反共同商定条件问题的途径和机制。这个规定出自于一些国家的愿望——从议定书得到某种不考虑原告国籍就可以在所有管辖区域寻求救济（如民事和商事的）的确信。本段规定并没有提到寻求追索权的机会是否应授予给外国公民。但其明确了，这种追索权必须符合相关缔约方适用的司法管辖权要求。[1]

即使本段规定为缔约方设定了以上义务，但应当指出的是，世界上绝大多数国家都不会在拥有管辖权的前提下拒绝就违约问题为当事人提供寻求追索权的机会。就此来说，第 18.2 条的价值并不大。然而，第 18.2 条也可以被理解为其显示了一个强化创设于第 18 条之中有关司法管辖权和诉诸司法的义务的更宽路径，因为这两者是提供寻求追索权机会的要求的必要组成部分。[2] 第 18.2 条的确为缔约方确立了一个规定司法救济的责任，包括使其他缔约方的国民诉诸其法院和特别法庭。因此，《名古屋议定书》确立的基本原则是，当法院受理了某个共同商定条件产生的争议时，其应当主张有权管辖，除非诉讼明显基于有疑问的管辖理由（例如在共同商定条件的任何一方与法院没有实际联系的情况下）。[3]

第 18.3 条规定："每一缔约方应酌情采取有效的措施，它们有关：(a) 诉诸司法；以及（b）利用关于相互承认和执行外国判决和仲裁裁决的机制。"本段规定为缔约方确立了采取与分段（a）和（b）所列问题有关的措施的义务。如上文所述，诉诸司法与寻求追索权的机会具有紧密的关系，而承认和执行外国判决和仲裁裁决与第 18.1 条提到的司法管辖权和适用的法律同属解决共同商定条件争议所牵涉的国际私法问题。由于这两个问题关乎非违约方的权利能否获得实现，本段规定因此为每一缔约方设定了采取"有效"措施的义务。

诉诸司法概念被引入到第 18 条之中是发展中国家建议和要求的结果。不过发达国家表达了它们并不理解诉诸司法概念的含义的意见，有些国家还认为使用这个概念意味着授予了提供国的诉讼当事人优于其国民的差别待遇。当发展中国家解释说这个概念来源于《在环境事项上获得信息、公众参与决策和诉诸司法的奥胡斯公约》（1998 年），以及其他几个欧盟和发达国家作为缔约方的国际条约时，欧盟则声称这个概念具

---

[1][3] C. CHIAROLLA. Biopiracy and the Role of Private International Law under the Nagoya Protocol [R]. Working Papers, No. 02/12, IDDRI, Paris, France.

[2] T. GREIBER et al., An Explanatory Guide to the Nagoya Protocol on Access and Benefit-Sharing [M]. IUCN, Gland, Switzerland, 2012: 187.

有它们尚未达成一致的含义。[1] 最后的结果是，在发展中国家和发达国家就诉诸司法概念的含义没有达成一致理解的情况下，诉诸司法就被规定在了第 18 条之中，只不过删去了发展中国家建议在诉诸司法之前添加的词语“方便地”。[2]

其次来看利用关于相互承认和执行外国判决和仲裁裁决的机制的问题。是否以及如何承认和执行外国判决和仲裁裁决通常由一国的国际私法规则决定。就此来说，《名古屋议定书》并非是规定此类问题的适合国际文书。但这并不妨碍《名古屋议定书》运用某种方式对此作出处理。发展中国家在谈判中表达了确保《名古屋议定书》的缔约方承认和执行外国判决的希望，但这也被很多人认为不合实际，这是因为各国不愿接受判决的相互承认。为了回应发展中国家表达的以上希望，《名古屋议定书》采取了一种间接的方式对以上国际私法问题进行了处理，其要求缔约方采取有关“利用关于相互承认和执行外国判决和仲裁裁决的机制”的措施。[3] 这意味着，缔约方有积极参加此类机制的明确责任，以及当它们没有被建立起来时，有责任去建立此类机制。无疑，缔约方为此采取的措施有利于促进承认和执行外国判决和仲裁裁决。

六、其他重要问题

除了以上一般性和核心问题，《名古屋议定书》还就某些在谈判中具

---

[1] G. S. NIJAR. The Nagoya Protocol on Access and Benefit Sharing of Genetic Resources: Analysis and Implementation Options for Developing Countries [R]. Research Paper of South Centre，2011：12.

[2] 从《名古屋议定书》谈判情况及其通过后的有关解读来看，既有对诉诸司法作广义理解的，也有作狭义理解的。广义的诉诸司法不仅要求国家为当事人提供将争议诉诸其国内法院或其他公正裁断机构的权利和机会，而且要求国家确保提起一个救济行动的费用不是昂贵得负担不起。狭义的诉诸司法仅指当事人有权利和机会将争议诉诸国内法院或其他公正裁断机构，其实际上被第 18.2 条提到的寻求追索权的机会的含义所涵盖。

[3] 从国际上的做法看，“关于相互承认和执行外国判决的机制”主要是双边协议，也就是在判决被寻求承认和执行的国家与作出判决的国家之间签订的有关司法互助的双边协议。在多边机制方面，国际上建议一个相互承认和执行外国判决的机制的努力并不是十分成功。关于“相互承认和执行外国仲裁裁决的机制”主要是多边机制，也就是 1958 年的《承认和执行外国仲裁裁决纽约公约》，该公约拥有 146 个缔约方，这使得外国仲裁裁决比起外国判决来可以比较容易地得到承认和执行。

有很大争议的问题提出了相应的解决方案，并且付诸于具体的规定。这些问题涉及非商业研究、病原体以及分享在某些特殊情况下利用遗传资源和相关传统知识的惠益问题。以下分别对这三个方面的问题和规定进行分析和解释。

（一）非商业研究

研究性团体据称是受《公约》和《名古屋议定书》关于获取和惠益分享规定影响最大的团体。在几乎所有场合，研究人员将寻求原生境条件下的获取，而他们在获取时经常带着非商业意图。在谈判《名古屋议定书》的整个过程中，研究性团体的代表因此关注未来的议定书可能设置对于开展生物多样性相关研究的额外负担和障碍。[1] 研究性团体呼吁针对非商业研究（non-commercial research）建立一个特殊的获取和惠益分享制度。与此同时，遗传资源的提供者关注对非商业研究给予的特殊待遇可能在获取和惠益分享制度的运作中造成有损于提供者的漏洞，这种漏洞会出现在将非商业研究变更为商业研究以及将已获取的遗传资源和研究成果交给第三方或商业性机构利用的情形。

最后经谈判就非商业研究问题商定的解决方案体现在了第 8（a）条之中。第 8（a）条规定："每一缔约方在制定和实施其获取和惠益分享立法或规范性要求时，应当创造条件以促进和鼓励有助于保存和可持续利用生物多样性的研究，特别是在发展中国家，包括通过关于为了非商业研究目的获取的简化措施，并考虑到有必要处理此类研究意向的变更。"第 8（a）条要求缔约方创造促进和鼓励有助于保存和可持续利用生物多样性的研究的条件。不过，该规定并没有明确说明这里的"条件"指的是什么样的条件，它只是规定了缔约方所创造的条件的目标。需要指出的是，第 8（a）条又直接提出了一个条件：关于为了非商业研究目的获取的简化措施（simplified measures）。这意味着，缔约方应在其国内法中就为了非商业研究目的获取遗传资源规定简化的要求和程序。

第 8（a）条最后提到了"考虑到有必要处理此类研究意向的变更"。

---

[1] M. BUCK，C. HAMILTON. The Nagoya Protocol on Access to Genetic Resources and the Fair and Equitable Sharing of Benefits Arising from their Utilization to the Convention on Biological Diversity [J]. Review of European Community & International Environmental Law, 2011 (1)：20.

“研究意向的变更”指的就是从非商业研究变更为商业研究。[1] 这种变更会对遗传资源提供者权利的实现产生很大的影响，提供者很可能需要重新考虑授予事先知情同意的问题，以及与利用者就惠益分享问题商定新的安排。根据第 8（a）条规定，缔约方在就非商业研究创造条件时，其要考虑在立法或规范性措施中处理非商业研究变更为商业研究的问题，处理的方式应当是，将意向的变更确定为共同商定条件的一项内容，从而为提供者在发生意向变更的情况下向利用者要求事先知情同意以及与其重新谈判共同商定条件提供法律基础。[2]

（二）病原体问题

上文指出，发展中国家意图谈判和缔结一个涵盖面广泛的议定书。按照发展中国家的提议，对人类、动物和植物健康具有特别公共关切的病原体（pathogens）应当在议定书的适用范围之内。[3] 这个建议的提出与发展中国家认为它们所面临的一种不公平的局面紧密相关。[4]

为了纠正这一不公平局面而进行的谈判随之在世界卫生组织产生，

---

[1] 要在非商业研究和商业研究之间划出一个清晰的界限往往比较困难。这是因为：私营部门和研究机构可能同时牵涉到商业和非商业研究之中；相似的研究方法和程序一般被用于商业和非商业研究中；商业和非商业研究通常需要获取相同的生物材料和遗传资源；它们对于保存和可持续利用生物多样性都是有益的。尽管这样，但有关专家还是提出了一些区分商业和非商业研究的参考因素。商业研究正常情况下被设计为至少推出具有实际或潜在商业价值的某些成果和产品，其创造的是私人持有而非进入公共领域的成果，而且以不同的形式（如知识产权）加以了限制。非商业研究大多愿意将研究成果推入公共领域，其经常由公立或慈善机构所资助，关于商业研究的某些管制措施与其不相干。参见：T. GREIBER et al. An Explanatory Guide to the Nagoya Protocol on Access and Benefit-Sharing [M]. IUCN，Gland，Switzerland，2012：120.

[2] 这种处理方式在第 5.3 条分段（g）中已有明确的规定。然而，一个实际的问题是，遗传资源提供者很多时候难以监测到意向何时发生了变更。为了解决这个问题，有些提供者不得不在共同商定条件中纳入关于定期报告研究状况的条件，还有些提供者要求对方宣誓对意向依法作出声明以及保证通知意向的变更。

[3] 病原体指任何致病的微生物，例如流感病毒。

[4] 发展中国家一直在向世界卫生组织位于发达国家的收集品中心提供病原体。世界卫生组织接着准予包括产业部门在内的其他人或机构获取这些病原体，而产业部门就病毒、其组成部分或因利用病毒所开发的疫苗申请并获得了专利，并且将疫苗提供给了发达国家能够负担起高药价的人。发展中国家并没有因为提供病原体而获得回报，包括惠益分享、疫苗的获取以及未来开发疫苗技术的转让。2007 年年初，印度尼西亚停止向世界卫生组织提供 H5N1 病毒，这一行动促使问题到了非解决不可的地步。

谈判的目标是制定一个新的有关共享流感病毒以及获得疫苗的全球性机制。[1] 发展中国家不仅积极参与了世界卫生组织中的谈判，而且在《公约》框架下关于获取和惠益分享国际制度的谈判过程中寻求将病原体确立为该国际制度适用的一类客体，进而言之，发展中国家意图通过《公约》建立的双边路径（即提供者和利用者一对一谈判和商定关于获取和惠益分享的安排）解决带有病原体属性的遗传资源的获取和惠益分享问题。发达国家则认为双边路径可能削弱国际社会有效回应与带有病原体属性的遗传资源有关的公共健康关切的能力，尤其是在流行性威胁（如禽流感）的情形，并且主张遵照其他国际机构现有或未来商定的规则解决病原体的获取以及相关的惠益分享问题。

不同的方案，包括不适用、全面适用以及有差别地适用都被提了出来，但直至谈判的最后时刻并没有达成一致。但作为由《公约》缔约方大会第十届会议主席提出的全面折中建议的组成部分，关于病原体问题的解决方案被所有谈判方所接受，并被规定在了第 8（b）条之中。第 8（b）条基于所谓的“不干预”思路，也就是《名古屋议定书》不干预处理公共健康关注的专门性国际组织和文书的工作，例如世界卫生组织、《国际植物保护公约》、世界动物卫生组织。[2]

第 8（b）条规定：“每一缔约方在制定和实施其获取和惠益分享立法或规范性要求时，应适当注意由国家或在国际上所确定的威胁或损害人类、动物或植物健康的当前或迫在眉睫的紧急情况。缔约方可考虑迅速获取遗传资源和迅速公正公平地分享利用此种遗传资源所产生惠益的需要，包括让有需要的那些人，尤其是发展中国家的人获得负担得起的治疗。”这条规定第一句为缔约方设立了适当注意威胁或损害人类、动物或植物健康的紧急情况的义务。但要说明的是，缔约方“适当注意”紧急情况不能等同于仅“考虑”此类情况，缔约方必须通过采取一定的措施

---

[1] 这一谈判的最终成果是第 64 届世界卫生大会于 2011 年 5 月 24 日通过的《共享流感病毒和获得疫苗和其他利益的大流行性流感防范框架》（*the Pandemic Influenza Preparedness Framework of the Sharing of Influenza Viruses and Access to Vaccines and Other Benefits*）。

[2] M. BUCK，C. HAMILTON. The Nagoya Protocol on Access to Genetic Resources and the Fair and Equitable Sharing of Benefits Arising from their Utilization to the Convention on Biological Diversity [J]. Review of European Community & International Environmental Law, 2011 (1)：20.

履行此项义务。此外，根据第 8（b）条，缔约方有义务适当注意的“紧急情况”进一步受到了“当前或迫在眉睫的”以及“由国家或在国际上所确定的”的限定。

第 8（b）条第二句为缔约方履行其根据第一句规定所负担的义务提供了一项行动上的选择，即缔约方可以考虑迅速获取遗传资源和迅速分享其利用所产生惠益的需要。这实际上是为《名古屋议定书》适用于病原体或带有病原体属性的遗传资源创设了法律上的空间。然而，第 8（b）条第二句使用了词语“可以”，缔约方因此并没有被强制性地要求考虑迅速获取遗传资源和迅速分享其利用所产生惠益的需要。第 8（b）条实际上允许缔约方就病原体的获取和惠益分享问题建立不同的要求和程序。总体上看，《名古屋议定书》对于病原体的适用存在一些不确定性，因为缔约方拥有很大的决定如何在国内实施第 8（b）条的权力。

（三）分享在某些特殊情况下利用遗传资源和相关传统知识的惠益问题

如上文所述，关于《名古屋议定书》的范围问题是谈判中最具争议的问题之一。有关谈判方在时间和地域范围问题上存在严重的分歧，以非洲集团为代表的一些谈判方建议未来的议定书应当适用于在《公约》生效前获取的遗传资源和传统知识，以及从国家管辖范围以外的区域（如公海）获取的材料。

谈判过程显示，要在预定的时间完成时间和地域范围问题的谈判根本没有可能。2010 年，非洲集团提出了一个“全球多边惠益分享机制”的思路。来自非洲的谈判代表表示愿意放弃有关议定书适用于《公约》生效前取得的或从国家管辖范围以外的区域取得的材料的建议，以便交换一个与发展中国家分享因利用此类材料所产生惠益的多边机制的建立。[1] 其他区域的谈判代表起先对此反应冷淡，但在谈判陷入僵局后，“全球多边惠益分享机制”被作为一种折中方案用以平衡各方的关切。在未经谈判但又被所有谈判方接受的情况下，第 10 条“全球多边惠益分享

[1] M. BUCK, C. HAMILTON. The Nagoya Protocol on Access to Genetic Resources and the Fair and Equitable Sharing of Benefits Arising from their Utilization to the Convention on Biological Diversity [J]. Review of European Community & International Environmental Law, 2011 (1): 20.

机制”出现在了《名古屋议定书》之中。第 10 条是在《名古屋议定书》最终折中语言的背景下出现，就此来说，除了其所处理的问题的重要性，它的引入必须被理解为搁置议定书完结谈判中一些难题的调适策略的组成部分。第 10 条被构建成一个“收纳箱”（catch-all）规定，其还会推迟或绕过界定根本的但存有争议的主题，如议定书的时间和地域范围。[1]

第 10 条规定：“缔约方应考虑一个全球多边惠益分享机制的需要和模式，以便处理公正和公平分享在跨境情况下发生或无法准予或获得事先知情同意的利用遗传资源和与遗传资源相关的传统知识所获得的惠益。遗传资源和与遗传资源相关的传统知识的利用者通过这一机制分享的惠益应当用于在全球保护生物多样性和可持续利用其组成部分。”这个规定为缔约方设立了“考虑一个全球多边惠益分享机制的需要和模式”程序性义务。由此来看，《名古屋议定书》并没有创设出一个全球多边惠益分享机制，它只是要求缔约方考虑是否需要这样一个机制，以及如果需要的话，它该如何运作。

值得注意的是，第 10 指出了全球多边惠益分享机制可能适用的两种情形：跨境情况和无法准予或获得事先知情同意。它们决定着缔约方是否需要这样一个机制，但是，如何界定这两种情形，以及它们又涵盖哪些具体的情形，这些问题只能留待《名古屋议定书》生效后经由缔约方会议解决。第 10 条还提出了一个重要的问题，这就是通过全球多边惠益分享机制分享的惠益应当用于在全球保护生物多样性和可持续利用其组成部分。这一点和《粮食和农业植物遗传资源国际条约》建立的获取和惠益分享多边系统的有关规定类似。

[1] T. GREIBER et al. An Explanatory Guide to the Nagoya Protocol on Access and Benefit-Sharing [M]. IUCN, Gland, Switzerland, 2012: 127.

专利法外观设计定义中“富有美感”含义的修正及具体适用的建议

张晓都[1]

摘　要

专利法外观设计定义中“富有美感”应理解为产品外观是否为美而设计，也即是否为产品的装饰效果而设计，由此将由功能或者主要由功能决定的产品外观排除在外观设计专利保护客体的范围之外。人们对实际使用时处隐藏状态的产品外观并不关注，故该类产品外观也不应成为外观设计专利保护的客体。建议在专利审查及相应的司法审判实践中将由功能或者主要由功能决定的产品外观以及实际使用时处隐藏状态的产品外观排除在外观设计专利保护客体的范围之外。

---

[1] 作者单位：上海市高级人民法院知识产权审判庭。

“富有美感”不是“美”与“不美”的问题，而是产品的外观是“为了美感”而设计，还是为了功能而设计的问题。产品外观是“为了美感”或者主要是“为了美感”设计的，该产品外观是外观设计专利的保护客体；产品外观是“为了功能”或者主要是“为了功能”设计的，或者说产品的外观是由产品的功能或者主要是由产品的功能决定的，则该产品外观就不是外观设计专利的保护客体。将“富有美感”的产品外观理解为“为了美感”而设计的产品外观，外观设计定义中“富有美感”的法定要求就能够起到界定外观设计专利保护客体范围的应有作用。本文在借鉴美国立法及司法经验的基础上，结合中国相应的实际情况，对如何理解专利法外观设计定义中“富有美感”的含义及在专利审查及相应司法实践中如何适用“富有美感”的法定要求提出了具体的建议。

一、美国外观专利保护客体要求的装饰性

《美国专利法》第 171 条第 1 款规定：新颖的、原创的与装饰性的产品外观设计的设计者，可根据本法规定的条件与要求获得专利。

在美国，装饰性是产品外观获得外观设计专利保护的条件之一，具有装饰性的产品外观设计才是外观设计专利保护的法定客体。产品外观具有装饰性，有两层含义：第一，产品外观是装饰性或者主要是装饰性的；第二，产品外观是人们所关注的事项。

（一）产品外观是装饰性或者主要是装饰性的

美国认为，根据专利法关于装饰性要求的规定，产品外观是装饰性或者主要是装饰性的，才具有可专利性；功能性或者主要是功能性的产品外观设计，不具有可专利性。

在判断外观设计是功能性的还是装饰性的时，美国联邦巡回上诉法院首先将产品的功能与该产品外观设计的功能区分开来。

在区别开产品自身的功能与该产品外观设计的功能之后，接着的问题就是如何判定一项外观设计是装饰性的还是功能性的，或者主要是装饰性的还是主要是功能性的。[1]

---

[1] 该方面的典型判例是 L. A. Gear, Inc. v. Thom McAn Shoe Co. (Fed. Cir. 1993)，详细情况参见“美国外观设计专利侵权判定标准”，见：张晓都．专利侵权判定［M］．北京：法律出版社，2008.

（二）产品外观是人们所关注的事项

尽管专利法中没有规定，但根据美国判例法，产品外观要成为外观设计专利的保护客体，不仅需是装饰性的或者主要是装饰性的，而且还需是常态使用状态下（in normal use）为人们所关注的事项（a matter of concern）。

在 In re Stevens 案[1]中，Stevens 申请了一种在真空吸尘器上使用的旋转刷子的外观设计专利。专利商标局的审查员拒绝了该申请，其拒绝的理由之一是：在常态使用状态下，该旋转刷子的外观是被隐藏的，因此该旋转刷子的外观是无关紧要的。专利商标局的申诉委员会支持审查员的观点。

Stevens 不服，上诉于美国关税与专利上诉法院。关税与专利上诉法院认为，尽管 Stevens 的专利申请没有具体规定其刷子意图使用的用途，但根据 Stevens 律师的陈述，该刷子“特别的是为真空吸尘器设计的旋转刷子”，并且，该刷子结构表明其确是用在真空吸尘器中。常态使用状态下，真空吸尘器中刷子是被隐藏的。当然，如 Stevens 的律师所述，该刷子作为一个替换零件，在购买时是可见的；在玻璃模型的真空吸尘器中，该刷子也是可见的。

关税与专利上诉法院认为，其已反复指出在常态使用状态下被隐藏或者模糊的产品不是外观设计专利恰当的保护对象，因为该种产品的外观不可能成为人们关注的事项（a matter of concern）。确如 Stevens 的律师所述，在某些时候与某些情况下，Stevens 的刷子是可见的。关税与专利上诉法院认为，几乎任何产品在被制造时以及为使用而安装时，均是可见的。然而，这并不意味着如本案中所讨论的在常态使用及意图使用的情形中总是被隐藏的产品获得外观设计专利是正当的。这样产品的装饰性外观是如此少地会成为人们关注的事项，以至于不能成为外观设计专利的保护客体。

根据 Stevens 案，似乎可以认为美国法院的观点是，在实际或者最终使用状态下不可见的产品，其产品外观不会成为外观设计专利保护的客体。但该种观点在后来的 In re Webb 案中，又被修正了。

---

[1] In re Stevens, 173 F. 2d 1015, 1016, 81 USPQ 362, 362－363 (CCPA 1949).

在 In re Webb 案[1]中，Webb 的833470号专利申请要求保护“如图1所示的带槽大腿髋干假体的装饰外观设计”。

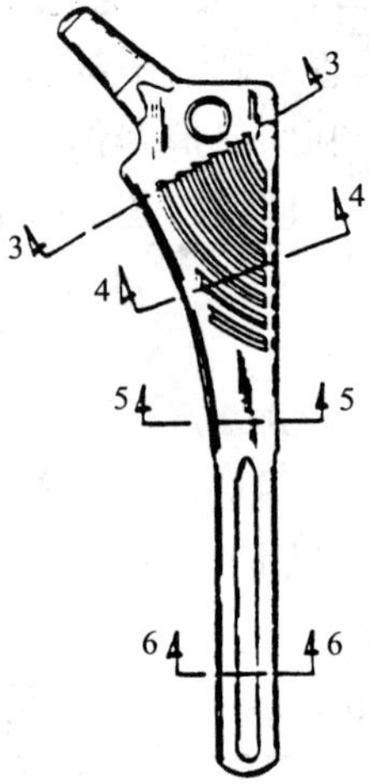

图 1

Webb 的该外观设计髋干假体是金属植入物，整形外科医生通常用其替代髋部附近（大腿骨与骨盆的连接处）病坏或者断掉的大腿骨。根据 Webb 的陈述，专利商标局也没有争议，通过专业杂志及商业展览，外科医生会注意到不同品牌与不同类型的假体。本案证据中的广告明显真实地展示了假体的外观特征。并且，Webb 的代理人还提出“潜在与实际的购买者、外科医生、护士、手术室的人员、其他医院的人员均可以观察到植入物的外观”。购买后，该假体被植入病人的体内后永久性地保留在体内。在假体被植后，双方均无争议，肉眼再也看不到该假体。

专利商标局的审查员认为，很明显，该产品的外观在实际使用中是不可见的，因而不是专利法第171条下的恰当保护客体。专利商标局申诉委员会的决定同意审查员的观点。申诉委员会的决定创建了一项客观规则：即使产品的外观在该产品的商业生命过程（commercial life）中的某一阶段是可以被观察的，只要该产品的最终使用时（产品之所以被制造出来的用途）其外观是不可见的，该产品的外观就不是外观设计专利的法定保护客体。

联邦巡回上诉法院认为，包括 In re Stevens 案的在先判例确立了一个合理的一般规则，即推定产品不能被观察就认为产品外观不具有装饰性。但这只是一个经验规则，并不具有决定性。在每一个案件中，必须考查到在产品生命周期中的某一阶段是否存在产品的外观一次或者多次地成为人们所“关注的事项”（matter of concern）。

联邦巡回上诉法院认为，尽管其同意“常态与意图的使用”排除了产品在被制造或者被组装的期间，但并无证据表明产品在其他时间的可

[1] In re Webb, 916 F. 2d 1553, 1557－1558, 16 USPQ2d 1433, 1436 (Fed. Cir. 1990).

见性在法律意义上是与《美国专利法》第 171 条可获外观设计专利的装饰性无关的。与审查员在本案的意见相反，产品的设计意在销售与展览，该种情形就符合《美国专利法》第 171 条可获外观设计专利保护的常态使用。

联邦巡回上诉法院认为“常态使用”是指产品从其被生产或者组装完成开始，到该产品的最终损毁、损耗或者消失终止的过程。只要产品的外观在该期间以展示其装饰性的方式被观察，就能确立常态使用的事实。

联邦巡回上诉法院进一步指出，正如在 Stevens 案中，尽管产品作为替换零件被出售，在销售期间，购买者对产品的外观并不关心。的确，许可替换零件包括真空吸尘器均是按订单编号被出售的，或者在被出售时购买者只关心产品的功能。在这种情况下，专利商标局可以恰当地得出结论认为，申请人没有提供证据证明在产品的商业生命过程中其产品外观装饰性是人们关注的事项。然而，在其他情况中，申请人可能会向专利商标局证明，在产品被制造或者组装后到其最终使用之间的某一段时间，因依据产品外观可视性的性质，产品的外观是人们关注的事项。许多商业物品，如华美与艺术性的维他命药片或者胶囊，很明显其设计意图在于在出售时被注意到，同样也很明显在最终使用时是完全隐藏的。在本案中，例如，有大量的证据证明在广告和商业展览中，产品的外观特征得以展示。这些证据被申诉委员会忽视，因为按照申诉委员会的观点，医生在选择假体时仅应当考虑假体的功能特征，而不会考虑其外观，作这样的假设并不属于申诉委员会的工作任务，联邦巡回上诉法院将案件发回重新审查。

重新审查过程中，申诉委员会认为，本案申请被退回的目的在于给申请人机会，以让其能够提供在产品被制造与被植入人体之间的过程中装饰性方面的证据。因此，审查员回应法院的裁定，要求申请人提供额外装饰性的证据。然而，既然申请人选择不提供进一步的证据，因此，申诉委员会认定在该产品的商业生命周期过程中，该产品的外观并不为人们所关注。相应的，因该产品在使用中处于隐藏状态，故在重新审查过程中审查员依据美国专利法第 171 条驳回该专利申请是恰当的。

申诉委员会说，在先前的决定中，本委员会认为医生在选择假体时仅考虑假体的功能特征，而不会考虑其外观，而法院认定有大量的证据表明该产品的外观在广告与商业展览中被展示，并认为该些证据在先前的决定中被本委员会忽视了。但是，在先前的决定中，本委员会并没有忽视这些证据。相反，并未见到申请人通过商业展览或者通过其他广告宣传的形式证明其产品外观具有外观设计专利所需要的装饰性。同时，申请专利的产品具有圆滑、现代的外观，但产品的该外观是由其功能决定的，而非装饰性的选择。相应的，申诉委员会认为因该产品在实际使用中处于隐蔽状态而被驳回仍然是适当的。

总的来说，对于实际使用时处于隐藏状态的产品，美国法院的观点是：通常，外观设计不能因为产品在实际使用时处于隐藏状态而不具有可专利性。虽然几乎任何产品在被制造与为实际使用被安装时，均是可见的，但仅是该种情形并不能使在实际使用时总处于隐藏状态的产品外观可以正当地获得外观设计专利权。但前述经验规则并不是决定性的，在每一个案件中，必须询问是否存在在该产品生命过程的某一阶段，该产品的外观是受人们关注的事项。也就是说，如果在产品制造完成后与安装于隐藏状态之前的某一阶段，产品的装饰性外观是受人们关注的，则该种装饰性就可以提供可专利性的基础。

综上所述，作为美国外观设计专利保护客体所要求的产品外观的装饰性，并非仅是指产品外观在人们看来是否具有装饰性，而是有两层含义：第一，要求产品的装饰性外观仅是因为装饰效果而选择的，而非由产品功能要求决定的。尽管产品外观具有装饰性，但如果该具有装饰性效果的外观是由产品的功能或者主要是由产品的功能决定的，则该产品的外观不是外观设计专利保护的客体。第二，要求常态使用状态下装饰性产品的外观是人们关注的事项。常态使用状态是指产品从其被生产或者组装完成开始，到该产品的最终损毁、损耗或者消失终止的过程。如果产品最终实际使用时处于隐藏状态，依经验法则可以推定该产品的外观并不是人们常态使用状态下关注的事项。这时专利申请人可以提供证据证明该产品在制造完成后与安装于隐藏状态之前的某一阶段，该产品的装饰性外观是受人们关注的。如果有这样的证据，前述推定就可以被推翻。

二、我国专利法外观设计定义中“富有美感”含义的修正及具体适用的建议

（一）“富有美感”含义的修正

《专利法》第三次修改后，《专利法》第3条第4款规定：“外观设计，是指对产品的形状、图案或者其结合以及色彩与形状、图案的结合所作出的富有美感并适于工业应用的新设计。”该外观设计的定义直接源于第三次修改前的《专利法实施细则》第2条第3款的规定。

在《专利法》第三次修改过程中，对是否应当将外观设计定义中的“富有美感”修改为“具有装饰性”，全国人大法律委员会专门就此问题进行过较长时间的讨论，最后决定还是保持原来的规定不变，其理由在于：第一，其他国家的相关法律有的采用“具有装饰性”的措辞，有的采用“富有美感”的措辞，TRIPs协议第25条和第26条没有给出外观设计的定义，这表明该协议无意统一各成员对外观设计的定义；第二，“富有美感”一词的主要作用在于表明判断是否属于外观设计专利权的保护客体，应当关注的是产品外观给人的视觉感受，而不是该产品的功能特性或者技术效果，这是外观设计专利与发明和实用新型专利之间的本质区别，“富有美感”一词应当作广义理解，不受具体个人的感受是“美”还是“不美”的影响；第三，现实中并没有出现过仅仅由于认为“不美”而拒绝授予外观设计专利权或者宣告一项外观设计专利权无效的事例。❶

笔者同意要求产品外观“富有美感”的作用在于确定产品外观是否属于外观设计专利保护的客体，“富有美感”是产品外观成为外观设计专利保护客体的前提条件，但至今还没有出现一例不“富有美感”而被认定为不属于外观设计专利保护的客体，从而被拒绝授予外观设计专利权或者被宣告无效的事实，正好说明“富有美感”这个法定要求在现实生活中并没承担起界定外观设计专利保护客体的作用，要求有“富有美感”的立法目的在事实上落空了。

---

❶ 国家知识产权局条法司．《专利法》第三次修改导读［M］．北京：知识产权出版社，2009：32－33.

笔者认为，出现这样现象的原因，在于人们对外观设计定义中“富有美感”含义的界定有误。人们将“美”与“不美”、“美”与“丑”相对应，由此认为“美的”产品外观设计是外观设计专利保护的客体，“不美”或者“丑”产品外观就不是外观设计专利的保护客体。但“美”与“不美”因人而异，如何认定是“美”还是“不美”呢，于是人们只好对“富有美感”一词作广义理解，使其不受具体个人的感受，这实质上就是在外观设计定义中取消“富有美感”要求，从而在事实上造成没有一件产品外观设计会因为缺少“美感”而不能成为外观设计专利保护的客体。

外观设计定义中要求“富有美感”的作用在于界定外观设计专利保护客体的范围，将不属于外观设计专利保护的客体排除在外观设计专利保护客体范围之外。下述观点应是无争议的：即使“富有美感”，但由功能或者主要由功能决定的产品外观不是外观设计专利保护的客体。[1] TRIPs协议第25条就明确规定，对本质上是由技术或者功能决定的外观设计，可以规定不给予工业品外观设计权保护。要让“富有美感”承担将由功能或者主要由功能决定的产品外观排除在外观设计专利保护客体范围之外的任务，“富有美感”中的“美”就不是与“丑”相对应的概念，“富有美感”就不是“美”与“不美”的问题，而是产品的外观是“为了美感”而设计，还是为了功能而设计的问题。“为了美感”设计与“为了功能”设计相对应，产品外观是“为了美感”或者主要是“为了美感”设计的，该产品外观是外观设计专利的保护客体；产品外观是“为了功能”或者主要是“为了功能”设计的，或者说产品的外观是由产品的功能或者主要是由产品的功能决定的，则该产品外观就不是外观设计专利的保护客体。如此，将“富有美感”的产品外观理解为“为了美感”而设计的产品外观，外观设计定义中“富有美感”的法定要求就能够起到界定外观设计专利保护客体范围的应有作用。

在美国专利法中，装饰性与功能性相对应，装饰性要求将由功能或者主要由功能决定的产品外观排除在外观设计专利保护的客体范围之外，对我国外观设计中“富有美感”的含义作前述修正后，其在界定外观设计保护范围中的作用就与美国专利法中装饰性相当了。日本外观设计法

[1] 当然，这种由功能或者主要由功能决定的产品外观的技术方案可以成为发明或者实用新型专利保护客体。

第2条规定，外观设计是指产品的形状、图案、色彩或其结合构成的，能够引起视觉上美感的设计。日本不需要让外观设计定义中的"能够引起视觉上美感"承担起排除由功能决定的产品外观成为外观设计专利保护客体的任务，因为其外观设计法第5条中已明确规定，为确保产品的机能而不可或缺的形状中得出的外观设计不能取得外观设计登记。[1]

在我国《专利法》第三次修改过程中，有人建议在《专利法》中增加规定排除主要由功能所决定的产品外观授予外观设计专利权的条款，但经讨论，多数意见认为外观设计定义中的"富有美感"已经表达了这样的含义，不必再增加建议的排除条款。[2] 笔者认为，如果外观设计定义中"富有美感"按照其字面通常含义来理解，按照目前专利审查与司法审判实践来理解，将其认同为产品外观视觉上看起来美或者不美，则有必要如日本外观设计法，另增加排除条款，以排除由功能决定的产品外观成为外观设计专利保护客体的可能性。在笔者看来，在《专利法》第三次修改时，应要么将外观设计定义中的"富有美感"修改为"具有装饰性"，不再增加排除条款，这与美国立法相一致，由装饰性要求去排除功能决定的产品外观成为外观设计专利保护客体的可能性；要么外观设计定义中的"富有美感"保持原样，但需另增加排除条款，这与日本外观设计法相一致，排除功能决定的产品外观成为外观设计专利保护客体的任务由专门条款完成。遗憾的是，《专利法》第三次修改时，"富有美感"并未被"具有装饰性"取代，而同时又未增加排除条款。在现行《专利法》外观设计定义的条件下，要完成排除功能决定的产品外观成为外观设计专利保护客体的任务，外观设计定义中"富有美感"的含义只好选择作前述相应的修正。

（二）修正含义后"富有美感"要求的具体适用

现行外观设计专利审查过程中，对于"富有美感"的要求实际上等于没有审查，也就是说，认为每一项申请专利的产品外观设计均是"美的"，因为难于认为一项申请专利的产品外观是"不美的"。这样的直接结果是，到目前为止，没有一项外观设计专利申请是因为不"富有美感"而被拒绝授予专利权。

---

[1] 日本专利法［M］. 2版，杜颖，译. 北京：经济科学出版社，2009：118－119.

[2] 尹新天. 中国专利法详解［M］. 北京：知识产权出版社，2011：29－30.

《审查指南 2006》第四部分第五章外观相同和相近似的判断中规定，“由产品的功能唯一限定的特定形状对整体视觉效果通常不具有显著的影响”[1]。如此规定的原因，可能是人们认识到由功能或者主要由功能决定的产品外观不是外观设计专利保护的客体，但由于专利法又没有能够承担起将该种产品外观排除在外观设计专利客体范围之外任务的法条，故在审查申请专利的外观设计与现有外观设计是否相同或者相近似时，认定由功能唯一决定的产品外观对整体视觉效果不具有显著影响。但该种处理方法，并不能完全解决问题，且有时可能会产生不合理的结果。比如，申请专利的产品外观主要部分是由功能决定的，被比较的现有外观设计也主要是由功能决定的，但申请专利的产品外观的次要部分是装饰性的，且与现有外观设计的装饰性的次要部分相比不相同或者不相近似，由于在审查时认为由功能决定的产品外观部分对整体视觉效果不具有显著影响，审查时只考虑或者主要考虑不相同或者不相近似的装饰性部分，这样结论就会是申请专利的产品外观与现有外观设计不相同或者不相近似，从而可能被认为符合授权条件，从而授予专利权。

但在这里，本质上并不是申请专利的外观设计是否与现有外观设计相同或者相近似的问题，而是这种主要由功能决定的产品外观是否应当属于外观设计专利保护客体的问题。在审查申请专利的产品外观与现有外观设计是否相同或者相近似之前，应当先确认申请专利的产品外观是否是外观设计专利的保护客体。如果申请专利的产品外观是由功能或者主要是由功能决定的，则该产品外观就不是外观设计专利保护的客体，据此就应驳回申请，而不应存在后来所谓的外观设计是否相同或者相近似的审查。

《审查指南 2006》第一部分第三章外观设计专利申请的初步审查的 6.4.3 节中规定了“不给予外观设计专利保护的客体”，但该列举规定中没有将由功能或者主要由功能决定的产品外观排除在外观设计专利保护客体之外。笔者认为，如果认可前面所述对“富有美感”含义的修正，让其承担将由功能或者主要由功能决定的产品外观排除在外观设计专利保护客体之外的任务，则可直接在“不给予外观设计专利保护的客体”中规定由功能或者主要由功能决定的产品外观属于“不给予外观设计专

---

[1] 国家知识产权局. 审查指南 2006 [M]. 北京：知识产权出版社，2006：390.

利保护的客体”。这样，修正含义后的“富有美感”法定要求，就在外观设计专利申请审查中得以具体执行，由功能或者主要由功能决定的产品外观就排除在了外观设计专利保护客体之外。[1]

第三次修改后的《专利法》明确规定了外观设计专利授权的新颖性条件和明显区别性条件。笔者认为，在外观设计专利申请审查中，仍然需要首先确定申请专利的产品外观是否属于外观设计的保护客体，仍然需要将由功能或者主要由功能决定的产品外观排除在外观设计专利保护客体的范围之外。《专利审查指南 2010》第一部分第三章中规定，“富有美感，是指在判断是否属于外观设计专利权的保护客体时，关注的是产品的外观给人的视觉感受，而不是产品的功能特性或者技术效果”[2]。这似乎已经认识到外观设计定义中“富有美感”的任务是要界定外观设计专利保护的客体范围，但该规定只是原则性规定，且潜在地仍将是否“富有美感”理解为“美”与“不美”，该规定在事实上也就不可能完成将由功能或者主要由功能决定的产品外观排除在外观设计专利保护客体范围之外的任务。《专利审查指南 2010》第一部分第三章外观设计专利申请的初步审查的第 7.4 节“不给予外观设计专利保护的情形”中仍然没有将由功能或者主要由功能决定的产品外观列为不给予外观设计专利保护的情形，笔者仍然建议，在《专利审查指南 2010》第一部分第三章外观设计专利申请的初步审查的第 7.4 节中应当增加规定由功能或者主要由功能决定的产品外观属于“不给予外观设计专利保护的情形”，从而将该类产品外观排除在外观设计专利保护客体的范围之外。

至于如何具体区分产品外观设计是否由功能或者主要由功能决定，

---

[1] 如果申请专利的产品外观部分由功能决定但主要并非由功能决定，则该产品外观属于外观设计专利的保护客体。在比较该类申请专利的产品外观与现有外观设计是否相同或者相近似时，建议参照美国法院的比较方法：第一步在整体上判断申请专利的产品外观与现有外观设计在视觉上是否相同或者实质性相似；如果第一步成立，第二步判断两者整体视觉效果相同或者实质性相似是否是由装饰性设计特征引起的。只有这两步均满足，才认定两者相同或者相近似。如此，在判断外观设计保护客体时，在判断申请专利的外观设计与现有外观设计是否相同或者相近时，就理顺了对功能性产品外观设计特征的不同处理规则。

[2] 国家知识产权局．专利审查指南 2010［M］．北京：知识产权出版社，2010：83.

建议可直接借鉴美国法院的做法。[1]

另外，不只是在外观设计专利申请的初步审查中，应以“富有美感”为法律依据，增加将由功能或者主要由功能决定的产品外观排除在外观设计专利保护客体范围之外的规定，而且，在外观设计专利的无效宣告程序中，也应有相应的规定，让社会公众包括竞争对手可以“富有美感”为法律依据，申请宣告由功能或者主要由功能决定的已授权外观设计专利权无效。

（三）实际使用时处于隐藏状态的产品外观设计是否可以成为外观设计专利保护的客体

将“富有美感”的产品外观理解为“为了美感”而设计的产品外观后，如同美国一样，还应进一步要求：“为了美感”而设计的产品外观是产品常态使用状态下人们所关注的事项。如果常态使用状态下，人们对产品的外观并不关注，则对该种产品的外观，就没有必要给予专利保护。因为既然人们对该类产品外观并不关注，也就没有必要给予该类产品外观以垄断权，以鼓励人们对该类产品外观进行不断的创新。

但对于产品实际使用时处于隐藏状态的产品外观，笔者认为美国的做法并不合理。既然在产品最终实际使用时处于隐藏状态，对于该种产品，人们关注的是其功能，而非其产品的外观，即使在被隐藏之前，该种产品的外观可能会为人们所关注，但该种产品的真正价值在于在隐藏的实际使用状态中发挥其功效，没有必要因为产品的外观在被隐藏之前的某一时段可能为人们所关注，就提供专利垄断权对该种外观进行激励创新。

在 In re Webb 案中，美国联邦巡回上诉法院认为，因为在被吃掉之

[1] 与《审查指南 2006》相比，《专利审查指南 2010》第四部分第五章无效宣告程序中外观设计专利的审查，在确定申请专利的产品外观与相同或者相近种类产品现有设计相比是否具有明显区别时，认为“由产品的功能唯一限定的特定形状对整体视觉效果通常不具有显著的影响”（第四部分第五章第 6.1 节，第 404 页）。《专利审查指南 2010》为何要作如此的修改，理由不清楚。《专利法》第三次修改后，在判断申请专利的产品外观是否具有新颖性时，如果产品外观部分由功能决定但主要并非由功能决定，对该些功能设计特征的处理规则应如同前面的建议；在判断申请专利的产品外观是否具有明显区别性时，同样第一步要判断申请专利的产品外观与现有外观设计或者现有设计特征的组合相比在整体视觉效果上是否有明显的区别；如果第一步成立，第二步判断两者整体视觉效果之间的明显区别是否是由装饰性设计特征引起的。只有这两步均满足，才认定两者明显相区别。

前装饰性维他命药片外观会为人们所关注，该种装饰性的维他命药片外观就可以成为外观设计专利保护的客体。笔者认为，对于要被吃掉的维他命药片，需要鼓励创新的是药本身，而不是药片形状的装饰设计，因此对最终要被吃掉的维他命药片的外观，无须提供外观设计专利保护。就是在 In re Webb 案中，即使有大量的证据可以证明申请专利的髋干假体在广告和商业展览中，假体的外观特征得以展示，但申请人最终还是没能提供证据证明在这些可见的状态下，髋干假体的装饰性外观是人们关注的事项，因而最终还被认定为不是外观设计专利的保护客体。笔者赞同美国专利商标局申诉委员会的观点：即使产品的外观在该产品的商业生命过程中的某一阶段是可以被观察的，只要该产品的实际使用过程中其外观是不可见的，则该产品的外观就不是外观设计专利的法定保护客体。

我国现实的情况是，有大量的实际使用处于隐藏状态的产品外观被授予专利权。笔者于 2012 年 3 月 21 日在国家知识产权局官网上检索，得到名称含有“型材”字样的外观设计授权专利有 29 645 项，名称含有“空调压缩机”字样的外观设计授权专利有 123 项，名称含有“CPU 散热器”字样的外观设计授权专利有 55 项。这些含有“型材”“空调压缩机”“CPU 散热器”字样的产品大多在实际使用时处于隐藏状态，对该类产品的外观均没有必要给予外观设计专利保护。而实际专利授权中，该类产品的外观设计专利大量存在。

以横截面形式表现的型材类产品的外观是否应当受外观设计专利的保护，是一个有争议的问题。《审查指南 2006》中规定，“例如，在型材的横断面周边构成惯常的矩形的情况下，型材横断面其余部分的变化通常更具有显著的影响”[1]。《审查指南 2001》与《专利审查指南 2010》中也有类似的规定。根据《审查指南 2001》的规定，可以看出横截面形式表现的型材类产品的外观可以获得外观设计专利的保护。其实，在很多情况下，型材横断面的形状主要是由型材所实现的功能决定的，该种截面形状就不应当是外观设计专利保护的客体；即使某些型材横断面的形状不是或者主要不是由功能决定，但型材的截面在型材最终实际使用状态下是不可见的，处于隐藏状态，对于该些即使是装饰性的截面形状也

[1] 国家知识产权局．审查指南 2006［M］．北京：知识产权出版社，2006：390.

没有必要提供专利垄断权去鼓励对该些装饰性形状的创新。

笔者建议，在《专利审查指南 2010》第一部分第三章外观设计专利申请的初步审查的第 7.4 节中增加规定实际使用处隐藏状态的产品属于“不给予外观设计专利保护的情形”。同样，不只是在外观设计专利申请的初步审查中要有前述规定，而且，在外观设计专利的无效宣告程序中，也应有相应的规定，以便在初审不慎通过获得授权后，社会公众包括竞争对手有具体依据申请宣告相应的外观设计专利权无效。

（四）侵权案件中如何处理由功能或者主要由功能决定的专利外观设计

在外观设计专利侵权案件中，笔者认为法院不负责审查主张权利的专利外观设计是否是由产品的功能或者主要由产品的功能决定的。如果被告认为原告主张权利的专利外观设计是产品的功能或者主要由产品的功能决定的，被告可以申请宣告相应外观设计专利权无效，审理侵权案件的法院可根据被宣告无效的可能性，视具体情况确定案件是否中止审理。

如果主张权利的专利外观设计包含了功能性设计特征但整体外观并非主要由功能决定，在该种情况下，笔者认为侵权判断的方法可借鉴美国法院的做法：在证明了被控侵权外观设计与专利外观设计在整体视觉效果上实质性相似后，还应要求原告专利权人进一步证明，被控侵权外观设计与专利外观设计在视觉上实质性相似是基于专利外观设计与被控侵权外观设计所共有的装饰性特征。❶

根据《最高人民法院关于审理侵犯专利权纠纷案件应用法律若干问题的解释》第 11 条的规定，在判断外观设计是否相同或者近似时，对于主要由技术功能决定的设计特征不予考虑。司法解释的规定与《专利审查指南 2010》中“由产品的功能唯一限定的特定形状对整体视觉效果通常不具有显著的影响”的规定基本一致，本文前面已述，在某些情况下，比较的结果可能会出现不合理的情况。

在侵权案件诉讼过程中，如果外观设计专利产品在实际使用时处隐藏状态，即使被告已向专利复审委员会申请宣告相应的专利权无效，法

❶ 美国外观设计专利侵权判定标准的详细情况参见：张晓都．专利侵权判定［M］．北京：法律出版社，2008．美国外观设计专利侵权判定标准调整的详细情况参见：张晓都．美国外观设计专利侵权判定标准的新变化［J］．中国发明与专利，2009（3）．

院也没有必要中止案件的审理，而可直接认定侵权指控不能成立。因为产品在实际使用时是否处于隐藏状态是可以明确认定的，侵权法院认定产品在实际使用时处于隐藏状态，而专利复审委员会及后面的司法复审认为产品实际使用时非处于隐藏状态，这样的冲突通常不会发生。为问题快速有效的解决，审理侵权案件的法院可以以产品在实际使用时处于隐藏状态为由，认定不存在消费者在视觉上是否混淆的问题，也即不存在外观设计是否相同或者相近似的问题，从而直接认定外观设计专利侵权指控不能成立。

对创造性判断中“显著的进步”的思考

孙　平　韩　冰[1]

摘　要

结合国外创造性的相关规定，对我国发明专利创造性中的特殊规定——“显著的进步”进行了分析，并进一步分析了“显著的进步”与“突出的实质性特点”之间的关系，提出了“显著的进步”是“突出的实质性特点”的充分条件而非必要条件，并就显著的进步的标准、显著的进步与意料不到的技术效果、显著的进步与实用性的关系进行了初步的探讨。

[1] 作者单位：国家知识产权局专利局。

一、创造性的相关规定

《中华人民共和国专利法》（简称《专利法》）第22条第1款规定，授予专利权的发明和实用新型应当具备新颖性、创造性和实用性。因此，申请专利的发明和实用新型具备创造性是授予其专利权的必要条件之一，这给专利权的授予设置了较高的门槛。现实中以不具备创造性为由驳回一件专利申请或者宣告一项专利权无效的情况要远多于以不具备新颖性或实用性的情况，因此在新颖性、创造性和实用性这三个授予专利权的条件中，创造性是最为重要的条件❶。

《专利法》第22条第3款进一步规定了创造性的概念。发明的创造性，是指与现有技术相比，该发明有突出的实质性特点和显著的进步。通过上述的规定可以看出，这种“和”的逻辑关系要求一项发明要具有创造性，必须满足“突出的实质性特点”和“显著的进步”两个条件，只有当两个条件都具备时，才能得出具备创造性的结论。❷

《专利审查指南2010》第二部分第四章对突出的实质性特点和显著的进步作了进一步规定：发明有突出的实质性特点，是指对所属技术领域的技术人员来说，发明相对于现有技术是非显而易见的。发明有显著的进步，是指发明与现有技术相比能够产生有益的技术效果。有关司法审判❸中进一步明确了指南关于突出的实质性特点和显著的进步的相关规定。

对于突出的实质性特点和显著的进步的审查基准，《专利审查指南2010》第二部分第四章进行了规定。对于突出的实质性特点，通常采用三步法进行：（1）确定最接近的现有技术；（2）确定发明的区别特征和发明实际解决的技术问题；（3）判断要求保护的发明对本领域的技术人员来说是否显而易见。在评价发明是否具有显著的进步时，主要应当考虑发明是否具有有益的技术效果。同时《专利审查指南2010》从正面规定了几种具有显著的进步的情况，例如发明与现有技术相比具有更好的技

❶ 尹新天．中国专利法详解［M］．北京：知识产权出版社，2011：262.

❷ 国家知识产权局条法司．新专利法详解［M］．北京：知识产权出版社，2001：147.

❸ 参见北京市第一中级人民法院（2005）一中行初字第692号行政判决书。

术效果；发明提供了一种技术构思不同的技术方案，其技术效果能够基本上达到现有技术的水平；发明代表某种新技术发展趋势；尽管发明在某些方面有负面效果，但在其他方面具有明显积极的技术效果。

二、国外关于“创造性”的相关规定

《美国专利法》第 103 条把创造性规定为“非显而易见性”（non-obviousness）：一项发明虽然没有如本法第 102 条所规定的那样被相同的披露或记载过，如果要求保护的发明主题与现有技术区别，使得在该主题所属领域的普通技术人员，从作出该发明的时刻来看，该发明主题作为一个整体是显而易见的，则不能获得专利。

《欧洲专利公约》对于创造性的规定使用了“创造性步骤”（inventive step）的术语，但是在对其进行解释时使用了“显而易见”的说法。《欧洲专利公约》第 56 条规定：如果考虑现有技术，一项发明对于本领域技术人员不是显而易见的，应认为是具有创造性的发明。

关于创造性，《日本特许法》第 29 条第 2 项中规定：申请前本发明本领域技术人员根据第 29 条第 1 款第 1～3 项所公开的发明（相当于现有技术）容易想到时不授予专利权。

TRIPs 协议中采用了创造性一词，并在注释中说明，本条所指的创造性……与某些成员使用的“非显而易见性”……系同义词。

通过上述规定可以看出，美国、欧洲、日本以及 TRIPs 协议关于创造性的定义只是规定了非显而易见性，即我国的“突出的实质性特点”这一要求，并没有规定“显著的进步”的要求，因此我国的专利法关于创造性条件的表述方式在世界上可以说是独树一帜[1]，既提出了显而易见性的要求，又提出了显著的进步的要求。

三、规定显著的进步的意义

创造性判断中，我国为何要在“非显而易见性”的基础上加入“显著的进步”的标准呢？有学者认为，其目的在于防止那些虽然在技术特征上有其所长，但就其技术实质而论却是倒退的，或者是对科学技术无

[1] 尹新天．中国专利法详解［M］．北京：知识产权出版社，2011：262.

意义的发明（例如变劣发明或者改劣发明等），使得具有技术进步的发明专利成为主流。由此可以看出，“显著的进步”的标准主要是起到强制性的引导作用，使其整个发明沿着技术进步的方向前进。❶

笔者认为，设立“显著的进步”的标准在当前具有深刻的现实意义。专利是市场经济的产物，申请人申请专利的目的是获得市场垄断权，然后通过垄断权获得利润。对于变劣发明或者改劣发明，由于其具有技术的落后性，自然会被市场所淘汰。因此在市场经济的情况下，申请人一般不会去申请技术落后的产品，即使申请获得授权，也可能会在市场经济的竞争中被淘汰。目前欧洲、美国和日本等国的经济已经是高度市场化，完全可以通过市场的调节来淘汰没有技术进步性的产品，申请人不会花费时间和金钱去申请技术落后的专利，因此没有必要设置技术进步性的标准。但是我国目前的专利申请具有太多的行政色彩，行政部门把专利数量作为一个政绩来看待，过多的干预专利申请，例如企业获得专利可以获得减税的待遇，申请专利可以获得政府部门的财政支持，申请专利可以评职称等，甚至申请专利可以成为申请人敛财的一种手段，行政手段的干预导致了非正常申请的出现。在这种情况下，申请人申请专利的目的并不是通过市场垄断来获得收益，而是具有其他的目的。申请人也不在乎专利保护的是什么，技术是否进步，而在乎的是专利申请获得授权，获得一个专利号，使得专利申请背离了市场的因素。在这种情况下，规定“显著的进步”的标准具有更现实的意义，即保证发明沿着技术进步的方向前进，又能在一定程度上减少以非市场为目的的非正常专利申请，使专利申请回归市场的道路。

四、显著的进步与突出的实质性特点关系的不同观点

（一）不同的观点

对于“显著的进步”和“突出的实质性特点”之间的关系，学者具有不同的认识：

❶ 吴伯明．发明的创造性［M］//专利与商标的申请和保护——中国国际工业产权讨论会文集．北京：中国展望出版社，1986：65.

第一种观点认为，从逻辑上讲，如果具有突出的实质性的特点必然具有技术进步，那就没有必要设置技术进步这个必要条件。我国《专利审查指南 2010》规定突出的实质性特点的认定的主要步骤为最接近的现有技术、认定区别特征和客观技术问题、认定是否存在技术启示。既然能够客观地解决技术问题并能够产生一定的技术效果，就必然具有技术进步性。从这个角度来说，突出的实质性特点是否具备的判断，包括了发明是否能够解决技术问题的判断；既然具备了突出的实质性特点，就能够符合技术进步的要求，在突出的实质性特点之外再规定技术进步作为创造性的标准是没有必要的。[1] 因此有人主张删除显著的进步这一条件。[2]

第二种观点认为发明具有有益的技术效果，并不必然具备创造性。该观点认为具有显著进步只能用于认定一项发明专利申请具备创造性的必要条件之一，在判断创造性中只是一个条件得到了肯定，另一个条件尚未得出这个结论的情况下，是不能得出发明具有创造性的结论。如果想要得出这个结论则需要进一步以事实、理由和证据来说明发明具有突出的实质性特点。[3]

第三种观点认为只要具有显著的进步就可认定发明具有创造性，而不必考虑该发明是否具有突出的实质性特点。例如一种人工合成的新药，其化学结构与已知物质的化学结构之间的区别可能是细小的，单从技术方案本身来看，该区别是显而易见的，但如果该种药品治疗某种疾病的效果十分显著，是人们所未曾预料到的，因此上述结构是显而易见的，但是具有显著的进步。选择发明，实际上技术方案本身也可能是显而易见的，但是因为获得了意料不到的效果，因此具有显著的进步，从而具备创造性。

（二）不同观点的探讨

下面根据创造性三步法的规定对上述三种观点进行探讨。

对于第一种观点，是否具有实质性的特点就必然具有显著的进步？

---

[1] 石必胜．专利创造性判断研究［M］．北京：知识产权出版社，2012：50.

[2] 赵佑斌．发明专利的创造性判断案例研究［D］．上海交通大学，2010：17.

[3] 易吉灵，李中奎．案析显著的进步在创造性认定中的作用［J］．中国发明与专利，2011(3).

笔者认为不一定。具体理由如下：

首先，根据《专利法》的规定，突出的实质性特点和显著的进步必须同时满足，如果采用具有突出的实质性特点可以涵盖显著的进步，立法者也不会再增加一个显著的进步的标准，因此从立法者本意来看，这两者不是必然的关系，也就是说，突出的实质性的特点不是必然会产生显著的进步。

其次，从《专利审查指南 2010》关于突出的实质性特点的三步法判断标准来看，在第三步“要求保护的发明对本领域的技术人员来说是否显而易见”的判断过程中，要确定的是现有技术整体上是否存在某种技术启示，即现有技术中是否给出将区别特征应用到该最接近的现有技术以解决其存在的技术问题的启示。存在技术启示的情况一般包括公知常识或者在对比文件披露的技术特征，但是无论是公知常识还是对比文件披露的技术特征，结合的启示是要求该特征作为公知常识或者在对比文件中的作用与本发明中的作用相同，因此只有作用相同才可能得到进行结合的启示从而获得权利要求保护的技术方案，反之，只要作用不相同，则就得不到进行结合的启示。作用不相同的情况包括作用完全相反或者实际上无任何作用的情况。这两种情况下都属于具有突出的实质性特点但是没有显著的进步的情况。因此具有实质性特点并不必然导致显著的进步。

第二种观点是从法条的字面理解的，认为创造性要同时满足两个条件即突出的实质性特点和显著的进步，显著的进步和突出的实质性特点是两个相对独立的条件，因此显著的进步和突出的实质性的特点之间不具有必然的联系。笔者对此观点具有不同的认识，具体理由如下：

在前面已经分析，具有突出的实质性特点并不必然具有显著的进步，但是反过来分析一下，不具有实质性特点是否必然不具有显著的进步呢？如果对比文件与公知常识或对比文件之间的结合没有产生新的效果，根据突出的实质性特点的三步法中的第三步来看，不具有突出的实质性特点必然是对比文件之间或者对比文件与公知常识之间具有结合的启示，要具有结合的启示，必然是对比文件公开的技术特征或公知常识的作用与本申请的作用相同。既然实际上所起的作用相同，即区别特征实际上还在执行原有的功能，那么自然就不会相对于现有技术具有显著的进步。

在创造性三步法中，如果对比文件与公知常识或对比文件之间的结合可以产生新的效果，如果效果是难以预料的，则根据《专利审查指南2010》规定，可以推定发明具有创造性，这时发明同时具有突出的实质性特点和显著的进步，因此不存在我们所讨论的问题。如果效果是可以预料的，那么可以预料的效果是否是显著性进步所说的效果呢？笔者认为不能这么理解，如果本领域技术人员已经根据现有技术可以准确地预测产生的新的效果，例如铜代替银进行换热带来的成本的降低，实际上这种效果隐含在互相结合的对比文件或者公知常识中，因此也可以从广义上理解实际上对比文件或者公知常识隐含具有这种效果所对应的作用，因为作用相同而具有结合的启示，因此不具有突出的实质性特点，同时因为区别特征在广义上还在执行原有的功能，那么自然就不会相对于现有技术具有显著的进步。

从上面的分析可以看出，不具有实质性特点必然不具有显著地进步，根据原命题和逆否命题的关系可推出，具有显著的进步必然具有实质性特点。

对于第三种观点，即认为发明具有显著的进步，即使没有突出的实质性特点也具有创造性。笔者对此观点具有不同的认识，具体理由如下：

此种观点将专利法中的显而易见性与实际情况的显而易见性相混合，将专利法中的显而易见性简单地认为只要存在相关特征就可以结合得到，因此就得出发明不具有实质性特点的认识，没有考虑技术特征的技术启示问题。实际上如果按照这种观点，那么大多数的发明都可能不具有实质性特点，因为大多数发明的每一个技术特征都能在现有技术中找到，因此大多数发明都是在现有技术的技术特征的组合。但是实际上在创造性判断中，不仅需要考虑技术特征的公开，而且需要考虑技术特征结合的启示，即考虑需要结合的技术效果。因此不能孤立地看待突出的实质性特点就是不考虑效果的技术特征的简单变换或者组合。

此种观点的人所举的事例来看，该实例是取得了意料不到的技术效果。根据《专利审查指南2010》的规定，在创造性的判断过程中，考虑发明的技术效果有利于正确评价发明的创造性。如果发明与现有技术相比具有预料不到的技术效果，则不必再怀疑其技术方案是否具有突出的实质性特点，可以确定发明具备创造性。因此此种情况发明必然具有突出的实质性特点和显著的进步；从所举的案例来看，新药的化学结构与已知物质的化学结构之间的区别非常细小，因此要从已知物质的化学结构得到新药的化学结构无非经过公知常识的变化或者经过技术特征的结合，但是无论哪一种方式，都需要公知常识或者技术特征所起的作用与本发明的作用相同，但是从目前来看，新药取得了意料不到的技术效果，则可以推定公知常识或者技术特征所起的作用与本发明的作用并不相同，没有结合的启示，因而新药不是显而易见的，具有突出的实质性特点。

五、笔者对显著的进步与突出的实质性特点关系的认识

前面在对不同观点进行探讨中，通过三步法的规定也对显著的进步与突出的实质性特点关系进行了探讨。下面我们从另一个角度对两者之间的关系进行探讨。

笔者认为，突出的实质性特点中的显而易见性包括两方面的显而易见性：一方面是方案的显而易见性；另一方面是效果的显而易见性。方案是显而易见的并不表明效果一定是显而易见的，例如组合方案的方案本身是显而易见的，但是如果产生预料不到的技术效果，则技术方案整体就不是显而易见的。如果方案不是显而易见的，则效果必然不是显而易见的，因为无法得知方案，自然就无法得知其具体效果。反过来说就是，效果是显而易见的，则方案必然就是显而易见的，即效果显而易见可以推出方案显而易见，从而推出整个技术方案就不具有突出的实质性特点。不具有突出的实质性特点是要求方案和效果两者都是显而易见的，因此不具有突出的实质性特点可以推出效果是具有显而易见的。效果是显而易见的表明技术方案相对于现有技术来说是不具有显著的进步，因此不具有突出的实质性特点可以推出不具有显著的进步，反过来说就是具有显著的进步可以推出具有突出的实质性特点。因此具有显著的进步是具有突出的实质性特点的充分条件而非必要条件。

通过上面的分析，对于显著的进步和突出的实质性特点的关系，笔者具有如下的观点：

（1）具有突出的实质性特点并不必然导致具有显著的进步，从而使发明并不必然具备创造性。

在一般情况下，具有突出的实质性特点会具有显著的进步，例如对比文件区别特征所起的作用与本发明作用不同而且结合后的效果要好于

对比文件，但是也存在特殊情况使得具有突出的实质性特点但是不具有显著的进步。根据三步法的具体分析可以得知，具有突出的实质性特点不具有显著的进步的具体情况有：

① 对比文件与权利要求之间具有区别技术特征，所述区别特征属于有区别无效果，即该区别特征没有给发明带来任何实质性的影响，属于可有可无的区别技术特征。❶

② 对比文件与权利要求之间具有区别特征，但是该区别特征不属于产生技术效果的特征，例如是产生美观效果的特征。

③ 对比文件与权利要求之间具有区别技术特征，所述区别特征属于有区别，但是效果差，即该区别特征给发明带来的是负面的影响，例如申请人在两层换热层之间增加了一层换热层，目的在于强化传热，但是根据传热原理，在两层换热层之间增加一层换热层不能起到强化传热的作用，反而因为增加传热热阻和接触热阻，因此只能减弱换热。

有人认为在专利审查和实际审判中，大量的决定和判例在创造性判断中分析了实质性特点，并没有分析显著的进步❷，或者说显著的进步的作用逐渐淡化。笔者认为，一方面由于大多数案件会具有显著的进步，因此对于显著的进步不需要进一步的分析；另一方面虽然没有直接分析显著的进步，但是实际上许多案例隐含说明了不具有显著的进步，例如无论是专利审查还是司法审判都采用有区别无效果进行显著性的判断，只不过是没有直接说明不具有显著的进步这一条件而已。

（2）具有显著的进步必然导致具有突出的实质性特点，从而使发明必然具备创造性。

从三步法分析来看，具有显著的进步必然要求区别技术特征的效果要好于需要结合的对比文件的技术特征或者结合取得了意料不到的技术效果，因此根据前面的分析，具有显著的进步必然具有突出的实质性特点。

---

❶ 北京市高级人民法院（2004）高行终字第15号行政判决书中的电容C2特征、北京市高级人民法院（2004）高行终字第32号、第33号行政判决书中的权利要求3的附加技术特征。

❷ 石必胜．专利创造性判断研究［M］．北京：知识产权出版社，2012：48.

六、显著的进步的标准的探讨

有一种观点认为，[❶] 显著的进步是指发明创造的水平与现有技术相比必须有所提高，不能倒退。笔者不赞同此种观点。《专利审查指南2010》中明确的规定了发明提供了一种技术构思不同的技术方案，其技术效果能够基本上达到现有技术的水平就属于具有显著的进步的情况，这就属于发明创造的水平与现有技术相比相当的情况。在某些情况下，也可能存在一定时间内效果倒退的情况，例如火车刚发明出来的时候，运输速度远远落后于马车，而且花费却要远远的高于马车，因此从效果上来讲要低于当时的其他运输工具。因为受到现有技术的束缚，如果其技术效果相对于现有技术来说落后就认定其没有显著的进步而否定创造性，很可能就会作出错误的审查决定。

创造性判断是将“突出的实质性特点”和“显著的进步”这两个方面的条件综合起来予以考虑的，此“长”可以彼“消”[❷]。笔者非常赞同此观点。因此要确定显著的进步的标准必须要和实质性特点结合。如果现有技术的结合越是接近显而易见，则显著的进步的标准要求的越高。例如对于选择发明、要素关系的变更等发明，因为本领域技术人员很容易想到，属于非常接近显而易见的发明，因此要求产生了预料不到的技术效果。对于组合发明来说，较为显而易见，因此要求各技术特征在功能上彼此支持，并取得了新的技术效果，或者说组合后的技术效果比每个技术特征效果的总和更优越。对于技术构思不同的技术方案，因为考虑问题的角度与现有技术不同，因此不是那么显而易见，其技术效果能够基本上达到现有技术的水平即可。对于开创性发明，例如前面所提到的火车，基本上属于没有现有技术参考，其完全不是显而易见的，因此即使效果相对于现有技术来说非常差，但是一般都认定其具有显著的进步。因此笔者认为，确定显著的进步的标准时，需要考虑特点的实质性程度，确定特点的实质性程度的因素包括发明的类型、相应的技术启示的难易程度、是否需要克服技术上的困难、距离现有技术的远近、技术

❶ 刘春田．知识产权法［M］．2版．北京：高等教育出版社，2003：195.

❷ 尹新天．中国专利法详解［M］．北京：知识产权出版社，2011：262.

构思的差异等。

七、显著的进步与预料不到的技术效果的关系

根据《专利审查指南 2010》第二部分第四章的规定，创造性判断中的预料不到的技术效果，是指发明同现有技术相比，其技术效果产生“质”的变化，具有新的性能；或者产生“量”的变化，超出人们预期的想象。这种“质”的或者“量”的变化，对所属技术领域的技术人员来说，事先无法预测或者推理出来。当发明产生了预料不到的技术效果时，一方面说明发明具有显著的进步，同时也反映出发明的技术方案不是显而易见的，具有突出的实质性特点，该发明具备创造性。由此可见，取得预料不到的技术效果是创造性判断的充分条件。通过《专利审查指南 2010》的前述规定可以看出，发明具有预料不到的技术效果可表明发明具有显著的进步；发明具有预料不到的技术效果也表明发明具有非显而易见性。通过预料不到的技术效果的规定，也反映了具有显著的进步必然可以推出具有突出的实质性特点。

八、显著的进步与实用性的关系

我国《专利法》第 22 条第 4 款规定，实用性，是指发明或者实用新型申请的主题必须能够在产业上制造或者使用，并且能够产生积极效果。对于“显著的进步”中的“有益的技术效果”与实用性中的“积极的效果”这两个概念也容易产生混淆。在《专利审查指南 2010》第二部分第五章中对积极的效果进行了进一步的规定：能够产生积极效果，是指发明或者实用新型专利申请在提出申请之日，其产生的经济、技术和社会的效果是所属技术领域的技术人员可以预料到的。这些效果应当是积极的和有益的。明显无益、脱离社会需要的发明或者实用新型专利申请的技术方案不具备实用性。因此有人认为在实用性中规定了积极的效果，在创造性中就没有必要规定显著的进步了❶。但是笔者认为“显著的进

❶ 石必胜．专利创造性判断研究［M］．北京：知识产权出版社，2012：53.

步”中的“有益的技术效果”不同于实用性中的“积极效果”，具体理由如下：

有益效果是同现有技术进行对比的，即必须是相对于现有技术而言具有有益的效果，而实用性中的“积极的效果”没有说明是同现有技术相比，实用性要求是在提出申请之日具有积极的和有益的效果，例如在申请日时必须确定某种化学物质的具体用途，其中用途就是积极的和有益的效果。笔者认为，实用性的积极效果不应当设置对比的对象，即不应当将其效果与某一现有技术对比，应当抛开任何现有技术，将发明当作开拓性发明来看待，如果具有可以被人类利用并对人类有益，表明其积极的效果，具有实用性，因此创造性中的有益效果和实用性中的积极效果的对比对象不同。

积极效果中所称的效果要远远低于显著进步中的效果，笔者认为，因为根据实用性的法理，实用性是只要求具有实际的有用的用途即可，因为具有实际的用途，只要效果不是明显的无益、脱离社会需要即可，因此大量没有新颖性、创造性的发明也满足实用性的效果。而显著的进步中的效果却要求具有一定的高度，要产生比现有技术还高的有益的技术效果。既然产生的有益的技术效果要高于现有技术，则该有益的技术效果必然是积极的效果。因此，发明具有显著的进步，必然可以推出该发明满足实用性中的积极的效果，根据原命题正确逆否命题必然正确的关系，可以推出不具有实用性的积极效果的发明必然不具有显著的进步。因此没有实用性的发明不具有显著的进步的有益的技术效果。

积极效果产生的经济、技术和社会的效果是所属技术领域的技术人员可以预料到的，而创造性判断中的有益效果则包括意料不到的效果，即所属技术领域的技术人员无法预料到的效果，因此两者的范围不同。

因此认为实用性的积极效果可以代替有益效果的观点是不准确的，无论从对比对象、效果的高度和范围两者都是不同的，因此两者是两个不同的概念。

九、小　结

为了清楚起见，对于创造性中显著的进步的探讨，笔者的观点总结如下：

1. 显著的进步和突出的实质性特点的关系

在一般情况下，具有突出的实质性特点会具有显著的进步，但是具有突出的实质性特点不必然会具有显著的进步，而具有显著的进步必然具有突出的实质性特点。

2. 显著的进步的标准

确定显著的进步的标准时需要考虑特点的实质性程度，确定特点的实质性程度的因素包括发明的类型、相应的技术启示的难易程度、是否需要克服技术上的困难、距离现有技术的远近、技术构思的差异等。

3. 显著的进步包括取得预料不到的技术效果

通过《专利审查指南 2010》的规定可以看出，发明具有预料不到的技术效果证明了发明具有显而易见性；通过预料不到的技术效果的规定也反映了具有显著的进步必然可以推出具有突出的实质性特点。

4. 显著的进步不同于实用性积极效果

两者的对比对象、技术效果的高度和效果的范围不同的，因此两者不能互相代替。

美国生物医药专利判例法动向*

周和平❶

摘　要

系统跟踪研究美国生物医药专利案的同时，着重介绍美国联邦巡回上诉法院2011年公布的有关实体问题的判例，包括二审之后最高法院再审改判部分内容。所选判例涉及可授予专利的主题、新颖性、创造性、说明书支持、侵权判定。

* 本文为国家知识产权局软科学研究项目（编号SS07－A－18）后续研究。

❶ 作者单位：中国药科大学。

研习国外最新判例，是海外专利预警工作的必修。美国实行普通法，作为判例的先例对其后案件具有法律约束力。联邦巡回上诉法院是美国绝大多数专利纠纷终审法院。希望通过近年案例简述，管见美国医药专利判例法变革动向。

联邦巡回上诉法院审理范畴涉及三大类，即所有不服联邦地区法院判决的专利纠纷上诉案、不服美国专利商标局复审的申诉案、不服国际贸易委员会 337 条款裁决的专利纠纷案。本文主要涉及前两类。每件判例，前部为案情简介，后部附摘译，其内容选自相关判决书、美国专利商标局的专利审查补充指南或法律界人士评述。根据案件具体情况，译文主选判决书中双方争辩理由、事实认定及逻辑推理。

一、可授予专利的主题

可授予专利的主题，简称“可专利性”，字面译作“专利适格性”，此处“格”即“资格”。不具备“专利适格性”，不是适格专利主题，即属于我国《专利法》第 25 条应“不授予专利权的申请”。

可专利性或“专利适格性”主题在《美国专利法》第 101 条中的定义为：“任何新的且实用的方法，机器、制造品或组合物”；“包括太阳底下由人类制造的一切事物。”该条“专利适格性”存在例外，即排除“自然规律，物理现象和抽象概念”[1]。可专利性问题对生物技术行业影响大，尤其在方法权利要求领域。

（一）分离的人基因具有可专利性

1. 联邦巡回上诉法院判决分离的人基因具有可专利性

下面介绍分子病理学协会（Assoc. for Molecular Pathology）诉 Myriad 基因公司（以下简称 Myriad）基因专利案[2]。

原告认为根据《美国专利法》第 101 条，涉及人类遗传学组分和方法的权利要求，不是适格专利主体。地区法院判决天然存在 DNA 分子分离形式的所有专利权利要求无效。2011 年 7 月 29 日，联邦巡回上诉法院

---

[1] 唐何文，等．分离出的 DNA 在美国可获专利保护［N］．中国知识产权报，2012－09－19．

[2] No. 2010－1406 (Fed. Cir. 2011)，Decided：July 29，2011．

对地区法院判决，部分改判，部分维持。

联邦巡回上诉法院在此案中明确，涉案专利权利要求是适格专利主体，因为这些权利要求包括的分子具有特征性化学性质，与天然存在的分子具有显著的不同。涉案专利中的DNA分子是以分离状态存在，它们与体内存在的那些分子不同。在裂解或合成这些新化合物时需要人的干预，且这种人的干预使得分离的DNA与天然存在的DNA不同，具有了可区别的化学特性。联邦巡回上诉法院解释这种分离的DNA不仅仅是纯的DNA，而是一种截然不同的化学实体，其由分离出分子的物种所决定，通过非常重要的化学键结合。

附：联邦巡回上诉法院判决书摘译

涉诉7件专利15项权利要求，涉及"分离"的DNA分子和"分析"或"比较"DNA序列的方法。

地区法院认为Myriad专利中，"分离"的DNA分子组合物权利要求，涉及不受专利法保护的天然产物，尽管这些分子并不以自然形式存在。地区法院判决Myriad专利中涉及乳腺癌和卵巢癌基因BRCA1和BRCA2的权利要求无效，因为基因序列是天然产物，不具备可专利性。地区法院还认定Myriad通过细胞生长速率变化筛选潜在癌症疗法的方法权利要求是科学原理，不是适格专利主题。联邦巡回上诉法院对此进行了改判。联邦巡回上诉法院判决明确认定分离的DNA分子及提供一种"很可能"用于诊断的方法，为适格专利主题。

地区法院认定Myriad"比较"和"分析"DNA序列的方法权利要求不是适格专利主题，这些权利要求中没有转化步骤，仅有抽象概念、智力步骤，并非适格专利主题。联邦巡回上诉法院维持这部分判决。

2. 联邦巡回上诉法院再次判决分离的人基因具有可专利性

Myriad不服联邦巡回上诉法院2011年7月29日上述判决，向最高法院申诉，最高法院撤销了联邦巡回上诉法院判决，发回重审。2012年8月16日联邦巡回上诉法院再次判决，部分改判，部分维持。

地区法院认为Myriad分离DNA分子的系列权利要求因包括天然产物而不具专利性。联邦巡回上诉法院对此进行改判，认定每个分子代表了非天然存在物质，Myriad分离DNA的组合权利要求，包括cDNAs属于美国专利法第101条规定的可专利主题。

地区法院认定Myriad直接制备或分析基因序列的方法权利要求不是

适格专利主题，因为这些权利要求中没有具体转化手段，仅有抽象步骤，不具备可专利性。联邦巡回上诉法院对此给予维持。

地区法院认为 Myriad 通过改变转化细胞的生长速率筛选潜在抗癌药物的方法权利要求不是适格专利主题，这类方法是不具备专利性的科学原理。联邦巡回上诉法院改判，认为通过改变转化细胞的生长速率筛选潜在抗癌药物的方法权利要求是适格专利主题。

争议仍存：该判决大部分内容遵循 2011 年同一审判庭作出的判决。每位法官都写了不同的意见。法官 Lourie 写法庭判决，法官 Moore 部分同意，法官 Bryson 部分反对。在反对意见中，法官 Bryson 再次用树叶打比方，认为从人体分离的基因其本身不能具备可专利性，就像自然生长的树叶不能仅因为其从树上摘下来就变得有专利性了。多数法官认为：与树叶不同，分离人 DNA 明显有技术上的困难。

附：法律界评述摘译

美国专利律师 Dennis Crouch 认为：对“从树上摘下树叶”进行争论是重要的。没有人会认为摘下的树叶值得用专利保护，而分离的基因可提供有用的诊断工具和药物，这是专利法所鼓励和要保护的。从树上摘树叶是一种物理分离，任何人都容易做到。发明一种新化学实体是人类做的转化工作，需要技巧、知识和努力❶。

（二）医学诊断方法不具备可专利性

下面介绍梅奥协作服务公司（Mayo Collaborative Services，以下简称梅奥）诉普罗米修斯实验室公司（Prometheus Laboratories，Inc.）医学诊断方法专利案❷。

普罗米修斯实验室公司拥有美国专利 US 6355623 和 US 6680302（分别简称 623 专利和 302 专利），保护的是一种“优化治疗效果的方法”，即首先对患者给予一定量的治疗药物，然后检测患者血液中该药代谢物浓度，浓度过低，达不到治疗效果，浓度过高，会产生严重毒副作用，医生根据检测结果，调整进一步治疗的药物剂量。因为存在个体差异，每

---

❶ DENNIS CROUCH. Patent Law Blog（Patently-O）. [2012 — 08 — 16]. http：//www. patentlyo. com/patent/.

❷ No. 10 - 1150（Supreme Court）（Argued December 7，2011—Decided March 20，2012）.

个患者最适治疗剂量可能不同。该发明确定了患者用药后血液中某种代谢物浓度与硫代嘌呤药物剂量之间的关系。

涉案专利权利要求是一种测试患者用药剂量是否达到治疗有效量的方法，用6-巯基嘌呤和氮硫嘌呤治疗炎性肠道疾病，会产生毒副作用。这些药物在人体内代谢，代谢物包括6-甲巯嘌呤和6-硫鸟嘌呤。给患者用药时，测量受药者血中代谢物6-甲巯嘌呤和6-硫鸟嘌呤的浓度，据其调整用药剂量。

争议焦点：权利要求如果包括验血结果与患者健康之间观察到的关系，仅仅因为给药与众所周知的验血方法可能涉及体内化学“变化”，就对自然存在的相互关系的使用授予专利权，其是否符合美国专利法第101条的规定。

大多数此类权利要求都围绕三个有序步骤：

（1）对患者给药；

（2）测定患者的血药浓度；

（3）根据测定结果，调整药物剂量。

此类权利要求形式更宽泛（623专利权利要求46），省略了上述步骤1[1]。

地区法院根据《美国专利法》第101条认为涉案权利要求无效，因为不是适格专利主题。上诉中，联邦巡回上诉法院改判，认为“给药”和“测定6-硫鸟嘌呤”浓度，这些步骤均是“一种特定要素转换成一种不同状态或东西”的充分转变。

在Bilski案判决之后，最高法院撤销了联邦巡回上诉法院对普罗米修斯案实验室公司的判决，发回重审。重审中，联邦巡回上诉法院再次认定普罗米修斯实验室公司的权利要求是适格专利保护主题，因其包括实质物理性限定，所以可授予专利。

最高法院对联邦巡回上诉法院决定给予改判。最高法院9位大法官一致判定，针对个体的用药方法发明不是专利保护适格主题，这种方法事实上是一种不受专利保护的自然法则。自然过程加上已知元素，通常

---

[1] DENNIS CROUCH. Patent Law Blog (Patently-O).［2012－03－20］. http：//www.patentlyo.com/patent/.

不能授予专利。[1]

附：美国专利商标局补充指南摘译

最高法院对梅奥诉普罗米修斯案判决之后，美国专利商标局给审查员发了简短备忘录，作为审查此类申请案补充指南[2]，其中强调："最高法院发现，专利权利要求引用的自然规律——某些代谢物的血液浓度和将被证明可能无效或造成伤害的巯基嘌呤药物剂量之间的关系——其本身不具备专利适格性，其方法也同样不具备专利适格性，除非方法中增加确实有实用性的其他特征，且该方法必须是真实应用这些自然规律，而不是撰写者为垄断这种客观存在的关系，运用撰写技巧进行的设计。此案权利要求方法中增加的步骤，虽其本身不是自然规律，但并不足以改变该权利要求的性质。"

二、新颖性

美国专利法的"预先存在"或"预先占有"，类似于我国《专利法》规定的新颖性。

（一）证明预先占有的文献教导必须清楚、明确

下面介绍三菱化学公司（Mitsubishi Chemical Corp.）诉巴尔实验室（Barr Labs.）药物制剂专利纠纷案[3]。

三菱化学公司拥有美国专利 US 5214052，其要求保护"溶解精氨酸酰胺的方法，包括在含乙醇、水和糖的溶液中溶解阿加曲班和/或其盐"，以及"注射用药物组合物，包括阿加曲班和/或其盐以及乙醇、水和糖"，其中糖选自"山梨醇、葡萄糖、甘油和蔗糖中至少一种"。

巴尔实验室递交了阿加曲班的仿制药简化新药申请，并声称涉案专利权利要求因预先占有和/或显而易见而无效。2010 年，美国纽约南部地区法院认定所述专利有效，从而阻止了巴尔实验室在 2014 年该专利期限届满日前上市阿加曲班仿制药。巴尔实验室不服，遂上诉。

2011 年 8 月 2 日联邦巡回上诉法院维持了一审法院判决。该法院认

[1] No. 10－1150 (Supreme Court) (Argued December 7, 2011—Decided March 20, 2012).

[2] http: //www. uspto. gov/patents/law/exam/mayo_prelim_guidance. pdf.

[3] No. 2010－1432 (Fed. Cir. 2011).

为，“证明预先占有，其文献教导必须是清楚和明确的”，现有技术文献尚不足以证明涉案专利权利要求因预先占有和/或显而易见而无效。

附：联邦巡回上诉法院判决书摘译

巴尔实验室认为该专利被预先占有主要的无效理由是1986年三菱雇员 Toshihiro Yamamoto 发表的一篇日文论文。双方争议文中对大鼠给药前制备阿加曲班溶液那句话的英文翻译。

地区法院审查了四种翻译文本，最终认同三菱专家的翻译：“一种在盐酸酸性（pH 1.5 to 1.7）下溶解 argipidine 的溶液，于 7.5% D -山梨醇-4%乙醇液中，在常规颈动脉闭塞前 15 分钟，以 1ml/kg 剂量腹腔给药。”该法院进而采信了相关证词，即 Yamamoto 文献教导先将阿加曲班溶解于盐酸中，再将溶解的阿加曲班与 D -山梨醇和乙醇形成制剂。巴尔实验室却争辩 Yamamoto 文献公开了阿加曲班在含盐酸、D-山梨醇和乙醇溶液中溶解，因而预先占有了涉案专利的方法权利要求。

联邦巡回上诉法院认为没有足够理由认为地区法院对译文的选择有明显错误。事实上，“Yamamoto 文献对阿加曲班溶液的描述是相当隐秘，双方专家同意，Yamamoto 文献重点是阿加曲班分子的药学活性，而不是阿加曲班的溶解度或治疗大鼠”。

（二）在先发明者不必知道发明原理

下面介绍特瓦制药工业有限公司（Teva Pharm. Indus. Ltd.）诉阿斯利康制药公司（AstraZeneca Pharms. LP）罗苏伐他汀制剂专利侵权案[1]。

特瓦制药工业有限公司拥有美国专利 No. RE39502（简称 502 专利），诉阿斯利康公司生产的罗苏伐他汀侵犯其 502 专利权。特瓦制药工业有限公司 502 专利要求保护含“稳定有效量”交聚维酮的罗苏伐他汀制剂。

阿斯利康公司在特瓦制药工业有限公司发明日 1999 年 12 月之前，即 1999 年夏，已生产了自己的第一批药。阿斯利康公司这批药与特瓦制药工业有限公司诉侵权的阿斯利康产品是相同制剂。

鉴于阿斯利康公司的在先发明，地区法院作出预先占有的简易判决。特瓦制药工业有限公司不服地区法院判决，提起上诉，争辩阿斯利康公司在 1999 年生产的药物中没能意识到交聚维酮在制剂稳定性方面起的作

[1] No. 2011－1091（Fed. Cir.）.

用，因此它没有构想——作出美国专利法第 102（g）（2）条规定的发明。

联邦巡回上诉法院根据美国专利法第 102（g）（2）条款，驳回特瓦制药工业有限公司的争辩，维持地区法院对特瓦制药工业有限公司 502 专利的无效判决。联邦巡回上诉法院认为：阿斯利康制剂符合在先发明的规定，因为其充分意识到“该制剂是稳定的以及制剂的组分是什么”，其无须知道哪种成分起稳定作用或者为什么该发明有效。

附：联邦巡回上诉法院判决书摘译

涉案事实是：阿斯利康公司药物中含有交聚维酮，虽然在其处方设计中，交聚维酮没有作为稳定剂，而是将其作为分散剂，另用其他化合物作为稳定剂。但实际上，在 1999 年阿斯利康公司制剂中，交聚维酮起了稳定剂作用，尽管当时其没有意识到交聚维酮在处方中起到稳定剂作用。

在特瓦设想和完成其发明之前，阿斯利康公司制造的罗苏伐他汀片剂落入 502 专利权利要求范围，这点诉讼双方并无争议。主要争议点在于：为了证明在先发明，阿斯利康公司是否需要证明其“意识到交聚维酮在其药物制剂中起的稳定作用”。

联邦巡回上诉法院认为：为了证明有在先发明，声称是在先发明的一方必须证明其意识到其已经作出了什么。不过，在先发明并不需要知道如何或为什么其发明起作用的一切事情。也不必用专利权人其后在权利要求书中完全相同的语言来表述其发明。阿斯利康公司意识到其制剂是稳定剂以及该制剂的组成成分是哪些。毫无疑问，阿斯利康公司有这种判断。然而，阿斯利康公司不必知道其中哪个成分起了稳定制剂的作用。

三、创造性

美国专利法中的“非显而易见性”，类似于我国专利法的创造性。虽然美国专利法、澳大利亚专利法、英国专利法和欧洲专利公约四部法律中都使用了“显而易见”一词，但只有美国法律中没有“创造性”这一措辞。

（一）缓释制剂领域的创造性评价

下面介绍 Eurand 诉 Mylan 环苯扎林盐酸盐缓释胶囊专利纠纷案❶。

---

❶ No. 2011—1399，—1409 (Fed. Cir. 2012).

三家原告Eurand、Cephalon和Anesta AG，统称Cephalon，拥有美国专利US 7387793和US 7544372（分别简称793专利和372专利）。793专利保护环苯扎林盐酸盐缓释胶囊，372专利保护用该制剂缓解肌肉痉挛的方法。这两件专利覆盖了Cephalon品牌名为Amrix的市售药品。Amrix的活性成分是环苯扎林盐酸盐。Amrix单次剂量给药后，可在患者体内释放盐酸环苯扎林持续达24小时。而普通的即刻释放制剂，在很短时间内就将活性成分释放完毕，因此需要一日内多次给药。

四家被告Mylan、Barr、Impax和Anchen向美国FDA递交了简化新药申请，认为涉诉专利的权利要求无效，因为现有技术中有多颗粒缓释药物制剂，当其与已知环苯扎林普通制剂（即刻释放制剂）PK参数结合，该专利要求保护的技术方案显而易见。原告认为该专利非显而易见，被告侵权。

2011年5月13日美国特拉华州地区法院在Amrix诉讼案中，判决涉诉专利权利要求因显而易见无效。[1] 原告与部分被告不服地区法院判决，上诉。

2012年4月16日联邦巡回上诉法院改判并撤销了地区法院对涉案专利权利要求无效的判决。联邦巡回上诉法院认为地区法院对涉案专利权利要求因显而易见无效的判决错误，对事实认定亦有明显错误。地区法院对涉案专利进行显而易见分析时，在现有技术没有公开权利要求缓释制剂已知药代动力学/药效学之间关系的情况下，错误地评估了现有技术教导的重要性。[2]

附：联邦巡回上诉法院判决书摘译

评判该案显而易见性的重点是生物等效性。生物等效性概念是指用即刻释放制剂或缓释制剂给药后，相同量活性药物成分以同样速率作用于人体。地区法院之所以认定涉案权利要求显而易见，是因为其认为权利要求缓释PK曲线与即刻释放PK曲线是生物等效的。原告认为地区法院过分倚重生物等效性，其结果是曲解了涉案现有技术文献。

原告还争称：在该专利之前，环苯扎林普通制剂，没有一个能够使患者保持24小时有效治疗的血药浓度，也没有能达到这一效果的制剂的

---

[1] No. 09-MD -2118 May 12，2011.

[2] No. 2011—1399，—1409 (Fed. Cir. 2012).

PK 值。现有技术并没公开所述权利要求的全部技术特征。

地区法院认为：单是生物等效性的公开就足以使权利要求显而易见，"现有技术中不必发现权利要求的每一个技术特征"，两者之间的空白可由本领域技术人员的知识所填补。此外，该法庭发现权利要求的 PK 曲线图已在现有技术中公开，将这种即刻释放制剂曲线优化为缓释形式是本领域技术人员的常规操作。地区法院判决：在该发明产生时期，本领域技术人员显然会参考环苯扎林即刻释放制剂的 PK 性质，试着去研制其缓释制剂。如果缓释制剂与已批准的即刻释放制剂 AUC 和 Cmax 相对应，本领域技术人员通常能预期该缓释制剂在体内将产生与即刻释放制剂大体相同的效果。另外，本领域技术人员显然会使用涉案发明要求的药物转运系统，因为已证明其在与环苯扎林性质相近药物中使用有效。

联邦巡回上诉法院认为地区法院对事实认定存在错误，在现有技术没有公开权利要求缓释制剂已知药代动力学/药效学之间关系的情况下，错误地评估了现有技术教导的重要性。

（二）衡量证据权重不能依赖缺乏事实证据的推理或揣测

下面介绍 Endo 制药不服美国专利商标局复审上诉案[1]。

Endo 制药有三件专利申请，皆因显而易见被专利局审查员驳回，专利上诉与干涉委员会（以下简称 BPAI）维持了驳回决定。三件专利申请均涉及控释羟吗啡酮片，驳回理由是与现有技术 PCT 申请 WO 01/08661 相比，涉案专利申请显而易见。Endo 制药不服，遂上诉。

双方均同意现有技术中有羟考酮控释剂。BPAI 认定的事实是：权利要求的发明，包括溶解速率，利用现有技术中提供的化学公式，将羟吗啡酮替代其中的羟考酮即可得到权利要求的发明。

问题是现有技术中报道的溶解速率的测定方法与 Endo 权利要求的溶解速率的测定方法不同，专利局文档中并无证明涉案权利要求溶解速率范围与现有技术溶解速率重叠的直接事实。该案中，Endo 的证人证言认为这两种测定方法"没有普遍的关联性"。该专家还"引用现有技术文献支持其结论"。

联邦巡回上诉法院部分推翻了 BPAI 显而易见的决定。联邦巡回上诉法院清楚表示：创造性评价中推理要有事实依据，在评价证据权重时，

[1] No. 2011－1307、1308、1309 (Fed. Cir.).

BPAI既不能依靠缺乏事实证据的结论性推理，也不能依据自己的揣测。尽管联邦巡回上诉法院将此案发回重审后，涉案权利要求可能仍被认定显而易见，但专利局需要在现有技术与专利申请权利要求的联系方面做得更有说服力。

附：法律界评述摘译

上诉中，联邦巡回上诉法院认为虽然利用现有技术公式6，使羟吗啡酮替代羟考酮是显而易见的，但这种替代是否确实落入未决权利要求1的溶解曲线之内，BPAI的推理尚达不到实质性证据的基本要求。

法院还认为，BPAI必须考虑非显而易见的其他因素。该学说要求在权利要求范围和其他因素之间有联接。这种联接要求似乎越来越严格。在最近的Tokai案中，法院认为，“如果商业上成功归因的特征存于现有技术中，商业成功与相关权利要求之间的联接就不存在”。本案中，法院判决“该案提供的其他因素并不源于权利要求中的新颖性，因此其他因素与权利要求之间缺乏关联”。然而，法院已认定申请者不必销售权利要求涵盖的每个设想物的硬证据，来证明这种商业上成功，只要销售的东西是在该权利要求范围内即可。[1]

（三）制剂中辅料的特定作用可证明创造性

Unigene Laboratories，Inc.（简称Unigene实验室）诉Apotex Inc.（简称Apotex公司）鼻喷雾剂专利纠纷案[2]。

Unigene实验室拥有美国再颁专利RE40812E（以下简称812E专利），该专利涵盖Fortical®，一种防治妇女绝经后骨质疏松的鼻喷雾剂，其有效成分是鲑降血钙素，一种天然多肽激素，其容易被体液分解，相对不稳定，且组织吸收不好。

加拿大Apotex公司诉812E专利显而易见无效，证据包括市售产品Miacalcin®、作者Day的公开文献和美国专利US 5912014（以下简称014专利）等。

Miacalcin®在812E专利优先权日之前上市。Miacalcin®和Fortical®均为鼻喷雾剂，活性成分相同，都是鲑降血钙素2200IU/mL。Unigene

---

[1] DENNIS CROUCH. Patent Law Blog（Patently-O）.［2011－05－17］. http：//www.patentlyo.com/patent/.

[2] No. 2010－1006（Fed. Cir.）.

实验室研发 Fortical® 作为替代 Miacalcin® 的生物等效药。Fortical® 和 Miacalcin® 制剂配方不同，即两者主药完全相同，但辅料有所不同。

权利要求 19 是本案唯一涉诉权利要求：

“19. 一种液体药物制剂用于鼻腔给药含有约 2200MRC 单位鲑降血钙素，约 20.0mM 柠檬酸，约 0.2%苯乙醇，约 0.5%苄醇和约 0.1%聚氧乙烯脱水山梨糖醇单油酸酯。”

其中，20.0mM 柠檬酸的功能是促进吸收并作为稳定剂/缓冲剂，聚氧乙烯脱水山梨糖醇单油酸酯（司盘 80）作为表面活性剂，苯乙醇和苄醇作为防腐剂。

对比组合物 Miacalcin® 中，8.5mg 氯化钠作为张力剂，氮为喷射剂，盐酸为 pH 调节剂，纯水作载体，以及 0.10mg 苯扎氯铵（BZK）作为防腐、促进吸收和表面活性剂。在法院最终作出非显而易见判决中，苯扎氯铵起了重要作用。

联邦巡回上诉法院认为：“约 20.0 mM 柠檬酸”这一个特征就可支持地区法院非显而易见的即决判决。柠檬酸在 116 专利中是作为吸收促进剂，但其是 50 余种选择之一。315 专利中使用约 20.0mM 柠檬酸是作为缓冲剂。本领域技术人员在制备将鲑降钙素通过鼻腔送入人体的液体制剂时，不会考虑用约 20.0 mM 柠檬酸与很窄剂量范围的苄醇、苯乙醇和聚山梨醇酯 80 组配，因为这样的配方预期不可能符合特定的药物用途。

附：联邦巡回上诉法院判决书摘译

加拿大制药公司 Apotex，2006 年 6 月 1 日向 FDA 递交了简约新药申请（ANDA），希望在 812E 专利到期之前上市 Fortical® 的仿制药。根据美国专利法第 271（e）（2）条第 IV 类证明是一种侵权行为，Unigene 实验室提起诉讼。

法院用 Miacalcin® 作为对比组合物。权利要求 19 与 Miacalcin® 配方相比，活性成分及其含量均相同，区别特征在于制剂辅料及其含量不同。

Miacalcin® 也含 8.5mg 氯化钠作为张力剂、氮作为喷射剂，盐酸作为 pH 调节剂，纯水作为载体。此次上诉中特别重要的是 Miacalcin® 含有 0.10mg 的苯扎氯铵（以下简称 BZK），其作用是防腐、促进吸收和表面活性剂。

相反，Fortical® 含有 20.0mM 的柠檬酸，其功能是促进吸收并作为稳定剂/缓冲剂；聚氧乙烯脱水山梨糖醇单油酸酯（司盘80）作为表面活性剂，苯乙醇和苄醇作为防腐剂。本庭同意该制剂中“约20.0mM柠檬酸”是表明其非显而易见性的最有力的特征。

本庭同意：没有一个通情达理的陪审员会得出本领域技术人员依据014专利能获得液态鼻鲑降血钙素制剂中使用20.0mM柠檬酸的动机与推理结果。014专利涉及鲑降血钙素的固体口服制剂，其实验发现“制剂中柠檬酸含量增加5倍时，鲑降血钙素的生物利用度增加了近10倍”，本领域技术人员不可能从014专利结论中得出在鼻降钙素制剂中用约20.0mM柠檬酸的推理。014专利描述了固体口服鲑降血钙素制剂，虽然014专利提及柠檬酸，但其讨论的柠檬酸浓度要比权利要求19中的浓度高得多。而且，014专利研究柠檬酸对生物利用度影响时是用液体注入大鼠十二指肠，而不是液体人用制剂。这些显著区别使本领域技术人员在常规研发过程中不会推理出用20.0mM柠檬酸来代替Miacalcin中的BZK。对本领域技术人员，柠檬酸尤其是20.0mM浓度，并非BZK吸收促进剂和表面活性剂功能的显而易见的替代物，因为即便在最接近技术领域，对柠檬酸作用的认识也是模糊的。No. 5124315（以下简称315专利）描述了多肽为活性成分的鼻腔给药的液态药物制剂，其实例5在含鲑降血钙素作为活性成分的液态鼻制剂中用了20.5 mM柠檬酸。但是315专利明确认为“柠檬酸不是用来吸收促进剂，而仅仅是缓冲液中的酸性成分”。

事实上，315专利教导在鲑降钙素为活性成分的液体制剂中远离使用20.0mM柠檬酸作为吸收促进剂或稳定剂。315专利中讨论了No. 4476116（以下简称116专利）中关于促肽吸收的鼻制剂。116专利列举50多例药学上可接受的螯合剂作为吸收剂，其中包括柠檬酸。争议双方均同意315专利报告了116专利列出的化合物产生的“负”实验结果，以及“只有酒石酸铵是含多肽为活性成分的液体鼻制剂的理想稳定剂”。本领域技术人员阅读315专利和116专利后，会认为含鲑降钙素液态鼻制剂中用20.0mM柠檬酸作辅料是不理想的。

Day的公开出版物涉及制药与制剂，在“水液鼻剂中的赋形剂”一表中列出9个防腐剂，其中有苄醇和苯乙醇、BZK，以及苯乙铵氯化物、氯丁醇、对羟基苯甲酸酯、苯汞基醋酸盐、尼泊金丙酯和硫柳汞。柠檬酸并不在内，而是作为pH调节剂或缓冲剂。Day还列出了聚山梨醇酯20和80作为鼻水液制剂所用赋形剂中三个表面活性剂中之一。参考该对比文件，没有证据表明本领域技术人员会预期柠檬酸、苄醇、苯乙醇和聚山梨醇酯 80 结合，这样的组配仅有缓冲剂、pH 调节剂、防腐剂和表面活性剂，但是没有吸收促进剂或促进生物利用度的赋形剂。

附：法律界评述摘译

业内有评述：联邦巡回上诉法院正不断采取步骤以确保重要的化学制剂专利维持有效。特别是，法院显而易见性分析中，将已知化合物的制剂配方权利要求，与最接近的“参考”配方比较，类似于将新化合物与“先导化合物”比较的方法。在这样做时，联邦巡回上诉法院似乎忽略了 KSR 案对组合物权利要求的消极态度。该案给出重要提示：组合物权利要求中特定元素的作用，能够用于克服相关显而易见性的争议。[1]

四、说明书支持

美国专利法规定的“书面描述”，与我国专利法要求的说明书支持权利要求最为接近。联邦巡回上诉法院在判决书中表明：说明书描述发明是指其“合理地向本领域技术人员转达了发明人在申请日已拥有的权利要求中的主题”。“仅仅是得到权利要求发明的‘希望或计划’是不符合说明书书面描述的要求。”

下面介绍波士顿科学公司（Boston Scientific，以下简称 BSC）诉强生公司（Johnson & Johnson）冠脉支架专利无效案[2]。

原告是被上诉人 BSC，递交了 4 份诉状，告强生公司和 CORDIS，请求法院判 4 件涉讼专利无效。BSC 销售涉讼的 Promus® 依维莫司涂层冠脉支架系统（Promus 支架），其涂布依维莫司支架植入心脏血管后，预防患者血管再狭窄。地区法院判决 4 件涉案专利无效，理由包括缺乏适当的书面描述。专利权人不服，遂上诉。

涉案专利 4 件，是使用特定化学药的药物涂层冠脉支架。美国专利 No. 7217286（以下简称 7286 专利），7223286（以下简称 3286 专利）和 7229473（以下简称 473 专利）统称 1997 专利，1997 三件专利均源于

---

[1] DENNIS CROUCH. Patent Law Blog (Patently-O). [2011－08－30]. http://www.patentlyo.com/patent/.

[2] No. 2010－1230、－1231、－1233、－1234 (Fed. Cir.).

1997年4月递交的一份临时申请。相同的说明书和权利要求书中，药物涂层支架用了“雷帕霉素，或其大环内酯类似物”作为治疗药。美国专利No. 7300662（以下简称662专利），其权利要求的支架使用雷帕霉素或雷帕霉素的大环三烯类似物。雷帕霉素类似物被宽泛地定义为具有雷帕霉素类似结构的任何分子。双方上诉中对此并无异议。

双方争议的焦点包括：1997专利的说明书对权利要求的雷帕霉素的大环内酯类似物这一属是否有充分的书面描述。

按照常规分类学概念，“属”是“种”的上位概念，一个“属”可以包含很多“种”。专利中，对要求保护属类的权利要求，为达到充分公开的要求，说明书中须描述该属范围内的具有代表性数量的种类，或者该属成员（种）具有共同结构特征，使本领域技术人员能想象或识别出该属的种。❶

联邦巡回上诉法院维持一审判决，“因没有任何事实证明涉诉专利权利要求具有充分书面描述”。联邦巡回上诉法院认为：1997专利说明书事实上没有公开任何雷帕霉素大环内酯类似物的信息。对一个属的充分描述需要公开在该属范围内或该属成员共同的结构特征范围内，具有代表性的若干种。因为每个发明与其技术领域之间有着新颖的关系，我们不可能确定必须公开的种的数目，不但每个具体发明不同，而且随该领域技术发展必须公开的种数目也会改变。是否符合书面描述，其要求依发明的性质和范围以及当时已知的科学技术而有所变动。对于属类性质的权利要求，已提出评价充分公开的几个要素，包括特定领域现有技术，现有技术的范围与内容，相关科技的成熟度和争议问题的可预测性。

附：联邦巡回上诉法院判决书摘译

上诉方争辩，根据有效申请日时的现有技术，说明书对大环内酯类似物的描述已足以满足书面描述的要求。例如，上诉方根据其专家证人以及出版物：（1）雷帕霉素的结构和作用机制已知；（2）雷帕霉素结构元素与其作用机制和生物活性之间的关系已知；（3）几十个雷帕霉素类似物具有与雷帕霉素相同大环结构和相似的生物学活性已知；（4）本领域技术人员已知测定类似物是否具有与雷帕霉素相同作用机制从而也能抑制细胞增殖的方法。因此不需要公开“结构式或结构”或者“定义、

❶ JASON RANTANEN. Patent Law Blog（Patently-O）. [2011－06－08]. http：//www.patentlyo.com/patent/.

实例或实验模型”。

联邦巡回上诉法院认为：1997 专利说明书事实上没有公开任何雷帕霉素大环内酯类似物的信息。权利要求属的相同文字的公开（标题为实验），本质上不足以符合书面描述要求。

雷帕霉素结构上的复杂性（含 51 个碳原子、79 个氢原子、13 个氧原子和一个氮原子），使得符合结构与雷帕霉素类似、可归类为大环内酯的限定条件的潜在化合物的数目无限。而且，作为雷帕霉素类似物，即便雷帕霉素的分子结构上微小变动，其功能性的效果也可能是显著的和难以预测的。

在有效申请日时，药物涂层支架抑制再狭窄的相关知识几乎没有。事实上，Cordis 的支架是第一个被美国批准并市售的。上诉方自己的专家也声明其他人为了研发抑制再狭窄的药物涂层支架的失败，以证明其产品“非常难以预料”和“显著的临床结果”。

虽然，当结构和功能之间关系确立时，功能性权利要求用语能够符合书面描述的要求。但上诉人没能确定任何这种关系（属类物质的功能性描述在某些案例中能符合书面描述的要求，如果这种功能性特征伴随已知或公开的构效关系）。上诉方例举博士 S 证言和现有技术，包括 Choi 的论文，试图证明“雷帕霉素的结构和作用机制已知”和“雷帕霉素的结构元素与其作用机制及生物活性之间的关系已知”。然而，这些论文及相关博士证言与 1997 专利说明书中内容直接冲突，其说明书中明确陈述“雷帕霉素的准确的作用机制仍在积极研究中”。

涉案 1997 专利中没有雷帕霉素大环内酯类似物的例子，且没有给出如何确定一个化合物落入该属的基本指导。同样，662 专利虽然公开了雷帕霉素类似物宽泛的属类，却没有公开雷帕霉素大环三烯类似物的亚属。

某些案中，考量书面描述是否充分时，可以用本领域技术人员常识来填补说明书中的空白。因为说明书是以本领域技术人员角度来看，某些情况下，专利权人可以依赖“本领域常识”来达到书面描述符合要求的目的。然而，当说明书中存在直接矛盾信息时，专利权人再以有效申请日前本领域常识来证明书面描述充分，则不能认可。1997 专利的说明书本身就反驳了所述结构特征及其作用机制和生理活性是已知的这样一种结论。在雷帕霉素和其类似物的功能和结构之间没有足够的关联性，以提供适当书面描述的证据，支持对雷帕霉素大环内酯类似物这一整个属的权利要求。

1997专利说明书中陈述："雷帕霉素作用机理仍在积极研究中""防治再狭窄的理想药物尚未明确"。1997专利说明书中仅有一处提到权利要求的大环内酯类。副标题"实验"下陈述"药物：雷帕霉素（西罗莫司）结构类似物（大环内酯类）和细胞环发展抑制剂"。该实验中仅使用了雷帕霉素。该说明书中并无任何使用大环内酯类似物的实验。

662专利定义雷帕霉素宽泛地包括"雷帕霉素，雷帕霉素类似物、衍生物和结合FKBP12的物质，且具有与雷帕霉素相同的药学性质"。662专利与1997专利一样，并没有确定雷帕霉素类似物的任一特定种类。而且，662专利并没确定权利要求中雷帕霉素的"大环三烯类似物"是由什么组成。事实上，术语"大环三烯类"唯一一次出现是在说明书的概述中"雷帕霉素是一种大环三烯抗生素"。发明人在662专利中公开了一个属（雷帕霉素的类似物），但权利要求中要求保护类似物（雷帕霉素大环三烯类似物）的一个较窄的亚属与其他特征组合。662专利中所有数据均涉及雷帕霉素涂层支架的研究，没有任何雷帕霉素类似物研究的数据。662专利与1997专利相比，公开了较多雷帕霉素作用机制的研究内容，解释了雷帕霉素结合FKBP12，转而结合和抑制增生减少再狭窄。虽然有上述公开，但在说明书中没有列出任何大环三烯类似物，也没有结构描述或举例证明。没有实验或提供其他实验模型以测定类似物有雷帕霉素样的功能，即结合FKBP12，转而结合和抑制激酶TOR。尽管用功能进行了限定，662专利的权利要求限定为大环三烯类似物的一个属，但并无任何对该属的种的描述。"'用功能进行限定'并不足以定义或描述该属"，即使其使得本领域技术人员可以"猜测或核查"什么样的类似物能具有潜在的作用。

五、侵权判定

（一）缓释制剂侵权判定中对禁止反悔原则的适用

下面介绍Reckitt Benckiser公司（以下简称Reckitt公司）诉沃森实验室公司（Watson Laboratories，Inc.-Florida，以下简称沃森公司）缓释片仿制药侵权案[1]。

[1] No. 2011－1231 (Fed. Cir.).

涉案专利 US 6372252（以下简称 252 专利）保护一种双层缓释片，即专利药 Mucinex。Mucinex 中的活性成分是愈创木酚甘油醚，一种祛痰剂，该化合物自 1952 年就投放市场。专利药片有二层，即刻释放层和缓释层，这两层中均含治疗咳嗽的活性成分愈创木酚甘油醚。沃森公司的仿制药只有一层包衣。

地区法院判决沃森公司仿制药不侵权，因其没有即刻释放和持续释放部分，所以从字面上看并不侵犯 252 专利权。地区法院没有认可原告关于沃森公司产品表面的愈创木酚甘油醚颗粒组成了分离的即刻释放部分的说法。地区法院认为：在专利审查过程中，原告放弃了对结构上缺少两个分离的部分的产品权利要求。进而，该法庭认定根据等同理论也不侵权，因为这“两部分”结构上的限定特征在沃森公司产品中根本不存在，沃森公司的片剂是以与涉案权利要求片剂不同的方式达到了生物利用度。

原告不服一审对权利要求解释及沃森公司仿制药字面和等同原则均不侵权的判决，提起上诉。

联邦巡回上诉法院维持了地区法院判决，认为地区法院对权利要求的解释没有错，沃森公司仿制药没有侵犯 252 专利权。

附：联邦巡回上诉法院判决书摘译

最初发明人递交的权利要求 1～11 是一种持续释放的药物制剂，并没有限定为双层或两部分结构。权利要求 12～32 则相反，是改进的释放产品，权利要求 12～24 限定产品为具有两部分，而权利要求 25～32 是改进的释放片，其最大浓度等同于即刻释放片，且治疗生物利用度为 12 小时。

审查员以显而易见为由驳回原始权利要求 1～32，根据了两份现有技术参考文献。申请人在答复中修改了权利要求，删除了原权利要求 1～32，提交了新权利要求 33～55，所有权利要求都是“具有两部分的改进的释放片”。申请人同时陈述道，这些修改是为了“利于加快审查”。

申请人针对两篇对比文件，争辩新权利要求 33～55 与现有技术区别在于有两部分：对比文件 1 中，Drost 等人没有公开既有即刻释放部分又有持续释放部分的药物组合物。对比文件 2 中，Dansereau 等人虽然公开了具有两个不同释放特征的愈创木酚甘油醚部分的片剂，但对比文件 2 是双层作用片，包括外部和内芯，外部慢慢释放第一剂量，给药一段时间后，内芯再释放第二剂量，即外层充分溶解后，内芯才与胃液接触。这种方式与本发明完全不同。事实上，对比文件 2 特定教导远离使用任何即刻释放部分，然而，因为慢释外层使释放时间延迟，导致其内芯剂量不能“在患者胃中完全生物利用”。

与审查员面晤后，申请人递交了补充修改。在审查员建议下，对权利要求 33、权利要求 42～44、权利要求 46 和权利要求 48 的修改中，加入了进一步限定的特征，将片剂限定为特定的 Cmax。申请人还新加了权利要求 56～88。这些权利要求都限定“改进的释放产品有两部分”。同时申请人再次陈述与权利要求相比，现有技术缺少即刻释放部分和持续释放部分。

在同意授予专利权的通知中，审查员指出该权利要求“相对现有技术可授予专利权，因为现有技术没有教导如何改进双层片的释放，以提供本申请可达到的早期 Tmax 或较高的 Cmax”。

2009 年 4 月，因沃森公司提交了简化新药申请，期待上市愈创木酚甘油醚片剂，Reckitt 公司诉沃森公司侵犯了 252 专利的独立权利要求 24、57 和 58 以及从属权利要求 26～28、31～34 和从属权利 39。

上诉中，双方争议涉讼独立权利要求的限定特征。

权利要求 24：一种改进释放产品有两部分，所述第一部分包括愈创木酚甘油醚第一数量，以即刻释放形式存在，适合患者胃中完全可生物利用和第二部分含愈创木酚甘油醚第二数量，以持续释放形式存在，所述第一数量和第二数量的比率提供人体 Cmax，相当于在 12 小时期间，愈创木酚甘油醚标准即刻释放剂型 1/3 剂量的初次给药，而且所述产品在人体单一剂量给药后，根据血清分析，还提供至少 12 小时的治疗有效生物利用度。

沃森公司被诉产品是无分层的单一愈创木酚甘油醚聚合物基质片剂。沃森公司希望 FDA 认定其产品与专利产品生物等效。

2011 年 1 月，地区法院对权利要求进行了解释，“部分”为“该产品分离的部分”。经过七天庭审，该法院认定沃森公司产品没有即刻释放和持续释放部分，因而字面不侵 252 专利权。法院没有认可原告关于沃森公司产品表面的愈创木酚甘油醚颗粒组成了分离的即刻释放部分的说法。地区法院认为：在专利审查过程中，原告放弃了对结构上缺少两个分离的部分的产品权利要求。进而，该法庭认定根据等同理论也不侵权，因为这“两部分”结构上的限定特征在沃森公司产品中根本不存在，沃森公司的片剂是以与涉案权利要求片剂不同的方式达到了需要的生物利用度。2011 年 2 月 9 日地区法院判决不侵权。

原告不服一审对权利要求解释及字面和等同原则均不侵权的判决，提起上诉。原告争辩：252 专利书面描述中没有限定发明为分离的双层片，地区法院没有按照术语“部分”的常规含义来解释权利要求是错误的，其是“任何整体的一部分”。而且，原告还声称 252 专利审查历史中没有限定“部分”为“分离的部分”。

至于侵权，原告争辩地区法院忽略了其自己的权利要求解释，根据其对新方法限定认定不侵权。原告还认为即便根据地区法院对权利要求的解释，因沃森公司产品表面的愈创木酚甘油醚颗粒组成了分离的即刻释放部分，所以字面侵权。原告还争辩地区法院认为根据等同原则不侵权显然是错误的，因为法院仅仅重复了其对字面侵权的分析，没有运用功能—方法—结果试验方法。最后原告坚持认为其在专利审查过程中没有放弃非分离的片剂，因为删除的权利要求 1～11 是要求亲水性聚合物与水不溶聚合物的特定比率，而没有考虑 Cmax 或 PK 概况。

沃森公司坚持认为：虽然其产品摄取后表面颗粒就释放愈创木酚甘油醚，但这些颗粒并不构成 252 专利权利要求片剂的“部分”。沃森公司还争辩法庭正确地认定其产品根据等同原则也不侵权。沃森公司认为 252 专利公开了非分层的单一结构的片剂，但是没有要求保护这类片剂，这些已贡献给公众。审查历史文档的禁止反悔也排除了等同侵权。

联邦巡回上诉法院同意沃森公司陈述，地区法院对权利要求的解释没有错，认定不侵权方面也没有明显错。

（二）侵权判定中禁止反悔原则的适用及限制

下面介绍 Duramed 制药公司（以下简称 Duramed）诉 Paddock 实验室（以下简称 Paddock）专利侵权案[1]。

特瓦是世界上最大的仿制药制造商。2008 年，特瓦购得巴尔实验室及其子公司 Duramed。2009 年，Duramed 起诉 Paddock。原告诉称被告向 FDA 递交制造一种源于雌激素的仿制药申请，侵犯原告 US 5908638 专利权。

在涉案专利审查过程中，Duramed 针对专利局审查员的驳回意见，

[1] No. 2010－1419 (Fed. Cir. 2011).

缩小性修改了权利要求1，将一个原从属权利要求的限定特征加入到权利要求1。修改后，独立权利要求变为“用含乙基纤维素的防潮层包衣”的药物组合物。

在简化新药申请中，Paddock是用聚乙烯醇而不是用乙基纤维素作为防潮层。但专利权人认为虽字面不侵权，但根据等同替代原则侵权。

地区法院根据审查历史禁止反悔原则，驳回了原告的等同替代侵权请求。原告涉案专利中“乙基纤维素包衣层”不适用于等同替代，被告方没有侵权。原告不服，遂上诉。

上诉中，联邦巡回上诉法院维持了地区法院该判决。

附：法律界评述摘译

判定是否适应审查历史禁止反悔的方法是：首先要问是否推测性地适用禁反言，然后再问专利权人是否能克服这种推测。只有这样，当一个专利权利要求因专利性缺乏原因被缩小后，假设禁止反悔；然而，通过显示专利权人并没有打算放弃特定的等同特征，这种假设能被克服。

在Festo一案中，最高法院提出两种特定的争辩理由能用于克服这种禁止反悔的推定：（1）所涉等同特征在修改时是不能预见的；（2）修改的理由与所涉等同特征无关。另外，最高法院注意到还有其他理由也可以克服这种推定。

此案中，联邦巡回上诉法院同意适用禁止反悔，因为原告是针对审查员据现有技术提出驳回意见时，缩小了权利要求。原告并没有克服这种推定。特别是，法院认定：聚乙烯醇替代应是可预见的，因为其已经用于其他药物组合物中了。

什么是可预见的？法院认定：在修改时，如果某替代特征是与权利要求范围相关现有技术中的已知特征，就具备可预见的条件。该定义意味着可预见的替代要比显而易见的替代范围要宽。此案中，原告争辩：在修改时，用聚乙烯醇与雌激素药组合是不可预见的。上诉中，联邦巡回上诉法院认为，在禁止反悔分析中，可预见性不需要这么精确，在法院看来，只要是与其他药物化合物组合使用过就足以表明这种替代是可预见的。

许多权利要求开头都是“药物组合物”，在判断某一替代是否是可预见性时，这种措辞就决定了发明领域。可预见性并不要求精确适合的证据。即便现有技术认为聚乙烯醇在某些药物中用做防潮剂时不太理

想，但仍然公开了可用，从而在禁止反悔分析中，认为这种替代是可预见的。❶

六、结　语

统观近年美国生物医药专利判例，笔者拙见体现“有理”“有节”“有利”。“有理”指在判定是否是“专利保护适格主题”时，坚持法律原则。对实质上主要是引用自然法则的权利要求，运用撰写技巧，人为设计成似乎是应用自然法则的权利要求，如针对个体用药方法发明等，认定不是专利保护适格主题。美国 KSR 案后，专利界普遍认为有提高创造性审查标准之趋势。然近年似有“回调”，为“有节”。尤其是医药领域，美国法院正不断采取措施，确保重要化学制剂专利维持有效。化学制剂是美国强项，我国弱项。我国是化学原料药出口大国，也是化学制剂进口大国。美国尽力维持化学制剂专利有效，经济上显然“有利”。对于说明书“书面说明”，要求趋于严格，说明书对发明本身需公开充分，对发明相关内容描述，需符合逻辑，不能相互冲突。美国律师 Jason Rantanen 曾以“说明书是专利的心脏”作为案例评述文题，颇有深意。

美国联邦巡回上诉法院集专利确权与侵权判定为一身。专利审查与侵权判定是一个问题的两个方面。一个问题是指权利要求范围。权利要求类似“圈地”，地界外是公共或他人领地，地界内是权利要求范围。专利审查是站在圈内看：专利申请人划界，有没有把公园、马路、别家围墙圈进去。侵权判定是站在圈外看：被诉涉嫌侵权物等，是否落到权利要求圈内。国内国外，圈内圈外，换位看看，对问题理解更深刻。希望“他山之石”，能给我国生物医药领域专利审查与侵权判定些许参考。

❶ DENNIS CROUCH. Patent Law Blog (Patently-O). [2011－07－26]. http: // www. patentlyo. com/patent/.

印度与我国药品专利授权标准比较研究*

张晓东[1]

摘 要

印度和我国均是仿制药品的生产大国。印度药业公司近二十年来发展迅猛。2005年后，印度专利法虽然开放了药品的产品专利保护，但附加了诸多限制，特别是在药品专利的授权标准中采取了严厉的态度，如对已知物质的药品用途不授予专利，对已知物质的新形式基本不授予专利，除非该新形式产生了对该物质已知功效的增强。印度专利审查指南的规定符合印度药业产业的实际，其对药品专利严格控制授权标准对我国有一定的借鉴意义。

* 本文为华东理工大学人文社会科学校内基金项目“中外医药专利制度比较研究”（WT1122002）成果之一。

[1] 作者单位：华东理工大学法学院知识产权研究中心。

医药领域是对专利制度依存度最高的技术领域之一。医药专利制度，特别是专利的授权标准、强制许可相关规定、专利权保护力度等多方面影响到医药产业的发展，也影响到患者的药品可及性。中国和印度作为世界上最大的两个发展中国家，长期以来主要采取药品仿制策略。由于历史原因，我国较早地对药品提供了产品专利保护，而印度 2005 年才开始提供药品专利保护。虽然近年来我国的仿制药发展和新药创新能力均有所提升，但相比印度的发展还是远远落后。在世界市场，印度频频进入公众的视线，为非洲供应艾滋病药品、进入世界卫生组织采购项目、进军欧美市场、挑战跨国药企专利、颁发强制许可等等，不仅成为全球的“普药药房”，在发达国家也占据了一席之地。如何借鉴印度的经验，成为我国政府和药业行业需要认真研究的问题。本文从专利制度入手，在介绍印度药品专利制度的发展历史和专利法规定的基础上，重点探讨印度新专利法中的药品专利授权标准与我国的差异，以及对我国的启示。

一、印度药品专利制度的发展历史

印度曾为英国殖民地，其最早的专利法出现于 1859 年。1911 年专利及设计法是印度第一部关于专利保护的综合性立法。1911 年《印度专利法》开始授予药品专利权。

1947 年印度独立后，随着国内政治、经济形势的变化，印度重新审查了其专利制度。1950 年，印度修订了其专利法，规定了强制许可条款；1952 年又进行了一次修订，规定了对涉及食品、药品、杀虫剂、杀菌剂、与外科手术和治疗有关的方法等专利的强制许可。之后经多次立法讨论，印度于 1970 年最终通过了独立后的第一部专利法，即 1970 年专利法，对其专利制度进行了大幅度的修改，[1] 其中特别明确了药品、食品及农业化学品等产品本身不能授予专利，只对上述产品的生产方法授予专利，并减少了食品、药品相关方法专利的保护期。一般的专利保护期为 14 年，但是食品、化学品和药品的生产方法专利的保护期则为从专利申请之日

---

[1] THE PATENT OFFICE OF INDIA. Draft Manual of Patent Practice and Procedure (third edition, 2008) [EB/OL]. [2012－11－15]. http://www.ipindia.nic.in/ipr/patent/DraftPatent_Manual_2008.pdf.

起 7 年或从专利批准之日起 5 年，以期限较短者为准。

1994 年印度签署了 TRIPs 协议。TRIPs 协议的条款虽然于 1996 年初就对所有签约国生效，但 TRIPs 协议的第 65.2 条和第 65.4 条在履行所有义务（与国民待遇和最惠国待遇相关的义务除外）方面给予发展中国家 4 年的过渡时期，另外还给予申请加入 TRIPs 协议时对技术领域的产品没有进行专利保护的国家 5 年过渡时期。因此，印度只要在 2005 年前修改其专利法，对食品、药品等进行专利保护即可满足 TRIPs 协议的要求。

签署 TRIPs 协议后，1999 年印度通过了新的专利修正法案，并追溯至 1995 年 1 月 1 日生效。该法案对 1970 年专利法修改最大的地方在于承认了药品、食品和农业化学品产品可授予专利权，并依照 TRIPs 协议的要求，专利申请人自 1995 年 1 月 1 日起可以通过“黑箱”系统向印度专利局递交专利申请，但专利局对此类专利申请要到 2004 年 12 月 31 日后才开始审批。修正法案还对上述产品在印度市场销售、分发的市场专卖权作了过渡性安排，自 1995 年 1 月之后，对于印度境外的上述产品发明，若其在 1995 年 1 月 1 日之后在 WTO 签约国申请了专利且已得到了专利权，或已得到了市场专卖权，则印度也提供市场专卖权保护，期限是从批准之日或专利权授权之日起 5 年。2002 年，印度再次修订了 1970 年专利法，将专利的保护期从 14 年增加到 20 年，并限制了专利强制许可的理由，规定因公共利益、国家安全、印度传统、公共健康等原因国家可以对专利实施强制许可。

为了履行 TRIPs 协议，2005 年 4 月 4 日，印度新专利法修正案颁布。新专利法正式明确对药品、食品和化学制品提供产品专利保护，取消市场专卖权，并落实多哈宣言，对颁发药品强制许可进行了新的规定，允许向没有药品生产能力或生产能力不足的国家出口药品，以应对突发性公共健康危机。虽然开放了药品专利，但印度对药品发明是否可获得专利权仍规定了许多限制。印度专利法中也存在 Bolar 例外，允许平行进口，并且不承认数据独占权。这使得新专利法仍旧为印度的仿制药厂商预留了一定的生存空间，也为印度从国外获得相对低价的药品预留了通道。

二、印度现行专利法中关于药品专利的特殊规定

2005 年《印度专利法》在第 3 条、第 4 条（涉及原子能相关技术）规定了不可专利的发明，其中，第 3 条（d）款为新增条款，涉及化学物质的发明。因限制严格，该款一度引起巨大争议。印度专利局颁发的第一个专卖权药物是瑞士诺华公司的抗肿瘤药物格列卫（Glivec），但自 2005 年新专利法生效后，依据新专利法，由于已有药物的新晶型在未增强其已知效果的情况下，是不可专利的发明，格列卫专利的“黑箱”申请被驳回，格列卫在印度不能获得专利权。诺华公司为此指责该款与 TRIPs 协议相悖，并为此诉至印度马德拉斯高等法院，但时至今日，该款仍为有效条款。

《印度专利法》第 3 条　不可专利的发明

……

（d）仅发现了已知物质的新形式，而该新形式并没有增强其已知效果；或仅发现了已知物质的新特性或新用途；或仅发现了已知方法、仪器或设备的新用途；除非该已知方法产生了新的物质或采用了至少一种新的反应物；

解释：本款的目的是，已知物质的盐、酯类、醚类、多晶型、代谢物、纯净态、粒度、异构体、异构体混合物、络合物、混合物以及其他衍生物应被视为相同的物质，除非它们产生了特别明显的功效。

（e）单纯的由不同组分混合而成的混合物，混合物的性质是这些组分的简单加和，或是由生产这种混合物的方法导致的；

……

从上述条款来看，在医药领域，印度对不能增强已知物质已有功效的新形式不授予专利权（涉及大量的已有药品的改进发明），已知物质的新用途不授予专利权（涉及已知物质的新药品用途），不同组分的简单混合物不授予专利权（涉及药品配方和剂型改良等），针对人类的诊断和治疗方法不授予专利权，动植物的全部或任何部分不授予专利权，实际上是传统知识的发明不授予专利权（涉及传统医药，如草药），其限制相当多，这与我国的制度相比，有很大不同。

三、印度专利审查指南中对药品专利的审查规定

作为落实专利法的重要部门规章，印度专利审查指南在药品专利审查方面进行了详细规定。

2005年专利法修订后，印度专利局颁布的2005年《专利审查指南》的附件1❶专门规定了涉及化学品、药品和生物技术的发明的审查规则，明确涉及的相关种类包括：新药物分子、药物制剂；有协同效应的组合物；新化学实体（NCE）与已知组分的组合物；农药；新的一般化学品；通过生物技术、微生物学或生化方法获得的新产品；微生物；从自然界分离得到的新产品。并认为这些产品授予专利权的标准应当在法律框架和法院裁决下仔细斟酌。该指南指出：

对化学品、药物、农药和生物技术等领域的产品授予专利权，对公众健康、全球的技术经济、市场情况和该领域的工业竞争有重大影响。

并对附件1的重点进行了阐述：

本指南的目的是为了给审查员在审查下列领域的专利申请时提供帮助：药物，农药和其他化学品，尤其是同分异构体，多晶型，药物前体，活性代谢物，水合物及其他化学物质等。

2005年印度《专利审查指南》还指出，下述内容对考虑是否授予产品专利非常重要，包括：（1）确定适当的现有技术；（2）评估权利要求所述产品或方法的新颖性；（3）创造性的确定；（4）工业实用性的标准；（5）发明的单一性；（6）公开的充分性及权利要求的范围。

在2005年印度《专利审查指南》中，明确规定了一些不可专利的情形；并对化学物质的同分异构体、同系物、多晶型、代谢物、药物前体、水合物及其他物质、提纯态能否获得专利进行了详细的而且相对苛刻的规定。这些规定增加了新案例后被纳入2008年《专利审查指南》❷，并在

---

❶ THE PATENT OFFICE OF INDIA. Draft Manual of Patent Practice and Procedure (2005) [EB/OL]. [2012-10-15]. http://www.indyvation.com/Mashelkar%20Committee%20Report.pdf.

❷ THE PATENT OFFICE OF INDIA. Draft Manual of Patent Practice and Procedure (third edition, 2008) [EB/OL]. [2012-10-15]. http://www.ipindia.nic.in/ipr/patent/DraftPatent_Manual_2008.pdf.

2011 年新公布的《专利审查指南》❶ 中进行了进一步的补充说明。

四、印度与我国药品专利授权标准比较

（一）关于已知物质的新药品用途的可专利性

我国《专利法》对药品专利申请的审查不存在不可专利的情形。《专利法》第 5 条和第 25 条均未对药品作出排除性规定。《专利审查指南 2010》也没有排除性的规定。我国《专利审查指南 2010》明确已知物质的新用途（如已知物质的新药品用途）在满足新颖性和创造性的条件下可以获得专利❷。其中新颖性的判断标准是：

（1）新用途与原已知用途是否实质上不同。仅仅表述形式不同而实质上属于相同用途的发明不具备新颖性。

（2）新用途是否被原已知用途的作用机理、药理作用所直接揭示。与原作用机理或者药理作用直接等同的用途不具备新颖性。

（3）新用途是否属于原已知用途的上位概念。已知下位用途可以破坏上位用途的新颖性。

（4）给药对象、给药方式、途径、用量及时间间隔等与使用有关的特征是否对制药过程具有限定作用。仅仅体现在用药过程中的区别特征不能使该用途具备新颖性。

创造性的判断标准是：

对于已知产品的用途发明，如果该新用途不能从产品本身的结构、组成、分子量、已知的物理化学性质以及该产品的现有用途显而易见地得出或者预见到，而是利用了产品新发现的性质，并且产生了预料不到的技术效果，可认为这种已知产品的用途发明有创造性。

但根据印度专利法，印度专利审查指南明确排除了已知物质的新用途的可专利性，而不论该新用途是否是意料不到的：

仅仅发现已知物质的新特性不可专利；

---

❶ THE PATENT OFFICE OF INDIA. Draft Manual of Patent Practice and Procedure (Version 01.11，As modified on March 22，2011)［EB/OL］.［2012－10－15］. http：//www.iltb.net/wp-content/uploads/2011/03/Manual-of-Patent-Office-Practice-and-Procedure.pdf.

❷ 中华人民共和国国家知识产权局．专利审查指南 2010［M］. 北京：知识产权出版社，2009：284－286.

仅仅发现已知物质的新用途不可专利（如，将早先用于镇痛目的的阿司匹林用于治疗心血管疾病是不可专利的；氯喹的新用途——治疗肉状瘤病（真菌性疾病）、传染性单核细胞增多症（病毒性疾病）和糖尿病神经炎（神经性炎症）不可专利）；

已知方法的新用途不可专利，除非该已知方法产生了一种新产品或采用了至少一种新的反应物。

（二）关于已知化学物质的新形式的可专利性

印度专利审查指南对已知化学物质的新形式能否获得专利权明确规定：

仅仅发现已知物质的新形式，该新形式没有产生对该物质已知功效的增强，不可专利。

并指出，已知化学物质的新形式，从无定型到结晶体或从结晶体到无定型，从吸湿到干燥的，从一种异构体到另一种异构体，代谢物，络合物，多种形式的组合物，盐，水合物，多晶型，酯类，醚类，或新的粒度，都应被视为与已知的物质相同，不能授予专利，除非这种新的形式在性能方面有着特别明显的功效区别。也就是说，新的物质形式必须是对已知物质已知功效的提升，对药物而言，功效即为“疗效”。

印度马德拉斯高等法院（the Madras High Court）在审理格列卫专利案中指出：

判断专利申请人所希望表明的“疗效”和“治疗性”……，就是判断新发明在疾病的治疗或对身体有益方面有怎样的效果，换言之，专利申请人需要明确无误地指出其已获专利的药物的“疗效”以及其已获专利的药物的疗效和其正申请专利的药物的疗效之间的区别。若已知物质的新形式与原始物质已知的疗效相比有提高，则基于衍生物的疗效与原始物质间的显著差异，衍生物和原始物质不再被认定为同一物质。(Novartis AG vs. Union of India W. P. 24760/06)

就具体情形，印度专利审查指南进行了分类规定，如针对光学异构体，明确：

已知化合物具有手性对称中心，其对映异构体是显而易见的。因为本领域普通技术人员知道具有手性对称的化合物有两种旋光型。因此，其对映体不能授予产品专利。……例如：(S) 一对映体的化合物声称在抗糖尿病方面比 (R) 一对映体更有效，而现有技术表明相同的化合物具有抗糖尿病性能是已知的，因此这样的权利要求是不允许的。

再如针对多晶型，指出：

某些化合物存在多晶型，以不同的形态结晶。这些形态被视为现有技术，不能授予专利权。然而，如果多晶型是用具有创造性的新方法制备的，则可以允许该新晶型的方法专利。某些医用活性成分具有多晶型，并在医疗用途上有或多或少的不同特性。但如果这些多晶型是根据活性成分基本专利的方法直接获得，或者已经落入在先产品专利的保护范围，这些形态可被视为现有技术，不能授予专利权。

在对药品新晶型专利申请的驳回案中，诺华公司的“格列卫”专利申请最具有代表性。格列卫是诺华公司的原创药物，化学名称为甲磺酸伊马替尼，分子式为 $C_{29}H_{31}N_7O \cdot CH_4SO_3$，分子量为 589.7，晶型为 β 晶型。涉及格列卫的药物新化学实体的发明专利申请最先由诺华公司于 1992 年 4 月 3 日向瑞士专利局首次提交（申请号 CH1083/92-1，下称 92 专利），但由于 1993 年印度尚未批准 TRIPs 协议，对药品不授予专利权，因此，该化学实体发明未在印度提出专利申请。在 92 专利中，没有涉及各种衍生物的不同晶型，那么制备出纯的已有的甲磺酸伊马替尼的新晶型就成为一个新的发明，可以申请新的专利。1997 年 7 月 18 日，诺华公司向瑞士专利局提交了 β 晶型甲磺酸伊马替尼的专利申请（申请号为 CH1764/97），并于 1998 年 7 月 16 日引用优先权提交了 PCT 申请（申请号 PCT/EP98/04427，国际公开号 WO99/03854），指定了多个国家。由于当时印度已加入 TRIPs 协议，可以以“黑箱”模式接受 1995 年 1 月 1 日以后的药品专利申请，因此，诺华公司于 1998 年 7 月 17 日向印度提交了该申请（申请号为 1602/MAS/98）。基于 1997 年的 β 晶型专利申请，诺华公司推出了主要用于治疗慢性骨髓性白血病的新药——格列卫，于 2001 年 5 月 10 日由美国食品和药品管理局（FDA）首先批准上市。2002 年 4 月在印度上市。[1]

自 2005 年 4 月 4 日新专利法生效后，格列卫专利的“黑箱”申请进入专利审查程序，根据印度专利法，6 家仿制药公司及印度癌症病人帮助组织（Cancer Patients Aid Association，CPAA）向专利审查部门递交了

---

[1] NOVARTIS. History of Glivec in India [EB/OL]. [2012－10－17]. http://www.novartis.com/downloads/about-novartis/glivec-history-india.pdf.

授权前异议[1]，指出依据新专利法第3条（d）款，已有药物的新晶型若不能表现出特别明显的功效提升，是不可专利的发明。

印度专利局认为，针对此案，“功效”是指相对已知物质伊马替尼的药用盐而言，β晶型甲磺酸伊马替尼必须对前者的已知药用效果产生明显的“增效”；而诺华公司认为新的β晶型改进了非晶型或晶型甲磺酸伊马替尼的成药性能，即显示了“功效”。印度专利局不能接受诺华的观点。之后，诺华公司提交补充证据，曾试图证明在大鼠实验中β-晶型式Ⅰ化合物甲磺酸加成盐相比其他已知化合物在生物利用度方面增加了30%，这的确是一项证实药物效果的证据，但该数据未在原始申请书中披露，因此专利局拒绝接受这一证据，最终于2006年1月基于2005年《专利法修正案》第3条（d）款，驳回了格列卫的专利申请。

诺华公司不服，2006年8月，向印度钦奈高等法院起诉印度专利局和印度政府，认为专利局2006年1月作出的驳回专利的决定缺乏法律支持和事实依据，并认为印度专利法案含糊、暧昧，要求宣布专利法第3条（d）款违反印度宪法和TRIPs协议。2007年8月6日，印度马德拉斯高级法院认定专利法第3条（d）款不违反印度宪法，并认为该条款是否与TRIPs协议原则相一致只有WTO争端解决机制委员会有管辖权审查，印度法院无权审理该动议。而就格列卫药品的可专利性问题，印度知识产权上诉委员会（IPAB）直到2009年7月才作出裁决，仍旧以格列卫专利申请缺乏对已有药物效用的明显提升为由，驳回了诺华的起诉。2009年8月，诺华向印度最高法院提起了上诉。该案至今仍没有最终决定。

另外，关于已知物质的水合物及其他衍生物，印度专利审查指南认为，如果解决了稳定性、吸收率或制备过程中长期未决的问题，可以考虑方法的专利性问题。但要想获得产品专利，则必须达到“疗效”上的提升。

在M/s. Astra Aktiebolag案中，印度专利局认为，根据2005年《专利法修正案》第3条（d）款的规定，权利要求所述的发明不具有可专利

[1] FEROZ ALI KHADER. Transcending Differences: The Challenge for Pharmaceuticals in the Post-TRIPs Indian Patent Regime [J]. Journal of Intellectual Property Rights, 2008 (13): 424－431.

性。因为“所涉药物制剂是对现有技术的一种优选，即 HPMC（羟丙基甲基纤维素）的浊点在 45.6℃以上，但具有相似的医疗用途和相同的治疗效果。申请人所称的涉案申请的产品在治疗方面的有益效果对使用者并没有增加，对生产者而言只是增加了制剂的黏度……”。

在专利申请 No. 1577/Del/1996 的驳回案中，印度专利局认为，“所涉发明提供了已知物质——阿伐他汀 III（降血脂药）的新构成——无水或水合物，但具有相同的治疗领域和效果。仅声称物理性能有所提高，然而与现有技术的化合物相比，其疗效并没有改变。因此该新构成不符合专利法第 3 条（d）款的要求。”

相比印度现行专利审查指南，我国对药品的专利审查没有特别的章节规定。相关细节和示例也很少。我国《专利审查指南 2010》对已知化学物质的新形式是否应当予以授权的概括性规定主要体现在创造性审查过程中。《专利审查指南 2010》第二部分第十章明确要满足创造性，则：

结构上与已知化合物接近的化合物，必须要有预料不到的用途或者效果。此预料不到的用途或者效果可以是与该已知化合物的已知用途不同的用途；或者是对已知化合物的某一已知效果有实质性的改进或提高；或者是在公知常识中没有明确的或不能由常识推论得到的用途或效果。

但我国《专利审查指南 2010》中没有进一步涉及细节，如已知药物的不同晶型、异构体、不同的盐、代谢物、药物前体等情况如何认定创造性，也未明确上述的“预料不到的效果”在药品专利审查中是指“疗效”上的预料不到的效果呢，还是物理或化学性质上的预料不到的效果。药物专利审查专家张清奎先生在专业书籍中的看法是：[1]

一般来说，已知化合物的不同物理形式与已知化合物本身具有相同的用途，只是新的物理形式可能改善了化合物的某些性能，如溶解性、稳定性、与某种物质的相容性等，当物理形式的改变不能给已知化合物带来意想不到的效果时，就不能满足专利法关于创造性的规定。

从上述表述看，我国在药物的新形式方面的审查要求其“物理形式的改变”“给已知化合物带来意想不到的效果”，似乎只要能够论述溶解

[1] 张清奎．医药及生物技术领域知识产权战略实务［M］．北京：知识产权出版社，2008：116.

性、稳定性等的改善能给已知化合物带来意想不到的效果，例如明显改善了药品的可加工性、延长了药品的保质期等就可以获得授权。从我国已授权数百项的新晶型专利❶的情况看，目前该方面的审查比较宽松。以专利号为CN 200880110107.4的“新晶型”专利为例，该专利涉及佐芬普利钙的新无水晶型，权利要求采用晶体X射线粉末衍射（XRPD）峰位来限制，说明书对其优势的描述主要集中在新的晶型在溶解速率方面的增加，对于治疗效果则没有提及。

就光学异构体而言，专业书籍的看法是：❷

在外消旋体混合物公知的情况下，对于选择构成所述外消旋体混合物的光学活性异构体产物的发明来讲，其创造性在于该旋光异构体与现有技术（通常为外消旋体混合物）在效果上是非显而易见的。另外，还需要考虑的是现有技术状况，特别是选择范围的大小，如已知化合物分子中仅有一个不对称碳原子，要求保护的一种异构体就是在两个化合物中进行选择，一般来说这种选择就比较容易，在判断创造性时，对效果要求应该比较苛刻；随着不对称碳原子个数的增加，进行选择的困难越大，并且其制备的难度也会加大，与此相应的是在判断其是否具有创造性时，对效果的要求应低于仅有一个不对称碳原子的情况。

上述观点采取了一种较为灵活的审查标准。同样地，什么是“效果”上的非显而易见并不是很明确。

对于药物混合物能否授予专利权，印度的审查标准和我国是相近的。均认为单纯的由不同组分混合而成的混合物，若混合物的性质是这些组分的简单加和，或生产这种混合物的方法导致的，则该混合物不具有可专利性。但若混合物产生了协同作用，则具有可专利性。协同效应必须在申请专利时通过对比的方式在说明书和实施例中明确提出。不过印度对于药物混合物的剂量和剂型变化明确规定：

已知药物混合物的不同剂量和剂型，如胶囊、片剂、糖浆、悬混液等不可专利。

---

❶ 在中国知识产权网专利信息服务平台高级检索页面 http：//search.cnipr.com/pages!tableSearch.action中选择“中国发明授权”，在名称栏中输入“晶型”，截至2013年5月23日，检索结果376项。

❷ 张清奎．医药及生物技术领域知识产权战略实务［M］．北京：知识产权出版社，2008：116.

我国对此则没有明确规定。剂型变化若满足创造性的审查标准，一般是可以获得授权的。

五、对我国的启示

印度和我国均是仿制药品的生产大国。但中国仿制药品主要供应国内市场，在国际市场上的份额远低于印度。印度药业公司近二十年来发展迅猛，一直是向发展中国家提供仿制药的重要力量，在美国也获得了多项 FDA 的仿制药批准。根据无国界医生组织的研究报告，印度药厂生产的药物占到了出口发展中国家药物的 67%，同时也几乎占到了联合国儿童基金会所分配药物的一半。[1] 印度药业公司的崛起与印度药品专利制度的滞后发展是分不开的。在新药研发者、仿制药制造者以及公共健康利益之间如何维持平衡是一个极具挑战的问题。2005 年后，印度专利法虽然开放了药品的专利保护，但附加了诸多限制，特别是在药品专利的审查和授权标准中采取了极为严厉的态度。以格列卫案为例，格列卫目前在全球范围内近 40 个国家或地区都有专利权（包括中国和俄罗斯）。因此，格列卫在印度不被授予专利权充分显示出印度对药品专利的授权基准与他国的不同，表明印度政府对公共利益倾注了更多关注，在短期内，对印度仿制药公司的发展也留下了更多的空间，符合印度的国情。据无国界医生组织估计，约有 9 000 种印度药物专利申请会受到格列卫专利诉讼的影响。[2]

药物发明涉及两种类别的发明：基础发明和改进发明。在基础发明部分，印度专利法与全球其他国家或地区的专利法一致，对药用新化学实体授予发明；但在改进发明部分，例如发明了已知化学物质的新药物用途、对已知化学物质进行了晶型选择或制备了盐或酯、进行了纯化、采用了新剂型等，印度专利法的规定则明显比其他国家或地区严格得多。这种严格的标准在很大程度上抑制了原研药公司的专利“常绿化”战略，

---

[1] 王丽平，陈其庆．从诺华专利诉讼被驳回谈起——印度专利法保护了谁？［J］．中国卫生产业，2007，11：84－86.

[2] 科学技术部社会发展科技司．生物医药发展战略报告——专利篇［M］．北京：科学出版社，2009：262－263.

使得后者通过逐步微小改进，隔一定时间申请一项改进专利，从而变相延长药品的专利保护期的规划落空。

专利授权标准的严格不仅影响到跨国药企，也影响到本土药企。本土药企在印度的专利法框架下要获得创新收益，一定要进行原始创新，难度较低的在他人专利基础上进行的改进发明不一定能得到专利保护，这使得印度本土药企的研发难度也大大增加，促进了印度药企进行原始创新，从而在世界范围内获得了一席之地。反观我国，药企大量的精力放置在仿制药上，或者进行晶型、剂型等改良上，缺少原始创新的压力和动力，虽然获得了一些改良性的专利，如晶型专利、剂型专利等，但对提升市场竞争力的影响不大。

与印度相比，我国虽同为发展中大国和仿制药生产大国，在药品专利的授权标准方面目前处于比较宽松的状态。TRIPs 协议中并未明确规定药物的新用途必须给予专利授权，有国外学者指出："涉及已知物质的新用途的发明会被认为是不可专利的，因为其可以被看做是一项发现，或者，若是药品的新用途的话，会被认为是治疗方法，而治疗方法被 TRIPs 协议及许多国家法律认为是不可专利的。"[1] 但我国自 1992 年《专利法》第一次修订后就从未排除已知物质的用途专利。辉瑞药业的"万艾可"专利就是典型的已知物质的新药物用途专利。另外，我国对于药品专利的创造性标准把握较为宽松，因此，不论跨国药企还是本土药企，都获得了大量的改进型药品专利。在印度专利法的框架下，构建一个药品专利网是比较困难的，在我国则相对比较容易。

创造性标准是一个弹性标准，应该在考虑本国产业的发展基础上进行调整。而我国药业产业需要什么样的一种专利授权标准，需要进行仔细研究。参考并跟踪印度专利法运行的经验和问题，有助于我国进行必要的策略调整。特别是在近两年美国也调整了"创造性"标准，引入了"显易尝试"判断标准[2]对药品专利进行严格审批的情形。作为药品原创

---

[1] CORREA C. Intellectual property rights, the WTO and developing countries [M]. London, Zed Books, Third World Network, 2000: 56.

[2] THE UNITED STATES PATENT AND TRADEMARK OFFICE. Examination Guidelines Update: Developments in the Obviousness Inquiry After KSR v. Teleflex [Docket No.: PTO - P - 2010 - 0055]. [EB/OL]. [2012—10—17]. http: //edocket. access. gpo. gov/2010/pdf/2010—21646. pdf.

重要发源地的美国和作为仿制药生产量最大的印度都在严格其药品专利的授权标准，我国的路该如何选择？笔者认为，我国的药品创造性审查标准有必要提高，在不违反 TRIPs 协议的规定下，严格把握授权标准，即使不能排除对已知物质的新药物用途授予专利，也应考虑将对药物治疗功效无明显提升的药品改进型专利排除出去，这样一方面可以拓展我国仿制药的生产能力和生产类别，另一方面也有助于我国患者获得更多药品。对于跨国药企来说，由于原创性的药品仍旧受到专利保护，其利益并不必然受到损害，只是其通过专利法将其专利药品“常绿化”的策略受到限制而已；对于本土药企而言，若不进行原始创新，则难以利用专利制度带来的竞争优势，不利于企业加强研发投入和人才培养，制定面向原始创新的长期战略规划，并最终在国际上获得竞争力。

关于组建和运用专利联盟的思考与建议

胡嘉禄[1]

摘要

近年来，随着专利战略不断深入推进，全国各地各种专利联盟的组建和运用开始不断增多。如何认识、看待、组建和运用专利联盟，已成为推进创新驱动战略和专利战略的一个新课题，本文试对其进行分析和研究，并提出进一步做好的建议。

---

[1] 作者单位：辽宁省知识产权局。

一、专利联盟的内涵与形式

（一）专利联盟的概念

目前，国内知识产权界对专利联盟（也有称同盟）的科学界定还没有形成统一的定论。但归纳起来一般可以认为，所谓“专利联盟”（Patent Pool）是指由多个专利拥有者，为了能够彼此之间分享专利技术或统一对外进行专利许可和保护而形成的一个正式或者非正式的联盟组织❶。在 1995 年美国司法部和联邦贸易委员会联合颁布的《知识产权许可和反托拉斯指南》中阐述为“交叉许可和联盟安排是不同知识产权人的两个或两个以上所有者相互许可或联合对第三方许可的协议。这些安排通过互补性技术的一体化、减少交易成本、消除封锁性地位以及避免高成本的侵权诉讼等，带来促进竞争的好处”。由于该指南在美国相关执法实践中具有权威地位，并产生了重要的世界性影响，其对专利联盟的诠释也就成为得到普遍认可的一种标准定义。综上，所谓专利联盟实际上是企业之间基于共同的发展战略意义，以一组相关的专利技术为纽带达成的技术和市场联合体。特点是联盟内部的企业实现专利的交叉许可或者相互优惠使用彼此的专利技术，对联盟外部共同发布联合许可声明，共同维护联盟的集体专利权益，以实现利益最优化。

（二）因价值目标不同而形成的专利联盟的基本形式

依据不同的标准和目的，专利联盟可从不同的角度进行分类，但大致可分为四种类型：第一种，以联盟是否向第三方开放为依据，可划分为封闭性专利联盟和开放性专利联盟。所谓开放性联盟，指两个或更多企业组成联盟许可专利给第三方；所谓封闭性联盟，即由三个或更多企业组成联盟相互之间共享专利。❷ 第二种，以联盟是否联合对外进行专利许可为依据，可划分为互助性联盟与经营性联盟。第三种，根据联盟是否以利润最大化为价值目标，可分为营利性联盟和公益性联盟。第四种，

---

❶ CARL S. Navigating the patent thicket：Cross licenses，patent pools，and standardsetting ［C］// Adam Jaffe. Joshua Lerner，Scott Stern. Innovation Policy and the Economy. USA：MTT Press，2001：7.

❷ Robert PM，Richard R N. On the complex economics of patent scope ［J］. Colum. L. Rew. 1990（90）：839－861.

以专利联盟是在生产科研领域还是在经营销售领域组建，可分为产学研型专利联盟和市场垄断型专利联盟。也可以是由两个专利权人以上为达成相互的交叉许可组成的联盟，也可以是拥有成千上万个专利的大型公司组成的联盟，还有的是标准化组织或协会组成的联盟，构成对整个行业的技术控制，从而形成事实标准。

（三）专利联盟都具有的共同特点

（1）专利联盟是整合了联盟成员专利并可以对联盟专利进行相关许可的集权的独立实体；（2）专利联盟要使用各种方法对专利进行评估并对联盟专利许可费收益进行分配。我国目前已组建的专利联盟的主要价值目标是以联合科研力量，实现资源共享，增强行业整体竞争实力，并努力成为全球行业技术标准的制定者和技术创新的领先者为目标的生产领域。在这一战略思想的指导下，我国行业专利联盟应该确定为开放性、经营性、非营利性组织。在开放性组织模式下，联盟可以及时吸纳新力量，并保证联盟内部一定程度的竞争性，避免联盟的僵化。经营性模式则赋予了联盟活力，实现了创设技术转移平台的制度设计初衷，有利于我国企业影响力的扩张；而非营利性模式可一方面逐渐适应市场经济条件的要求，对内优惠不收费，对外可以营利为目的进行专利许可，更好地适应联盟成员多为营利性经济单位的特性。

二、组建专利联盟的作用

专利联盟的出现标志着专利竞争领域的一个重要转变，即从以单个专利为特征的战术竞争转向以专利组合为特征的战略竞争。从竞争的性质来看，专利联盟既可以是进攻性的，也可以是防御性的，专利联盟作为一种企业组织形式，通过一定的专利组合或者搭配，可以在短时间内改变产业的竞争态势，为企业带来多重价值。

（一）有助于联盟成员获得最大的收益

所谓“专利”，是指一项发明创造向国家审批机关提出专利申请，经依法审查合格后主管机关向专利申请人授予的在规定的时间内对该项发明创造享有的独占权。但是独占，对于多数中小企业而言，由于企业规模小，创新投入不足，他们申请和拥有的专利多半是数量少，质量不很高。总体看，这些专利星星点点，单摆浮搁，缺少专利布局，很少能形成既能对自己保护好又能对竞争对手构成威胁的专利池，所以独占是很困难的。如中小企业能在创新和专利保护联合起来，抱团取暖，形成合力，组建专利联盟，对内实行交叉许可，对外或实行专利许可，或排除专利侵权，就可通过专利的独占形成产业利益的最大受益者和技术的独占者，使联盟成员最大限度的运用专利制度，获取最大的收益。

（二）有助于推动技术创新的发展

专利联盟一方面降低了获取知识产权的成本，另一方面也增加了获得新的专利权的可能性，进而使参加联盟的企业都获得竞争上的优势地位。随着科技的不断发展，一个技术或技术产品的产生往往需要多种互补性专利技术的支持，通过专利联盟可以使单个或少量技术无法完成的专利技术产业化变为现实，可以促进技术在联盟成员间的转移而促进技术的产业化，特别是产学研合作型的联盟对于加快技术开发速度和提高技术开发能力有着积极的推动作用。如沈阳机床集团就是与中科院和相关大学联合开发数控机床的数控伺服系统取得了多项核心技术专利，提高了企业在行业竞争实力。在竞争日益激烈的今天，战略联盟比单独研究、完全依赖自身资源进行经营的公司往往具有更强大的竞争优势，专利和技术联盟一方面降低了集团技术开发的成本，使得公司取得知识产权更为容易，同时，联盟本身资源的内部化过程又使知识产权市场化的弊端降到最低。在建立专利联盟的过程中，成员之间对于自己拥有的知识产权采取交叉许可、技术互换、资源共享等方式进行合作，从而形成新的技术资源。联盟内可以共同使用、共同开发专利技术，而不需到市场上购买自己需要的技术，同时，也避免了那种以自己的出价购买不到必要技术的情况发生。

（三）有助于降低专利技术研发、转化和保护成本

科技的发展和竞争的全球化使企业特别是中小企业开发新产品、新技术的费用越来越高昂，特别是研发战略新兴产业的专利技术，高昂的研发费用支出对于任何一个企业来讲都是沉重的。因此，充分利用其他企业的知识资源进而互相利用对方的技术资源必然成为企业，特别是中小企业取得经营优势的一种可行方案。而专利联盟形式的技术合作可以降低公司获得技术的费用，一个需要多种专利产品的开发者可以一次性和专利联盟谈判，从而减少分别与各个专利所有者进行重复性谈判的交易费用。

（四）有助于专利权的保护

特别是专利权又是以技术公开为前提的保护，所以专利权极易被他人不经同意而仿制和使用，而又不容易为所有者所控制，再加上执法难，诉讼成本高，因此，尽管有专利法的保护，但仍不能避免知识产权侵权的发生。企业的创新和所有的知识产品也并不总是能够得到司法和行政执法的良好保护。当不同企业从事相似的技术研发和产品生产时，产生知识产权诉讼冲突的现象就时有发生，这种冲突不仅很难预测，且解决冲突的成本往往又很高。专利联盟的组建，利用集体的力量，对于没有能力提起高成本的专利侵权诉讼的小型企业和专门化研究企业来说，可以抱团取暖，集体维权，降低专利技术的实施和诉讼成本，收益会更大。

（五）有利于我国企业走出去，形成行业核心竞争力

专利联盟的核心作用在于提高企业的核心竞争力，拥有能够进入技术垄断市场的自主知识产权，实现企业的可持续发展和利益最大化。建立专利联盟将为行业的健康、持续发展提供强大的智力支持。近年来，跨国公司在经营中形成了在知识产权方面有一致利益的战略联盟，这些联盟既包括技术联盟，也包括为了自己的知识产权利益而建立的准政治组织——专利联盟，以及所谓的民间组织或行业协会组织。在国际知识产权制度的形成过程中，这些组织通过法律赋予的权利，不断将他们所代表的跨国公司的利益反映到政权机构中，以政治的方式实现自己的知识产权利益。据统计，全球500强企业有60个主要的战略联盟，结盟已成为众多企业的首选。通过联盟在群体内优势互补，联合出海，成为行业中的领先者甚至地位是联盟企业的最终目的。我国企业要想做大做强，乃至实施“走出去”战略，就须学会“造大船”联合起来组建专利联盟，形成合力。建立以专利联盟为核心的知识产权战略联盟，是提高我国行业核心竞争力，积极参与国际竞争的必然选择。

三、组建或加入专利联盟的重要意义

一是提升我国行业自主创新能力和技术水平的最佳路径。2012年底，我国国内当年专利申请已达205.1万件，同比增长25.5%，PCT专利申请达 19 926 件，同比增长 14%[1]。我国可以说是专利申请大国，但不是专利拥有的强国，不少领域在短时间内尚没有足够的核心技术与跨国公司进行竞争。而通过组建专利联盟的方式，可以使我国企业在一定程度上摆脱这种不利地位。自主创新是我国企业和行业发展的必然路径。长期以来，由于技术底子薄，以及产业集中度不高，我国企业和行业的科研实力不够强大，在与国际企业和行业巨头的竞争中处于下风，甚至在本土的专利格局中也是落后状态。组建企业和行业专利联盟就是要通过资源和技术整合来增强行业整体科研力量，强化企业自主创新能力，尽快提升自主技术水平，可加强我国企业之间的技术协作，使我国企业在实力相对弱小的情况下，凝聚集体力量来对抗实力强大的跨国公司的专利攻势。

二是为企业带来更大的经济效益的新型组织形式，专利保护可以防止企业由于技术外溢而产生利益损失，但过分的保护就会影响技术的普及和扩散，不利于产品的销售和利益最大化，也容易给竞争对手可乘之机。专利联盟可以通过联盟内企业的专利交叉许可和联盟外企业的批量许可，来弥补专利技术保护过分的缺点，放大企业专利技术的扩散效应，扩大新技术的推广与应用，为企业带来巨大的经济效益。也就是说专利联盟可以放大企业的专利技术扩散效应。如美国德州仪器公司目前每年的专利许可费收入就达到 8 亿美元，而其中的主要秘密就是专利联盟。[2]

三是实现放大专利技术之间的协同倍数效应。单个企业再强大，其拥有的资源也是有限的，也不可能同时拥有或控制整个行业的核心技术，难在产业技术上获得绝对优势。如与相关企业和研究机构进行广泛的合作，建立专利联盟，则可使企业迅速获得企业以外的资源，形成更强大的技术实力，进而在行业内建立技术标准体系，使联盟成员获得稳定的市场份额，产生联盟企业内技术的协同效应。为达到此目的，有必要采取专利联盟的策略。专利联盟通过整合互补性专利极大地促进技术转移。一方面，联盟内部的交叉许可使得成员各自所有的专利在联盟范围内有序流动、共享；另一方面，联盟的联合对外许可大大降低了专利转让的交易费用，并使其组织化、规范化，极大地提升了技术转移活动的规模

[1] 中华人民共和国国家知识产权局 2012 年报告。

[2] 朱振中，吴宗杰. 专利联盟的竞争分析 [J]. 科学学研究，2007 (1).

性与稳定性。

四是将同业竞争关系变为专利联盟合作关系的重要载体。专利联盟的重要内容就是实现成员间的联合研发和各自成果的交叉许可，是规模性、长期性技术合作机制的可靠载体。同业间的专利联盟的合作形式改变了以往企业之间的敌对竞争关系，进而形成了一种合作竞争的关系。专利联盟可有效地降低联盟成员企业的风险和成本，弥补单个企业资金、技术和人才的不足，缩短新产品、新技术的开发周期等。加入专利联盟可能有时会导致短期收益相对减少，但却能够形成长期固定的市场效益，同时也可以极大地分散企业经营的风险。由于体制和产业结构原因，我国多数行业的科研资源较为分散，进一步弱化了本就薄弱的创新力量。在实际的科研工作中，出于市场经济利益考量，单位重复开发、相互封锁等现象屡见不鲜，极大地浪费了有限的资源，这在一定程度上阻碍了行业进步。特别是在业内专门科研力量不足的现实下，加强业内单位和业外单位的合作极其重要，联盟只有紧密依靠业内外的广大科研机构，建立更为广泛的技术合作体系，以联合研发实现资源共享和共同进步。

五是可将专利联盟中的技术标准优势转化为联盟整体优势，为企业带来巨大商业效应。当今世界技术发展的一个重要趋势就是："技术专利化—专利标准化—标准垄断化"。技术标准反映了产品的生产者在市场占有方面的利益需求。现实中技术与标准往往是捆绑在一起的，专利联盟是专利向标准转化中最重要的一个环节，一个运作成功的专利联盟是可以转化为技术标准联盟的。专利联盟还可以在某些拥有自主专利较多的领域，增大我国企业在行业技术标准中的发言权；有助于推动技术标准的建立，争取中国主导的技术标准的推行，以增强我国在未来产业标准中的发言权。专利联盟转化为标准后，通过技术标准的垄断，企业就可以在市场竞争中占据有利地位，从而将企业的技术研发转化为现实的竞争力，为企业带来巨大的商业利益。联盟握有专利池中一批专利权必然有助于联盟内企业在市场上的竞争。但就同一技术目的而言，总会有不同的技术方案能够实现，因此，仅掌握一种或者多种专利权仍然要面临市场竞争的风险，而一旦公司掌握的专利权成为技术标准，那么，在与其他企业的竞争当中，就占据了绝对优势。一个产品尽管有实用性，在其不符合法律规定的技术标准的情况下，仍不能进入市场，所以，市场就变成了知识产权/技术标准拥有者的垄断市场。

六是应对跨国公司层出不穷的专利进攻的有力盾牌。我国“入世”后，来我国的跨国公司，为了达到控制中国市场的目的，有的跨国公司依靠强大的专利技术实力开始对中国企业进行专利垄断和倾销。在这种情况下，国内企业必须学会与狼共舞，组建专利联盟。在联盟企业内实现专利的免费共享，不仅可使我国的专利技术免遭淘汰，还能为我国的技术推广找到出路。跨国公司除了拥有巨大的专利技术实力，还具有很强的专利组织能力，与国外公司专利实力相比，中国企业的专利组织水平相对落后。客观地说，我国多数中小企业的专利实力很难在短期内大幅提升，但在短期内提高专利组织水平并非难事。中国大多数企业由于专利资产太少，而不具备专利许可条件，但却具备将现有专利资产组织起来形成专利联盟的条件。因此，中国企业面对实力悬殊的跨国公司的专利进攻态势，可以采取灵活多样的专利组织形式来发挥现有专利资产的效能，可以通过组建或加入专利联盟的方式来有效提升我国企业的竞争实力。

四、行业专利联盟的运作机制

（一）专利联盟运行程序

构建一个基本形式的专利联盟，一般包括以下必要程序：第一，汇集专利。在行业专利联盟的组建阶段，在行业内部和同行业间企业征集和审定所需要的专利。联盟管理机构公开发出要约通知，要求联盟可能涉及的专利权所有人向其申报，并聘请独立专家来审查该专利是否具有“必要性”以纳入联盟范畴。专利联盟成立后，如果联盟成员或者其他任何人对联盟专利的必要性有异议，管理机构将聘用独立专家来进行后续审查，并删除非必要专利；第二，确定专利联盟的管理结构，起草专利联盟组建的章程和协议。包括制订关于管理人和各专利权人权利配置的规则等；第三，到工商行政管理部门登记或到地方民政社团管理部门登记，取得法人资格，成立联盟管理机构；第四，制订技术标准方案。所谓“技术标准”，是指一种或一系列具有一定强制性要求或指导性功能，内容含有细节性技术要求和有关技术方案的文件。其目的是让相关的产品或服务达到一定的安全要求或市场进入条件。在同业相关技术聚集，充满创新和变迁的同一产业领域内，为推动国际竞争和市场拓展，专利同盟组建后积极推动标准化工作是非常必要的。一般来说，技术标准具有公共性，而专利则是一种私权利。但现在通行的产业竞争一般是技术专利化，专利标准化，标准国际化，市场垄断化。当标准在技术上成型后，为了应用技术标准需要获得大量的相关专利许可。为了避免高额谈判成本，专利权人会选择组建专利联盟来征集专利并实施一揽子许可；第五，组建行业专题专利数据库，为同盟创新、维权服务；第六，在同盟内部建成相应的专利池，形成合力和核心专利；第七，专利联盟对外实施一揽子许可。一旦专利汇集工作完成，适用标准的专利联盟范围便得以确定，对外许可工作就可以展开。为了增强集体竞争力，并降低交易费用，行业专利联盟的对外许可可采取一揽子许可形式，即对所有必要专利施行捆绑销售，被许可人不能仅选择其中的某一部分。当然，如果不愿接受一揽子许可，被许可人一般还可以和其属意的某些专利权人进行个别谈判以分别获取许可。在实践中，由于经营战略的设计多样化，专利联盟的组建程序远比基本的理论架构复杂。且与单纯意义上的专利集合相区别，高级的专利联盟大都和标准化战略紧密联系，成为推行技术标准的必要工具和有力手段。

（二）构建联盟内交叉许可机制

组建行业专利联盟的出发点之一就是中小企业抱团取暖，共享科研资源，形成整体竞争力。交叉许可是实现这一价值目标的基本手段，特别是互补性专利的交叉许可是实现行业整体进步的必要手段。一般来说，专利的互补性是指在法律权利上相互独立，但在使用上有必要且有可能相互配合，以实现技术的实际应用、降低成本或促进创新激励。也就是说，一项产品或技术是若干个不同专利技术的组合体，不同的专利技术分别覆盖该产品或技术的某一方面或某一项功能。这些专利技术彼此不可相互替代，其中任何一项专利技术的实施都需其他专利技术的许可，否则，没有进行许可的专利技术就会成为障碍专利。特别在辽宁已组建的液压件、汽车保养、仪器仪表等专利同盟行业中，有关汽车保养、液压系统的汽、密、液系统的工艺、机械等产品专利涵盖了数十项甚至上百件专利技术，其取得的专利，分属于不同的专利权人，拥有者又多是小微企业和大学、科研单位，要想形成研发合力，最好的办法就是通过专利权人的交叉许可，互补性专利得到共享，从而使行业技术得到最大化应用。在中小企业为主的专利联盟的交叉许可机制中，应注意专利回授制度的实施。一般来说专利联盟组成专利池，成员通过交叉许可获得了整个专利池专利的使用权。但同时，成员须把依据该专利池培育出的新专利回授给联盟。尤其是互补性专利联盟，由于互补性专利只有结合起来才能实现最大市场价值，为保证专利技术的领先，更要求强制性专利回授制。

（三）构建对外联合许可机制

早期的专利联盟大多是制造领域里的机械生产厂家为了整合利用互补性专利而组建，属于典型的互助性联盟。“二战”以后，随着技术贸易的蓬勃兴起，发达国家多数的专利联盟已兼有对外许可性质。特别是技术标准牵涉的大量专利分属于不同权利人，且只有产生大规模的市场应用才有生命力，通过联盟对外许可就成为推行技术标准的有效路径。在许多新兴技术领域，由于制造成本等原因，有的专利联盟成员甚至不再从事应用生产，而是以对外许可作为主营业务。随着我国知识产权战略的不断深化和推进，我国现阶段行业专利联盟，特别是成熟的、具有一定国际竞争力的专利同盟，应该积极实施对外联合许可，一方面可以扩张自有技术的国际影响，另一方面也可以换取部分经济效益。需要注意的是，近年来，对外联合许可行为受到了各国反垄断机构的高度注意，必须在制度设计中规避相关法律风险。一般来说，这类专利联盟的组建及运作应避免因联合引起的限制或者排除竞争的情况，在对外联合许可时，单独许可条款、最惠待遇条款、回授条款、检查与保密条款、不得挑战专利有效性条款、禁止以专利权对抗条款等往往是反垄断机构审查的重点。

（四）构建内部专利审查和预警机制

依托联盟内部的专题专利数据库，经常对本行业竞争对手，行业创新、专利布局等进行跟踪和检索分析，经常性开展联盟活动，定期不定期的为联盟成员提供专门的信息，同时对新开发的专利和产品进行预警，防止盲目上马，决策失误，并提出技术创新或是专利申请等对策。

五、专利联盟面临的风险因素分析及应注意的问题

专利联盟作为新生事物，我国还缺少必要的政策法规给予指导，也缺少对其进行必要的管理的经验，归纳起来主要有：

（一）行业垄断问题

专利本来就是国家许可给发明人的一定期限的独占权。专利联盟作为专利独占权的特殊的联盟群体，对于公众和政府而言，面临的最直接的问题和风险便是垄断问题。专利联盟由于涉嫌专利权的滥用，目前已成为了各国反垄断机构的重点审查对象，法律风险中最需要考虑的就是专利联盟与反垄断法之间的微妙关系。专利联盟是否构成垄断，关键在于专利联盟对市场竞争的影响，即专利联盟对市场竞争是起到了促进作用还是阻碍作用。如果专利联盟的形成促进了市场竞争，则联盟没有构成垄断；反之相关执法机关会对联盟的垄断行为进行追究。[1] 而专利联盟对市场竞争的影响这一问题的结论则要具体问题具体分析，从经济学角度来看，如果专利联盟的成立导致了市场价值的上升，那么它就是限制竞争的；否则，就是促进竞争的。我国企业在组建和加入专利联盟时，首先要考虑的问题便是要避免专利联盟落入反垄断法的禁区，从而违背反垄断的禁止原则，导致法律风险。同时，我国政府相关部门也应注意国外企业和行业来我国组建此类专利同盟对我国企业和行业进行垄断和市场独占，干扰了我国企业的发展和技术进步。

（二）法律和政策规定缺失的问题

与法律风险同样需要引起足够重视的是政策风险。在我国关于如何加强对专利联盟的管理的政策法规基本上是缺失的。所以，管理层对于政策风险的认识和态度将决定企业专利联盟生存空间的大小与伸缩性的强度。尤其是在中国改革开放的国情下，政策会随时调整，可以说最大的风险便是政策风险，管理层应该以市场为导向，时刻关注政策的变化，并且根据这些变化及时作出调整，尽量规避政策风险的产生。

（三）技术风险

专利联盟所包含的专利技术的先进性、可突破性和可产业化程度会导致专利联盟的技术风险。一方面，如果专利联盟所包含的都是一些过时或即将过时的专利技术，则该专利联盟的寿命肯定不会长久，很快会被更加先进的技术所替代；另一方面，如果专利联盟所包含的专利技术难以突破和产业化，或者技术仅是停留在实验室培育阶段，不能专业化和转化，更不能进一步开发出更加先进和实用的专利技术或产品，且也

[1] 李玉剑，宣国良．专利联盟：战略联盟研究的新领域［J］．中国工业经济，2004（2）．

无法给联盟和企业带来预期的利润，那么，该联盟的寿命也不会长久。

（四）财务风险

组建联盟的另一个重要作用就是抱团进行技术创新活动，然而技术创新研发本身具有“臆断性”和“不可预测性”，开发过程中充满了不确定性因素，任何不确定性因素的发生都可能导致经费的巨大变动。原先在单个企业进行，组建专利联盟后在联盟内进行，就有一个风险共担的问题。另外，为了保持专利联盟的活力和先进性，必须持续的投入 R&D 费用进行技术创新，因此企业专利联盟面临的另一大风险是公摊的研发费用即财务风险。

（五）诚信缺失的问题

信用问题既有来自专利联盟内各个成员企业间，其本质就是它们之间的相互信任与合作程度问题，即诚信问题，也有来自联盟外部的问题。企业专利联盟内部之间的信用风险，主要包括三种情况：一是专利联盟内部各成员企业之间对自身核心专利有所保留。虽然专利联盟是一个行为方式的整体，但它的组建是以彼此利益最大化为基础的，专利联盟内部各成员企业之间难免会出现一定程度的不信任，进而导致个体对集体的贡献难免有所保留，这种保留行为将直接影响到专利联盟的整体竞争力；二是专利联盟成员企业的败德行为。即专利联盟成员企业违反加盟协议，私自转让或外泄联盟内部的专利技术或商业资料，从而导致整个专利联盟受损：三是专利联盟成员企业的退出。如果专利联盟中的某个或数个成员企业离开联盟，甚至加盟到其他专利联盟之中，那么对于联盟内其他企业而言，流失的将是整个专利联盟的核心技术。这种情况的风险是任何专利联盟都无法承受的，是专利联盟信用风险中最重要的风险因素；四是外部的诚信缺失，仿制专利等。

（六）核心技术流失问题

核心技术的重要性对于专利联盟内企业来说是不言而喻的，一旦核心技术泄密与流失，对于专利联盟成员企业的打击是致命的。企业核心技术的泄密与流失，一般有两种情况：一是企业技术秘密保密措施不严，给竞争对手以可乘之机，导致企业核心技术外泄与流失；二是企业核心技术人员的“跳槽”即竞业禁止问题。企业核心技术开发人员的“跳槽”，流失的不仅仅是技术人员，关键是他们带走了相应的核心技术，更可怕的是，这些核心技术人员跳槽到竞争对手公司，开发出更加先进的技术，导致专利联盟在该领域技术优势丧失，使专利联盟成为一具空壳。

六、进一步完善专利联盟建设的几点对策思考

（一）在专利联盟内建立风险防范体系

成熟的专利同盟，要维护联盟集体利益，就必须注意和防范专利联盟的法律风险、政策风险和市场风险等方面的风险和问题，要求专利联盟在进行技术创新活动时建立风险防范体系和应对措施。具体内容包括：一是决策保障体系。专利联盟中技术创新决策具有的“臆测性”和“实验性”的特点，这就要求决策者既具有资源分配权力，以确保技术创新全过程的资源供应，又充分了解创新技术的先进性和难度等潜在风险，具有攻坚克难的强烈意愿。因此，技术创新的战略决策，最好由企业内拥有资源分配权的领导者和亲身介入技术创新过程的技术专家组成决策小组来进行集体决策；二是资金保障体系。专利联盟中的技术创新过程就是投入生产资源以换取不确定的回报的过程。为了确保科技创新项目得到源源不断的资金供应，成员必须在不断加大科研投入的同时，明确规定已完成技术创新项目所产生的经济收益必须有一定比例用于新项目开发。只有如此，成员才能不断地用新技术、新产品取代趋于过时的旧技术、旧产品，确保专利同盟的活力和竞争力：三是贡献评估与激励体系。由于专利同盟的集体协作性，专利同盟中的成员企业各自的贡献度难以评估，如评估过低则会导致该企业的不满、消极怠工、技术保留等行为；如评估过高，则会导致其他成员企业的不满和技术保留等消极行为，这些都会影响整个专利联盟的运行效果和整体竞争实力。因此为了充分发挥成员企业的积极性和主动性，最大限度地为整个专利联盟作出应有贡献，就必须建立起公平、公正、客观的贡献评估体系和激励机制。

（二）建立起专利和市场风险防范和预警机制

专利同盟面临的风险和同盟内企业面临的风险是一样的，由于结成同盟，一损俱损，一荣俱荣，同盟风险损失的成本更大。而控制是需要成本的，专利联盟没有必要对一切风险采取控制措施。经济而安全的做法是依托专题专利数据库建立动态风险预警机制，实时对行业外企业技

术创新、市场开发、专利申请和占有等风险因素进行监控、评估和分级，再针对不同级别的风险采取不同的预警预报和管理方案。专利联盟的风险预警机制必须能够：一是依托专题专利数据库，对各风险因素进行实时动态监测；二是根据监测的结果对风险大小进行度量和分级管理；三是针对不同级别的风险制定不同的预警方案，并及时在同盟内部进行通报和预报：四是专利同盟的风险预警机制还要建立相应的风险管理组织机构和决策机构。

（三）针对不同风险灵活采取具体防范措施

还要根据不同的风险因素采取不同的灵活防范措施：一是对待法律风险，要突出建立风险预警机制，规避事前法律风险。具体可对各类法律风险进行评分和排序，划分风险等级，提出化解和规避法律风险管理的有效措施，实现法律风险的最小化。还可定期对可能出现的法律风险进行调查分析，建立联盟法律风险分析评估、控制管理制度。针对不同级别的法律风险，重点从风险预警和防范入手，变事后法律补救为事前法律风险防范和事中法律控制；二是注重信息化管理，积极运用法律风险控制系统，提高科学化管理水平。联盟出台重大经营决策时，吸收法律专业人员参与，让他们对企业重大经营管理活动的合法性、可行性进行法律论证，并提供书面的法律意见，为企业科学决策提供法律保障；三是对待政策缺失问题，同盟应提高政策敏感度，建立政策跟踪、预测与应对机制，还应建立良好的公共关系和政策关系网络等；四是对待市场风险则要加大对于市场的科学预测，重视可行性论证，强化科学集体决策；五是对待诚信问题，可建立科学的评价指标体系，开展充分的调研，聘请律师审核合同，出现纠纷后及时诉讼以免丧失时机和充分利用第三方机构进行评估；六是对待技术风险则要建立技术的跟踪与预测机制，建立技术研究的长期投入与技术可行性论证；七是对待企业核心能力流失风险，则需要建立严密的联盟内部保密机制，制定完善的联盟成员企业保密制度，制定严格的联盟成员泄密惩罚机制和日常监督机制。

（四）处理好专利联盟与其他同盟的关系

目前在我国组建专利联盟还是新鲜事物，但由于创新驱动战略的推进，由政府的大力推进组建各式的技术创新同盟、产学研联盟倒是很多。笔者建议应打破行业壁垒，对这些联盟、同盟进行整合，专利联盟也可在创新联盟的基础上增加相应的内容即可，也可将两者一起组建，相得益彰。

七、政府应帮助解决的几个问题

（一）有组织的组建各行业的专利联盟

专利同盟的组建必须要在各地以形成的产业集群中组建，少数几个不相关的企业是不能组建起利益共同体的。国家可在先期试点的基础上有计划地在条件具备的省、市和重点行业中引导组建专利联盟，具体措施：一是在各地已组建行业技术联盟基础上再增加组建一个专利同盟，起到事半功倍的效果，两者可以互相促进，互为依托，相得益彰；二是在某一技术领域产业已组建产学研联合体中推进组建专利联盟，让专利联盟真正成为自主创新的一种重要的组织形式；三是在产业集群比较集中的行业和地区组建专利同盟，从而带动技术联盟的开展。

（二）制定和出台关于组建专利联盟的相关政策和意见

国家知识产权局会同其他相关部委起草和形成规范我国专利同盟发展和建设的政策意见，用以指导正在兴起的专利同盟的组建和发展。在政策法规方面进一步完善专利联盟的组建形式基本要求，使其更加规范和统一。

（三）在立法中明确专利联盟的规定

开展立法调研，在全国各地多数省市已出台的基础上，尽快研究制定和出台国家“专利促进条例”。在国家和各省已出台“专利促进条例”中，应将培育和发展专利同盟写进条例中，并在政策扶持、政府指导上予以明确。

（四）协助建立为专利联盟服务的专题专利数据库

好的专利联盟须要有一个为其进行专门服务的专题专利数据库。只有有了这样的专题数据库，才会为今后的专利联盟发展、技术创新、专利维权和预警提供数据检索和分析的平台和工具，预警和维权才会有了指南针和报警器。国家知识产权局可以在这方面有所作为，给予帮助。

（五）加强相关人才培养

建议有条件的大学和科研机构应加强这方面人才的培养和课题的研

究，以适应我国专利战略深入发展和各种行业专利同盟组建时在人才上的需要。特别是又懂专业技术，又具有相关的知识产权法规知识，又会开发、分析、检索乃至建立专题专利数据库，这样的专门人才，会帮助专利同盟真正发扬光大。

完善专利权质押登记制度促进知识产权创造和运用

强志强[1]

摘　要

2008年国务院发布的《国家知识产权战略纲要》将“促进知识产权的创造和运用”作为战略重点之一，要求“促进自主创新成果的知识产权化、商品化、产业化，引导企业采用知识产权转让、许可、质押等方式实现知识产权的市场价值”。近年来随着我国专利权质押登记工作的发展，如何通过继续完善专利质押登记制度，着力配套切实可行的政策支持、引导，并进一步强化政府及社会的服务职能，以期为市场主体运用专利技术，最大效益的挖掘和发挥知识产权的价值，创造良好的市场和社会环境，是当前和今后一段时间摆在专利管理部门面前的一个重要课题。

[1] 作者单位：中国专利保护协会。

一、专利权质押登记制度概述

（一）法律、法规

专利权质押，是指债务人或第三人将专利权以登记的方式作担保，若债务人不能履行到期债务时，债权人有权就其价值优先受偿。

1984 年的《民法通则》作为规范平等主体间民事法律关系的基本法，规定了担保债务履行的方式包括保证、抵押、定金和留置，但没有规定质押的担保方式。最早规定专利权可以用于质押的法律是 1995 年 10 月 1 日施行的《担保法》。该法第 75 条首次明确规定了专利权等知识产权可以设定权利质押；同时该法第 79 条规定："以依法可以转让的商标专用权、专利权、著作权中的财产权出质的，出质人与质权人应当订立书面合同，并向其管理部门办理出质登记，质押合同自登记之日起生效。"该法为专利权人设定质权和专利管理机关办理质押登记提供了明确的法律依据。

随后，2007 年的《物权法》较全面的对权利质押作出了规定，也对知识产权中的财产权出质问题做了更明确的规定。该法第 223 条规定："债务人或者第三人有权处分的下列权利可以出质：……（五）可以转让的注册商标专用权、专利权、著作权等知识产权中的财产权……"第 227 条规定："以注册商标专用权、专利权、著作权等知识产权中的财产权出质的，当事人应当订立书面合同。质权自有关主管部门办理出质登记时设立。知识产权中的财产权出质后，出质人不得转让或者许可他人使用，但经出质人与质权人协商同意的除外。出质人转让或者许可他人使用出质的知识产权中的财产权所得的价款，应当向质权人提前清偿债务或者提存。"使得专利权质押得到了进一步规范。

2008 年修改的《专利法》并没有对专利权质押作规定，2010 年修改的《专利法实施细则》为适应《物权法》和《国家知识产权战略纲要》的要求，在第 13 条增加了第 3 款："以专利权出质的，由出质人和质权人共同向国务院专利行政部门办理出质登记"，另外还规定了专利权的质押应当在专利登记簿、专利公报中记载。

《物权法》《担保法》《专利法实施细则》共同构成了专利权设定质押及办理登记的法律依据。

（二）规章、政策性文件

国家知识产权局负责专利权质押登记工作，主要依据是《专利法实施细则》第 14 条第 3 款、1996 年的《专利权质押合同登记管理暂行办法》和 2010 年的《专利权质押登记办法》。

1996 年的《专利权质押合同登记管理暂行办法》是根据《担保法》制定的部门规章，较为详细地规定了专利权质押合同登记的程序、要求等具体操作办法以及专利权质押的管理事项，2010 年 10 月 1 日前国家知识产权局一直沿用该办法进行质押登记和管理。

虽然暂行办法早在 1996 年就出台了，但专利权质押工作的真正发展是近几年的事情，各地对专利权质押机制的探索也多始于近年。

2008 年国务院发布《国家知识产权战略纲要》，要求“提升我国知识产权创造、运用、保护和管理能力”，并提出要“促进自主创新成果的知识产权化、商品化、产业化，引导企业采用知识产权转让、许可、质押等方式实现知识产权的市场价值”。与此同时，我国企业的自主创新能力得到不断增强，拥有自主知识产权的企业如同雨后春笋大量涌现，也对企业通过质押知识产权获得贷款的需求及服务提出更为迅捷的要求。

为引导和规范知识产权质押融资事业的发展，国家知识产权局自 2008 年 12 月起在各地陆续开展知识产权质押融资试点工作，上海、北京、天津、重庆、武汉、广州、长沙等地相继开展知识产权质押融资工作，并形成独具特色的知识产权质押融资模式，为全面推进知识产权质押融资工作积累了宝贵经验。迄今为止，国家知识产权局已先后批复 18 个城市开展知识产权融资试点工作，在 16 个省（区、市）积极推广中小企业知识产权金融服务，支持 17 个省（区、市）建立知识产权价值评估专家辅导团队。

为适应 2007 年的《物权法》对权利质押的规定，也为进一步规范专利权质押登记、促进专利权质押融资事业健康快速发展，2010 年国家知识产权局修改了《专利权质押合同登记管理暂行办法》，新的《专利权质押登记办法》自 2010 年 10 月 1 日起施行。与之前的《专利权质押合同登记管理暂行办法》相比，登记客体由“质押合同”变为“专利质权”，简化了登记手续、缩短了审核期限，行政服务更为高效便捷，质权人也可以获取更多的保障。

2010 年，国家知识产权局会同财政部等六部委发出《关于加强知识产权质押融资与评估管理，支持中小企业发展的通知》，从建立协同推进机制、创新服务机制、完善风险管理机制、深化管理机制等方面提出加强知识产权质押融资工作的意见和措施。

知识产权质押融资试点工作的深入开展、新修改的《专利权质押登记办法》的施行以及六部委对加强知识产权质押融资与评估管理的指导意见，对促进专利权的运用和资金融通、保障债权的实现起到了积极的推动作用。

二、当前我国专利权质押存在的问题分析

据国家知识产权局发布的《二〇一〇中国知识产权保护状况》和《二〇一一中国知识产权保护状况》可知，2010 年、2011 年质押登记量分别为 362 件和 535 件，质押金额分别为 65.97 亿元和 86.03 亿元，都较同期有了大幅度的增加，这得益于国家知识产权战略的深入推进和知识产权质押融资试点的广泛开展。但是，相较于 2010 年 122.2 万件的专利申请量、81.5 万件的授权量和 2011 年 163.3 万件的专利申请量、96.1 万的授权量，我国专利质押登记数量及融资规模仍有较大的提升空间。

进一步繁荣我国专利权质押融资事业，还需要深入分析以下问题。

（一）专利申请权出质仍存在制度障碍

我国近两年的年质押登记量相较于专利申请量和授权量来说是微乎其微的，如何发挥连续高速增长的专利申请的作用，特别是在质押融资方面的效能，是值得思考的问题。

在我国专利法中，除了规定专利权外，还规定了专利申请权，并明确指出专利申请权同专利权一样可以转让，可见，专利申请权具有财产权性质。但是，专利申请权可否作为专利质押的标的呢？

按照 1996 年颁布的《专利权质押合同登记管理暂行办法》第 6 条和第 7 条的规定，专利权质押登记合同必须有专利权的有效证明并载明质押专利的专利号。2010 年 8 月新颁布的《专利权质押登记办法》仍然沿袭了旧法的规定（第 9 条第（4）项、第 12 条）。这表明国家知识产权局实际上不受理专利申请权质押登记。其理由是“专利申请权虽然是获得专利权的前提，依法可以转让，但有明显的法律上的不确定性，使之不能作为一种具有法律效力的财产权，因而不能将专利申请权作为质物进

行质押”（原中国专利局专利工作管理部专利市场处《关于专利权质押合同登记的几点说明》）。

关于专利申请权是否可以出质问题，我国《物权法》和《专利法》上均未明文规定。各国、地区立法例上也颇不一致。例如，我国台湾地区“专利法”第6条明确规定：“专利申请权及专利权均得让与或继承。专利申请权，不得为质权之标的。以专利权为标的设定质权者，除契约另有订立外，质权人不得实施该专利权。”而《英国专利法》第30条则规定：“任何专利或者专利申请案（除了属于某种诉讼中的物权之外）均属于动产，均可以转让、设质。”

有学者认为，专利申请权可以出质，其主要理由是：第一，专利申请权“是一种期待的财产权，具有与专利权相似的财产性”；第二，专利申请权同专利权一样，其财产内容可以依法转让，而质权只在担保债务逾期履行的时候才出现质押标的的转让，既然允许专利申请权的转让，专利申请权的质押应当也是可以的。也有学者反对专利申请权出质，其主要理由是：第一，我国《物权法》第223条第（5）项明确规定，可以转让的注册商标专用权、专利权、著作权等知识产权中的财产权可以出质，而专利申请权即使也具有财产性，但并非是专利权中的财产权，因此不能作为质押标的；第二，专利申请权的价值难以保证，若被驳回未获得专利权的，专利申请权也就没有了价值，以其为标的的质押也会因之而消灭。❶

笔者认为，从法理上分析，专利申请权作为质押标的并无不当。首先，我国《物权法》第223条第（7）项规定，法律、行政法规规定可以出质的其他财产权利也能成为质押标的，这为专利申请权的质押预留了法律空间，只要在《专利法》或《专利法实施细则》中增加相关内容，就不成问题了。其次，虽然专利申请提出后，需要通过审查机关对发明创造的新颖性、创造性和实用性审查，能否最终被授予专利权，具有较大的变数和不确定性，以专利申请权设立质权，质权人将承受一定的风险，但是，以专利权出质，质权人又如何可以高枕无忧？专利权出质后同样也可能会被专利审查机关或法院认为不符合专利授权标准，从而面临专利权被宣告无效或视为现有技术的局面，使专利权质押的目的落空。

❶ 温莉．专利权质押若干问题研究［D］，烟台大学硕士学位论文，2011：17.

最后，债权人既然已经同意以该专利申请权作为担保标的，那么也就充分考虑到其中的风险，也完全认可该专利申请即便无法获得专利权还是物有所值的，否则不会贸然将其作为质押标的的。再退一步讲，即使该专利申请由于未能获得专利权而丧失其价值了，债权人也可依《物权法》第 216 条获得救济，“因不能归责于质权人的事由可能使质押财产毁损或者价值明显减少，足以危害质权人权利的，质权人有权要求出质人提供相应的担保”，该权利即是质权人的“保全权”。因此，综上所述，专利申请权作为质押标的并无不当，唯独需要在《专利法》或《专利法实施细则》中作出明确规定。

（二）专利质权的实现仍面临不少实际困难

所谓专利质权的实现，是指被担保债权清偿期届满后，如果债务人不履行到期债务或出现当事人约定的情形，质权人有权处分出质专利权并从处分所得价款中优先受偿。它是专利权质押设定的目的，也是保障债权人利益的最后屏障。而当前我国专利质权的实现存在以下困难。

1. 专利权价值的评估体系不完善

为了担保债权的顺利实现，有必要在设立专利权质押前首先对专利权的价值进行评估，以确保该专利权价值与担保的债权价值大致相当；而且由于专利权在价值上的波动性，在债权不能实现时有可能涉及专利权的折价、拍卖、变卖以偿还债务，因此在处置前对专利权进行评估也是非常必要的。

我国的知识产权评估体系，特别是专利评估体系建设起步比较晚，财政部于 2001 年 7 月才发布我国第一个无形资产评估准则《资产评估准则——无形资产》，2008 年 11 月中国资产评估协会印发了《专利资产评估指导意见》，并于 2009 年 7 月 1 日起施行。由于起步较晚，我国目前还比较缺乏评估无形资产所需的完备技术标准和系统的信息储备，无形资产评估事业也正处在起步摸索阶段。各地评估机构的业务水平发展良莠不齐，面对当前大量需要进行价值评估的知识产权许可、转让、质押、出资、损害赔偿等，还难以满足市场的要求，甚至有很多地、市还没有符合资质的专利权评估机构。还有，政府部门对评估机构的监督管理也不严格，对其在专利权质押融资过程中所应承担的义务和责任规定的也不明确，影响了专利权质押事业的良性发展。

2. 现有体制、机制对专利质权实现的保障不足

按照我国《物权法》的规定，如果债务人不能偿还到期债务，质押的实现方式包括协商折价、拍卖或变卖。然而，根据现行法律规定，出质人不能如期偿还贷款时，质权人除非能提供经公证的强制执行证明，否则只有通过完整的诉讼程序获得生效司法判决后方可申请法院执行质押物，这个过程时间长且成本高，审判实践中还经常出现赢了官司而贷款却得不到偿还的情况。

而专利权的独特性又使得专利质权的实现平添不少困难。专利权之所以能作为质权标的就是因为其实施、转让、许可实施可产生经济价值。但是，专利权能否实施或者许可实施，取决于专利技术本身的先进性、成熟性、市场前景，与其他技术、产品的兼容性，以及专利权人或者许可实施权人的转化能力等诸多因素，具有很大的不确定性。专利权能否转让，除了专利权本身的价值外，还取决于专利技术交易市场的完善程度等外部因素。事实上，我国专利技术交易市场才刚刚起步，市场既狭小也很不成熟、很不规范，加之专利权的流动性又不及动产，这也直接制约了专利技术的交易。

3. 出质专利权的许可实施权受到限制

我国《物权法》第227条第1款规定："知识产权中的财产权出质后，出质人不得转让或者许可他人使用，但经过出质人与质权人协商同意的除外。出质人转让或者许可他人使用出质的知识产权中的财产权所得的价款，应当向质权人提前清偿债务或者提存。"《担保法》第80条也作出了类似的规定："……权利出质后，出质人不得转让或者许可他人使用，但经过出质人与质权人协商同意的可以转让或者许可他人使用……"这些规定将取得质权人的同意作为出质人转让和许可他人使用专利的相同前提条件，未作区分对待，无形中会损害出质人和质权人双方的利益。

因为，专利权的转让和许可他人使用是有着严格区分的，特别是其生效要件，分别在《专利法》第10条、第12条和《专利法实施细则》第14条中作出了明确规定，即专利权的转让需要当事人签订书面合同，并向国务院专利行政部门登记方能生效，而许可他人使用只需当事人签订实施许可合同，合同生效即许可生效，虽然还需在3个月内向国务院专利行政部门备案。

同时，从专利权的时限性和其价值的波动性来说，专利权是在法律规定的时间内才有效，其价值主要通过自我实施和许可使用等方式来实现，如果不转化为生产力，随着时间的推移，其价值难免会发生减损，这是专利权的特殊性决定的。

因此，如果说，为出质专利权的转让或者许可他人使用设定限制条件的立法初衷在于保护质权人的利益不因出质人的转让或许可而失去或者受影响的话，很显然，许可他人使用非但不会导致专利权的转移，使质权人的质权消失，还会因专利权价值的实现，乃至增值，而为质权的实现创造有利条件。

此外，《物权法》和《担保法》都未赋予出质人相应的救济措施，前述规定在一定程度上剥夺了出质人的许可实施权，因为质权人极有可能会出于自身不正当利益的考虑而不同意出质人许可使用，有违公平。

（三）知识产权质押融资扶持政策有待审慎考量

国家知识产权局为积极实施知识产权战略，将知识产权质押融资试点工作作为支持企业创新发展和促进知识产权运用的重要举措，先后于2008年年底、2009年9月、2010年7月、2011年6月和2012年4月在全国确定了18个城市或地区开展知识产权质押融资试点工作。同时，许多地方也积极参与探索知识产权融资实践。目前全国除黑龙江、山西、广西壮族自治区、新疆维吾尔族自治区、西藏自治区等省自治区外，大部分省区都出台了知识产权质押贷款贴息等政府财政支持政策。据不完全统计，全国各地颁发的涉及知识产权质押融资政策的政府文件有70多个。

各地涉及知识产权质押融资的政策的主要情况为：北京、上海、广州等东部发达地区出台的政策比较完善，包括北京市海淀区与朝阳区，上海市浦东新区、闵行区、徐汇区，广州市黄浦区、番禺区、佛山市南海区和东莞市。政策探索较为进步的地区有武汉市、南昌市、重庆市、天津市等。其他试点单位或地区也初步实施了一些举措。其中知识产权融资支持政策主要有贴息、风险补助、评估费补助、专项风险准备金补助、担保费补助、项目优先支持、贷款损失补贴、交易费补助等方式；政策扶持对象覆盖了企业、金融机构、担保机构、评估机构，在扶持知识产权融资类型上覆盖了专利权、商标权和著作权。

应该说，自2008年国家知识产权局在全国开展知识产权质押融资试点工作以来，通过推广中小企业知识产权金融服务，支持知识产权评估专家辅导团队建设，加强专利权质押登记管理，帮助各地探索出了多种有效的知识产权质押融资模式，有力地支持了科技型中小企业的经营发展。

然而，当知识产权质押融资作为一个受到热捧的“香饽饽”在全国遍地开花之时，我们还应冷静地思考：在这股中央及地方政府积极介入的热潮中，如何正确看待、评判政府在推动企业知识产权质押融资中扮演的角色和地位。对比一下当前比较成熟的北京模式、上海模式（浦东模式和杨浦模式）、武汉模式等会发现，政府的强大财政支撑是这些地方知识产权质押融资事业蓬勃发展不可或缺的因素，而具体支持措施包括利息补贴、风险补偿、放贷奖励等。不可否认，在知识产权质押融资事业发展的初期，政府适当介入，积极引导、扶持，帮助搭建平台、探索路子等，都是必不可少的。然而，当政府投入大量财政资金为企业、银行、担保或评估机构提供担保、补偿、奖励之时，企业的创新积极性，银行和担保、评估机构的风险管控能力，都会在无形中受到影响。如果企业、银行和担保、评估机构对政府的财政支持形成过度依赖，一旦出现融资亏空，最终还是得政府来买单，这会对我国知识产权质押融资事业的发展带来不利的后果。

知识产权质押融资的高风险和高成本问题是普遍存在的，是知识产权自身的法律风险、估值风险、经营风险、处置风险共同决定的。[1] 西方发达国家知识产权（无形资产）的商用化是一个自发、自觉的过程，只有市场经营主体基于自身将知识产权作为一种融资工具，继而凭借其丰厚的“资产”为保证，依靠市场，自谋出路，才能建立起较为完备、健康、合理的知识产权融资体系。也就是说，只要有利可图，市场自身会形成和选择交易的途径和方法。

2008年，我国政府高瞻远瞩，将知识产权工作提升到国家战略高度。但我国知识产权事业发展从无到有、从小到大还只有30多年时间，需要倍加爱护。作为监管者，政府的职责是保障市场竞争的公平有序和信息公开的真实及时，并出台相应的政策，搭建投融资平台，提供信息服务，积极培育知识产权交易市场等。“政府引导，企业参与，市场化运作”，是我国知识产权质押融资试点的原则，政府在履行自身职责之时，应加强调查研究，引导市场主体脚踏实地的提高创新能力和知识产权转化运

[1] 周丽．我国知识产权质押融资面临的困境、挑战及对策［J］．电子知识产权，2011（7）．

用能力，防止越俎代庖或政策异化。[1] 唯有如此，我国知识产权质押融资事业才能良性、健康的发展。

三、对我国专利质押登记工作的建议

（一）深入推进我国知识产权质押融资体系的建设

为实现《国家知识产权战略纲要》提出的“引导企业采取知识产权转让、许可、质押等方式实现知识产权的市场价值”的目标，应继续坚持“政府引导，企业参与，市场化运作”的原则，充分发挥政府部门、金融机构、行业协会及各类中介机构的优势和作用，采取多种方式，积极引导企业采取知识产权质押等方式实现知识产权的市场价值，深入推进基于知识产权价值体现的创新融资机制建设，不断完善我国的知识产权质押融资体系，有效缓解拥有知识产权的创新型中小企业融资瓶颈。

政府层面，应当进一步发挥协调引导作用，开展针对银行、知识产权评估机构、担保机构、法律服务机构、企业组织的专项调研，掌握知识产权投融资需求；健全知识产权质押融资监管体系，形成科学的知识产权评估、价值发现、交易和质押登记的制度与方法；支持有条件的地区建立知识产权质押融资项目动态数据管理库，对投融资项目进行评级、价值分析等服务，建立知识产权投融资价值分析和信息交流机制；支持中小企业开展知识产权资产评估及价值分析，促进优质知识产权的价值量化，引导并支持一批评估机构提升服务质量，发展和规范评估市场；加强与银行的合作，陆续在重点区域、重点行业内组织开展优势企业推介活动，在评估专业机构与银行间搭建知识产权融资服务平台，建立知识产权融资中心或设立知识产权融资平台；加强知识产权质押融资的专业人才培养，举办针对银行、知识产权评估机构、担保机构、法律服务机构、企业的知识产权质押融资培训和研讨；强化投融资项目的知识产权保护，对于侵犯出质知识产权的行为，实行快立案、快处理、快结案的原则，依法给予及时、有效的处理。

---

[1] 熊文聪. 知识产权质押贷款热的“冷”思考 [J]. 电子知识产权，2010 (10).

（二）研究专利申请权质押的可行性办法

针对每年高速增长的专利申请量，需要深入研究其能发挥的作用，特别是在质押融资方面的效能。

根据前述分析，国家知识产权局在专利申请权出质问题上，应当予以调整和改变，并深入研究具体的操作办法，着重解决以下问题。

1. 专利申请权登记需要提交的文件

鉴于专利申请权的价值较专利权的价值有着更多的不确定性，建议以专利申请权出质向国家知识产权局申请登记的，可直接要求提交经双方当事人认可的“资产评估报告”，区别于现行《专利权质押登记办法》第 7 条第 2 款“专利权经过资产评估的，当事人还应当提交资产评估报告”。

2. 专利申请权质押合同建议包括的内容

鉴于专利申请权质权存在因专利申请审查程序的进行可能出现价值减损或失效的情况，可建议双方当事人在专利申请权质押合同中就质权人知晓或参与专利申请审查过程的意见陈述、答复以及在专利申请被驳回的情况下，出质人再提供相应担保或者提前清偿债务等事项进行约定。

3. 专利申请被驳回的通知

鉴于专利申请一旦被驳回，将会直接影响到专利申请权质权的效力，因此，在专利申请拟被驳回的情况下，国家知识产权局应当通知质权人，并且建议质权人要求出质人提供相应担保或提前清偿债务。

4. 专利授权以后的登记变更

一旦专利申请被授权，国家知识产权局应当通知当事人进行变更登记，专利申请权出质转为专利权出质，相应的后续事项也按专利权出质的规定来处理。

以上问题的具体操作办法还需要国家知识产权局加以研究和细化，并对相关配套政策、措施进行调整和完善。

（三）完善相关制度，促进专利质权的顺利实现

1. 完善专利权价值评估机制

考虑到专利权价值评估在专利权质押的设立和实现过程中的重要作用，相关部门规章或政策性文件应当进一步就其评估的申请、评估方法、评估效力评估机构、评估专家以及评估费用承担等方面作出全面、明确的规定，进一步完善专利权价值评价机制。

2. **放宽质押期间专利权的许可实施**

专利权的价值（除了防御性的、战略性的专利）主要是通过实施和许可使用等方式体现出来的，适当放宽质押期间专利权的许可实施、出资等，非但不会影响质权的效力，相反会因积极的转化实施，质权的实现会更有保障。

因此，建议调整现行《物权法》第 227 条第 2 款“知识产权中的财产权出质后，出质人不得转让或者许可他人使用，但经出质人与质权人协商同意的除外。出质人转让或者许可他人使用出质的知识产权中的财产权所得的价款，应当向质权人提前清偿债务或者提存”中的限制性规定，改为“知识产权中的财产权出质后，出质人不得转让，但经出质人与质权人协商同意的除外。出质人许可他人使用的，应当通知质权人。出质人转让或者许可他人使用出质的知识产权中的财产权所得的价款，应当向质权人提前清偿债务或者提存。”相应地，《专利权质押登记办法》及相关政策文件也应当放宽对质押期间专利权许可实施的限制，把调整的重点放在规范出质人积极提存所得价款或者提前清偿债务上，引导质权人就质押期间专利权的许可实施、转让等事宜同出质人进行广泛、深入协商，促进专利的转化和质权的实现。

3. **积极发展专利权交易市场**

专利权质押的本质是担保物权，担保物权的本质机能是“通过对一定的标的物交换价值的控制而确保当事人之间的债权债务关系能够得到确实的实现”❶。因此，专利权质押制度要健康发展就必须有一个能够顺利实现其交换价值的市场。在这样的市场保障下，债权人才能充满信心地接受专利权作为质权财产，专利权质押也才能规范地按市场规则运作。

而要发展专利权交易市场，应当从创建各地、各行业的专利权交易平台入手，同时规范专利权价值评估、中介服务等各个方面的工作，总结、借鉴其他产权交易的成功经验，努力打造国家级的专利技术展示交易品牌，积极推进区域性展示交易中心建设，并配套建设专业性展示交易中心，逐步完善我国专利权交易市场的建设。

4. **完善专利权处置的司法程序**

可以借鉴德国、日本的民事诉讼法和我国台湾地区的“民事诉讼法”

---

❶ 王利明，尹飞，程啸. 中国物权法教程 [M]. 北京：人民法院出版社，2007：421.

的规定，将包括专利质权在内的担保物权实现的司法程序确定为一类非诉程序，并且尽量简化非诉程序的设计，以降低实现成本。在非诉程序中，法官只应对是否已经达到专利质权实现的条件进行审查，而不对实体的债权债务法律关系进行实质审查，并且建立起非诉程序的快速结案机制。待裁定作出后，质权人便可直接依此申请强制执行。

权利要求语义解释中的说明书参考准则及其利用模式探析

杨志敏[1]

摘　要

我国《专利法》第 59 条第 1 款规定了说明书（含附图）可以用于解释权利要求，它仅是一是例示规定。换言之，说明书必须用于解释权利要求，且也是解释权利要求的核心内部资料。在对国内外相关案例进行比较分析之后，我们可为权利要求语义解释中应如何利用说明书建立起一套完整的且具有可操作性的说明书参考准则及其利用模式。这些参考准则及其利用模式的运用将有助于完善或统一我国目前的司法做法。

---

[1] 作者单位：四川大学法学院。

一、权利要求语义解释概说

权利要求语义解释，常被称为“权利要求字面解释”[1]，是指对权利要求中构成技术特征的用语的技术含义所作的解释，意在确定权利要求的语义保护范围，最终判定被控侵权物是否会构成相同侵权。

根据我国《专利法》第 59 条第 1 款的规定[2]，我们应当以权利要求的内容来确定发明和实用新型专利权能够排除他人实施的范围，即专利保护范围。但是，权利要求的记载内容是以可分解的技术特征的集合来表示的，而技术特征又是由相应用语表达的。所以，确定专利权语义保护范围的关键在于如何解释权利要求中记载的且双方当事人有争议的特定技术特征或其用语的技术含义（即语义）。因为，权利要求语义解释并非要求对权利要求记载的所有技术特征的用语均作解释，而是在被控侵权物覆盖或者基本涵盖权利要求记载的所有技术特征的情况下，往往仅对双方当事人产生争议的权利要求技术特征或其用语的技术含义进行必要的解释，以释明其应有的排他实施的技术含义。权利要求语义解释的具体标准是：以专利所属领域的普通技术人员在专利申请日时根据解释资料能够理解或者能够给予的权利要求用语的含义为准。这是一个客观标准。虽然专利文献的记载也反映了申请人对自己发明的认识，且这种认识也会在一定程度上影响本领域普通技术人员的理解，但是最终经解释所能确定的权利要求中有争议的用语的含义并不是以申请人的主观认识为准，而是以专利所属领域的普通技术人员在理解之后能给予的客观含义为准，当然这种客观含义也包括符合专利法要求的合理含义。

二、说明书在权利要求语义解释中的地位

说明书（含附图）在权利要求语义解释中起着十分重要的作用。美

---

❶ 权利要求语义解释的结果可能与权利要求记载的字面含义一致，但多数情况之下是与权利要求记载的字面含义不一致的。所以，采用“权利要求语义解释”之称谓要比“权利要求字面解释”好得多、恰当得多。

❷ 《专利法》第 59 条第 1 款规定：“发明或者实用新型专利权的保护范围以其权利要求的内容为准，说明书及附图可以用于解释权利要求的内容。”

国法院认为，“权利要求总是要参考说明书来阅读和理解”❶，“说明书始终与权利要求的解释分析高度相关，它通常是决定性的，并且是理解有争议用语的含义的单一性最佳指南（single best guide）”❷，所以，“能保持权利要求真实含义并与专利说明书最为一致的解释，才是最后的正确解释”❸。德国法院主张，权利要求中的用语需要参考说明书和附图的记载进行解释❹；而且，“权利要求的这种解释，不只是消除其中的不明确之处，还要明确权利要求中的技术用语以及权利要求所记载的发明的含义及其范围”❺。所以，“在专利侵权诉讼中，参考说明书，能从其中记载的发明任务、技术效果等中得出技术上的教导，尤其能找到解决发明任务的技术手段”❻。因此，“权利要求及说明书中的用语应当根据说明书的全体内容，在考虑发明的任务及其解决手段的同时按照本领域普通技术人员的理解进行解释”❼。日本法院同样强调说明书中关于发明目的、技术思想与发明技术方案、作用效果对确认权利要求记载的用语含义及其技术构成的作用。❽

我国《专利法》第 59 条第 1 款只是例示性地规定了“说明书及附图可以用于解释权利要求的内容”，言下之意是该规定并不排除其他资料“也可以”用于解释权利要求。如我国司法实践已经确立说明书记载之外的公知技术和审查档案等资料也可以用于解释权利要求。如此这样，解

---

❶ Schriber-Schroth Co. v. Cleveland Trust Co., 311 U. S. 211, 217 (1940).

❷ Vitronics Corp. v. Conceptronics, Inc., 90F. 3d 1576 (Fed. Cir. 1996).

❸ Phillips, v. AWH Corp. 415 F. 3d 1303 (Fed. Cir. 2005).

❹ BGH, GRUG 1999, p. 909 seq-“Spannschraube”; BGH, GRUG 2004, p. 1023 (1025) seq-“Bodenseitige Vereinzelungseinrichtung”; BGH, GRUG 2007, p. 779 (779) seq-“Mehrgangnabe”.

❺ BGH, GRUR 1992, p. 594 seq-“Mechanische Betätigungsvorrichtung”.

❻ BGH, GRUR 1986, p. 803 seq-“Formstein”.

❼ BGH, GRUG 1999, p. 909 seq-“Spannschraube”.

❽ 大阪地方法院 1993 年 11 月 30 日关于“就诊卡票发行方法案”的判决，载《判例时报》，第 1483 号，第 111 页；东京高等法院 2000 年 9 月 27 日关于有关天然气管路控制装置案的判决，转引自日本专利第 1 委员会第 5 小委员会：“从引人注目的判决中抽出的最近知识产权问题的探讨（2）”，载《知财管理》，2002 年第 52 卷第 7 期，第 969 页、第 982 页；东京地方法院 2001 年 4 月 25 日关于“地震时锁住方法、装置及其解除方法案”的判决，转引自日本专利第 1 委员会第 5 小委员会：“从引人注目的判决中抽出的最近知识产权问题的探讨（1）”，载《知财管理》，2002 年第 52 卷第 6 期，第 776－778 页。

释权利要求的内容时就必须参阅说明书及其附图。2009 年《最高人民法院关于审理侵犯专利权纠纷案件应用法律若干问题的解释》第 2 条规定："人民法院应当根据权利要求的记载，结合本领域普通技术人员阅读说明书及附图后对权利要求的理解，确定专利法第五十九条第一款规定的权利要求的内容。"该条司法解释表达出：（1）权利要求的内容是靠通过对权利要求的解释（即"理解"）而确定的；（2）解释的主体虽然是人民法院，但人民法院应站在本领域普通技术人员的角度去解释；（3）说明书及附图尽管是专利申请人对自己发明的认识性表达，但是权利要求、说明书及附图等专利文献是提供给本领域技术人员看的，所以在侵权诉讼中，人民法院不应以申请人的主观认识，而应以本领域普通技术人员的客观理解去解读专利文献的技术含义，最终确定权利要求的内容，即该权利要求划定的保护范围。

上述认识都是理所当然的。权利要求（书）与说明书及其附图是一个有机的整体，权利要求的记载是建立在说明书及其附图公开的技术信息的基础之上的，权利要求的用语，尤其是权利要求记载的技术方案必须得到说明书及其附图的支持。无论是权利要求的语义解释还是等同解释，都不可脱离说明书中关于发明目的、技术思想与发明构成、作用效果的说明以及实施例的指导。

三、权利要求语义解释中的说明书参考准则及其利用模式分析

正如上述，《专利法》第 59 条第 1 款确立了用说明书和附图解释权利要求的原则。说明书和附图成为解释权利要求语义的第一内部资料。在专利侵权诉讼中，说明书既可以用于澄清权利要求记载不明的地方，也可以用于解决双方当事人对权利要求用语的含义有争议的地方，最终判明所争议的权利要求用语在本案中所应具有的含义，进而确定相应技术特征的技术含义或技术构成。

（一）说明书参考准则之一：根据说明书（含附图）的记载，解释权利要求记载的技术方案和其中有争议的同语的含义

在我国，说明书的传统写法是按照八股文格式撰写，一是便于充分公开专利技术，二是让本领域普通技术人员能理解专利技术，并能根据

权利要求的记载工业性地再现专利技术及其有效的技术效果。因此，在解释权利要求记载的内容及其用语的含义时，我们不能仅限于权利要求本身，还必须从说明书记载的发明三要素去理解权利要求记载的技术方案，从说明书和附图的整个记载中去正确理解所争议的用语的含义，无论用语最终是具有“普通含义”还是具有“限定含义”。

一般来讲，说明书与权利要求书在同语的使用上具有一致性。[1] 所以，当说明书对权利要求中的某个用语进行了自定义或者明确的排除性限制，则按照自定义或限定的内容解释该用语的“特定含义”；如权利要求与说明书中的相同用语都采用规范的科技术语或本技术领域约定俗成的术语表达，则权利要求中的该用语的含义一般以其本领域普通技术人员在阅读权利要求和说明书（含附图）之后通常能理解的用语含义为准，准确地讲是推定该用语具有“普通含义”[2]。所谓用语的“普通含义”就是指本领域普通技术人员在阅读说明书及其附图之后所能理解的，并由规范用语或约定俗成用语本身表现出的具体技术含义或曰具体技术构成。当然，权利要求中的用语最终是否真正具有“普通含义”，应由本领域普通技术人员在阅读说明书及其附图之后理解是否存在排除“普通含义”的适用情况而定。[3] 总的来说，利用说明书参考准则之一具有以下具体利用模式：

---

[1] 《专利法实施细则》第 19 条第 3 款规定：“权利要求书中使用的科技术语应当与说明书中使用的科技术语一致，可以有化学式或者数学式，但是不得有插图。除绝对必要的外，不得使用‘如说明书……部分所述’或者‘如图……所述’的用语。”

[2] “说明书应当使用发明或者实用新型所属技术领域的技术术语。对于自然科学名词，国家有规定的，应当采用统一的术语，国家没有规定的，可以采用所属技术领域约定俗成的术语，也可以采用鲜为人知或者最新出现的科技术语，或者直接使用外来语（中文音译或意译词），但是其含义对所属技术领域的技术人员来说必须是清楚的，不会造成理解错误；必要时可以采用自定义词，在这种情况下，应当给出明确的定义或者说明。一般来说，不应当使用在所属技术领域中具有基本含义的词汇来表示其本意之外的其他含义，以免造成误解和语义混乱。说明书中使用的技术术语与符号应当前后一致。”参见：《专利审查指南 2010》）第二部分第二章第 2.2.7 节，国家知识产权局．专利审查指南 2010 [M]．北京：知识产权出版社，2010：138－139.

[3] “权利要求应当采用发明所属领域的普通技术人员的判断力来解释。这种技术人员对专利文献中所用词语的理解，既要依据它们在本领域的含义，又要了解它们在本领域的特殊含义和用法。用以描述发明的发明人自定义用语必须采用本技术领域普通技术人员能理解的方式进行解释。”Multiform Desiccants，Inc. v. Medzam，Ltd.，133 F. 3d 1473，1477 (Fed. Cir. 1998).

说明书参考准则之一的利用模式：

（1）当权利要求中的某一用语采用统一的科学术语或本技术领域约定俗成的术语表述时，

↓

如果说明书中未对该用语作特别定义（等于未自定义）或者未对该用语作直接的含义限定或明确地排除部分含义的限制的，

↓

一般以其本领域普通技术人员在阅读说明书（含附图）之后能理解的“普通含义”来解释该用语的技术含义。

（2）当权利要求中的某一用语采用具有一定技术原理的结构用语表述时，或者采用具有一定效果用语表述，且实现该效果的技术方式又不必作特殊的限制时，

↓

以其本领域普通技术人员在阅读说明书（含附图）之后能理解的、包含符合该技术原理或者能实现该效果的周知技术、惯用技术在内的“普通含义”来解释该用语的技术含义。

（3）当权利要求中的某一用语采用自定的术语或鲜为人知的用语时，

↓

根据本领域普通技术人员在阅读说明书中对该用语的定义或者说明以及附图的图示之后能正确理解的含义来解释该用语的含义。

在上述参考准则之一的利用模式（1）中，必要时可借助字典、教科书等工具书认定科学术语的“普通含义”，同理也可借助公知技术资料、本领域专家证言等认定本技术领域约定俗成的术语的“普通含义”，但是这样认定出的用语“普通含义”有时可以是多义的，至于哪些含义会成为权利要求中的用语的“普通含义”，则应根据本领域普通技术人员在阅读权利要求书和说明书之后能理解并确定的技术含义为准。不过，如果说明书对权利要求中的用语作了特别定义（等于自定义），或者对该用语作了直接的含义限定或明确地排除部分含义的限制，那么就应根据反映在说明书中的有意取舍的客观记载来限定解释用语的技术含义，也就是说该用语只具有“特定含义”。

利用上述参考准则之一的利用模式（1）解释用语具有“普通含义”的判例有：美国法院在Philips案中就是按照这种“没有……的限制，那它就具有普通含义”的解释方法认定“隔板”用语具有“普通含义”的，从而推翻了联邦地方法院作出的不构成侵权判决；[1] 同理，美国法院在Vitronics案[2]、卡伯特公司案[3]、耐克公司案[4]、Norshern案[5]中采用相同方法认定所争议的用语具有“普通含义”。另外，德国法院在“离子分离装置（Ionenanalyse）案”[6]、“管路夹（Spannschraube）案”[7] 中以及日本法院在“扣件案”[8] 中也是利用了上述利用模式（1）认定所争议的用语具有“普通含义”。我国法院在“一种保暖、保健内裤”案中对“腰部至裆部之间的内侧”的含义的认定[9]，在“测定人体反应时的方法及其装置”案中对权利要求3中的“开关”同语含义的认定[10]，在“用可粉条加工的揉面机”案中对“机架”用语含义的认定[11]，都按照上述参考准则之一的利用模式（1）解释其具有“普通含义”。

---

[1] Phillips, v. AWH Corp. 415 F. 3d 1303 (Fed. Cir. 2005).

[2] Vitronics Corp. v. Conceptronics, Inc. , 90F. 3d 1576 (Fed. Cir. 1996).

[3] 程永顺，罗李华．专利侵权判定——中美法条与案例比较研究［M］．北京：专利文献出版社，1998：40－42.

[4] 程永顺，罗李华．专利侵权判定——中美法条与案例比较研究［M］．北京：专利文献出版社，1998：43－44.

[5] 阎文军．专利权的保护范围——权利要求解释和等同原则适用［M］．北京：法律出版社，2007：65－66.

[6] BGH, GRUG 1988, p. 896 seq-“Ionenanalyse”.

[7] BGH, GRUG 1999, p. 909 seq-“Spannschraube”.

[8] 参见大阪高等法院1972年6月26日关于“扣件”案的判决，载《無体財産例集》，第4卷第1号，第340页。在本案中，大阪高等法院还以被控侵权物与专利技术在技术效果上存在显著差异以及不具备本领域普通技术人员的置换容易性为由，否定了等同的适用。

[9] 参见内蒙古某实业有限责任诉天津某针织有限责任公司及北京某购物中心侵犯实用新型专利权纠纷案，北京市高级人民法院〔2003〕高民终字第816号民事判决书．转引自：程永顺．案说专利法［M］．北京：知识产权出版社，2008：253－254.

[10] 北京鑫东华腾体育器械有限公司诉被告宁波奇胜运动器材有限公司、宁波奇胜机械有限公司侵犯专利权纠纷案，北京市第二中级人民法院民事判决书〔2008〕二中民初字第03204号［EB/OL］．中国知识产权裁判文书网［2011－03－01］．http：//ipr. chinacourt. org/public/detail_sfws. php? id=26666.

[11] 参见：薛胜国与赵相民、赵章仁实用新型专利侵权纠纷案，最高人民法院民事裁定书〔2009〕民申字第1562号［EB/OL］．［2011－03－15］．http：//ipr. chinacourt. org/public/detail_sfws. php? id=39099.

利用上述参考准则之一的利用模式（1）解释用语只具有“特定含义”的判例有：美国法院在“佛郎森案”中利用说明书中记载的“应用”“吸附”来解释权利要求中“反应”的含义[1]，日本法院在“除草剂案”中利用说明书中记载的限定除草剂用量的下限值直接认定为权利要求中未曾记载的除草剂用量的下限值[2]，在“就诊卡票发行方法”案中根据说明书中的“管理装置”是与 host computer 区别使用的情况来限定解释权利要求中的“管理装置”的含义[3]，我国法院在“利用图形界面快速完成端口连接的方法”案中利用说明书的记载将“可以”解释为“应当”[4]，在“水箱排水阀的控制按钮”案中利用说明书的记载将“紧卡”的技术含义解释为仅指凸粒与长方孔的卡合[5]，在“利用图形界面快速完成端口连接的方法”案中利用说明书的记载和附图的图示将专利权利要求中的“连线操作”的含义限定解释为“物理实线操作”[6]，等。

在上述参考准则之一的利用模式（2）中，一方面，权利要求中的用语可能采用了“具有一定技术原理的结构用语”，比如前述的美国 Philips 案中权利要求对“隔板”用语的技术原理性说明：“钢制”“置于钢壳体内用于增加其承载力”和“从钢壳墙向内延伸”，日本“注射液调整方法及注射装置”案中权利要求直接记载“螺钉机构”用语[7]，在这些用语的技术含义除具有说明书实施例中所列举的含义之外，还应包括本领域普通技术人员在阅读说明书（含附图）之后参考申请日之前的符合该技术原理的有关周知技术、惯用技术而可以实施的技术含义范围。另一方面，权利要求中的用语可能采用了“具有一定效果的用语”，比如日本“散热

---

[1] 参见《美国专利案例季刊》第 219 卷第 1137 页。转引自：程永顺，罗李华．专利侵权判定——中美法条与案例比较研究［M］．北京：专利文献出版社，1998：45－46.

[2] 东京地方法院 1967 年 11 月 15 日关于“除草剂案”的判决，载《判例タイムズ》，第 215 号，第 187 页。

[3] 大阪地方法院 1993 年 11 月 30 日关于“就诊卡票发行方法案”的判决，载《判例时报》，第 1483 号，第 111 页。

[4][6] 宋建文与明导（上海）电子科技有限公司、上海贝尔股份有限公司侵犯发明专利权纠纷案，上海市高级人民法院 2010 年 4 月 14 日作出的民事判决书［EB/OL］．中国知识产权裁判文书网，［2011－03－28］．http：//ipr. chinacourt. org/public/detail_sfws. php? id＝37736.

[5] 厦门威迪亚建材工业有限公司诉厦门瑞尔特卫浴工业有限公司实用新型专利侵权纠纷案，转引自：程永顺．专利权纠纷案件法官点评［M］．北京：知识产权出版社，2007：210－214.

[7] 大阪地方法院 1999 年 5 月 27 日关于“注射液调整方法及注射装置”案的判决，载《判例时报》，第 1685 号，第 103 页。

器”案中权利要求记载“付着”用语❶，我国“一种三联移门的联移移动装置”案中权利要求记载“悬挂并重叠”用语❷，但这些用语在参考说明书记载的发明三要素之后不必对其含义作限制或排除性的解释，即不必排除本领域周知技术、惯用技术，故这些用语的技术含义除具有说明书实施例或者附图中所例示的含义之外，也包括但限于本领域普通技术人员在阅读说明书（含附图）之后依据申请日之前的相关周知技术、惯用技术而可以实施的技术含义范围。再比如，“与杯体相配的杯盖”中的“相配”的技术含义不清楚，那么杯盖与杯体之间具体“相配”的结合技术除包括说明书实施例记载的“螺纹连接”方式之外，还应包括申请日之前周知而惯用的“扣式”连接方式等。

我国厦门市中级人民法院在“水箱排水阀的控制按钮”案中对权利要求记载的“紧卡”用语含义的解释❸，长沙市中级人民法院在“彩色艺术围栏”案中对权利要求 1 的“葫芦栅栏杆”用语的解释❹，都采用了上述参考准则之一的利用模式（3）。

也需要指出的是，在理解上述参考准则之一的利用模式时，不可轻易地将权利要求中的用语的含义限定在说明书中的实施例所示意的具体技术含义上。因为说明书中的实施例只是反映专利技术的最佳实施方式之一，不是专利技术的全部具体实施方式。关于这点，我国最高人民法院 2009 年 12 月 21 日在“曝气法海水烟气脱硫方法及一种曝气装置案”、2009 年 11 月 26 日在“用于粉条加工的揉面机案”、2009 年 8 月 18 日在“豆稻麦收割机案”及 2002 年 3 月 6 日在“机芯奏鸣装置音板的成键方法及其设备案”等中也明确反对用说明书实施例中叙述的具体下位结构去

---

❶ 东京地方法院 1999 年 8 月 31 日关于“散热器案”的判决，转引自（日）永野周志著：《专利权侵害判断认定基准——从判例中看权利要求解释的实务》，（日）ぎょうせい，2006 年版，第 46 页。

❷ 原告周兆鸿诉被告上海灵隆实业有限公司侵犯实用新型专利权纠纷案，上海市第一中级人民法院民事判决书〔2010〕沪一中民五（知）初字第 12 号［EB/OL］. 中国知识产权裁判文书网，[2011－03－08]. http：//ipr. chinacourt. org/public/detail_sfws. php? id＝38832.

❸ 厦门威迪亚建材工业有限公司诉厦门瑞尔特卫浴工业有限公司实用新型专利侵权纠纷案. 转引自：程永顺. 专利权纠纷案件法官点评［M］. 北京：知识产权出版社，2007：210－214.

❹ 原告谢奇与被告长沙三兴置业有限公司侵犯实用新型专利权纠纷案，长沙市中级人民法院民事判决书〔2009〕长中民三初字第 0293 号［EB/OL］. 中国知识产权裁判文书网，[2011－04－18]. http：//ipr. chinacourt. org/public/detail_sfws. php? id＝35834.

限定权利要求中的上位用语的一般含义以及明确反对将权利要求记载的技术方案限定于说明书实施例记载的较窄的具体方案上。

（二）说明书参考准则之二：根据说明书记载的发明三要素，解释权利要求记载的有争议的同语的含义

独立权利要求记载的技术方案应当满足说明书中记载的发明三要素的要求，既能实现发明的目的（等于解决发明的技术问题），又能达到发明的有益效果。因此，在权利要求的语义解释中，应当也必须把所争议的权利要求用语的含义范围控制在能实现发明目的，尤其是能达成发明效果的范围内。反过来讲，如果权利要求记载的有争议的用语在表面上具有一般含义且又为多义的，但其中的某一技术含义所构成的技术方案能实现发明的目的、达成发明的效果，而另一技术含义所构成的技术方案则不能，此时就应该去除不能实现的部分，把权利要求中的该用语的含义缩小性地解释在能够满足发明三要素的技术含义上，并用该限定的用语技术含义去构成权利要求的语义保范围（见图 1）。

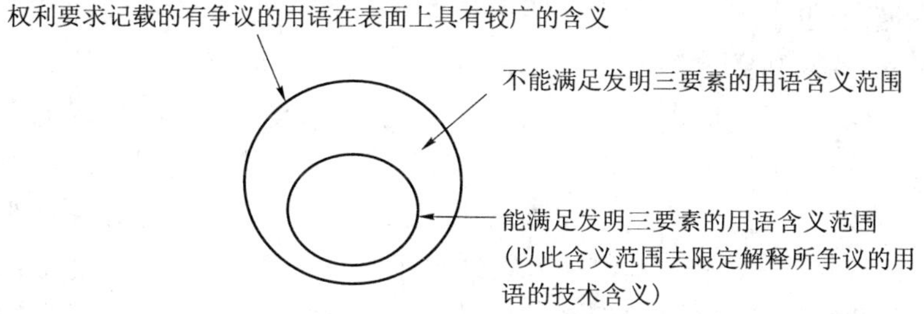

图 1　限制解释用语的含义图

相反，权利要求记载的有争议的用语在表面上具有明显较窄的含义时，也可以参考说明书记载的发明三要素，即参考发明的目的与效果，正确理解该用语的含义，从而适度的扩张解释该用语的应有含义范围（见图 2）。

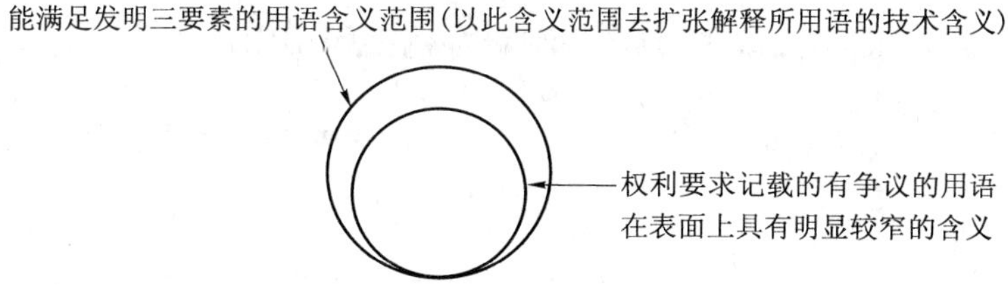

图 2　扩大解释用语的含义图

说明书参考准则之二的利用模式：

（1）当权利要求记载的有争议的用语在表面上具有较广的含义时，

↓

如果该用语的部分含义范围不能满足说明书记载的发明三要素要求的，

↓

则以能满足发明三要素要求的技术含义范围去限定解释该用语的含义。

（2）当权利要求记载的有争议的用语在表面上具有明显较窄的含义时，

↓

则以能满足发明目的和发明效果的范围去适度扩张解释该用语的含义。

上述参考准则之二的利用模式（1）表明，一旦权利要求记载的语义范围不当地包含着不能满足说明书记载的发明三要素要求的部分，就应通过解释将权利要求的语义保护范围限定在能满足说明书记载的发明三要素要求的技术构成上。日本在这方面的判例较多，比如东京地方法院在“紫外线杀菌器案”中认为，“根据说明书中记载的发明目的、技术思想和发明效果，只能认定权利要求中记载‘反射镜’仅为对紫外线的反射率较高之物”❶。神户地方法院在“电子晴雨表案”中认为，“按照说明书中的发明目的、效果的记载，应认定权利要求中的‘断续器’的含义只能是指有接点开关所不能包含的无接点开关”❷，东京地方法院在其判决的“摇动 clamp 案”中认为，在参考说明书中有关现有技术的问题、发明的目的与效果的记载之后，权利要求中的“支持体”为达到发明目的所要求的强度，只能是指用于取付板与固定体之间的部件，❸ 东京高等

❶ 东京地方法院 1980 年 10 月 31 日关于“紫外线杀菌器案”的判决，载《无体财产权关系民事（行政裁判例集》，第 12 号，第 602 页。

❷ 神户地方法院 1990 年 10 月 29 日关于“电子晴雨表案”的判决，载《判例タイムズ》，第 752 号，第 222 页。

❸ 东京地方法院 2001 年 1 月 26 日关于“摇动 clamp 案”的判决，转引自（日）日本专利第 1 委员会第 5 小委员会：“从引人注目的判决中抽出的最近知识产权问题的探讨（2）”，载《知财管理》，2002 年第 52 卷第 7 期，第 968 页、第 980 页。

法院在其判决的“光脱毛装置”案件中也认为，参考说明书的记载，尤其是发明“干固毛根组织”的作用效果的记载，“权利要求中的‘照射probe’需要强光照射，应限定于在毛根附近集中加热之装置。”[1]

我国法院也在利用上述参考准则之二的利用模式（1）来判案，特别是利用说明书记载的发明目的或者相应技术特征的目的，限定解释技术特征的技术含义，进而缩小性地认定权利要求的语义范围。在浙江省高级人民法院判决的“太阳能手电筒案”中，法院根据说明书中记载的发明目的，将权利要求1中的“可脱卸的部件”和“可脱卸的连接结构”用语含义限定在于“将太阳能电池板与透明罩组成脱卸的部件，该部件通过可脱卸的连接结构安装固定在筒体的外表面安装孔上”[2]，在最高人民法院裁定的“一种伸进型全向天线馈电结构案”中，法院同样根据说明书中记载的发明目的，将权利要求3中的“一定的距离”的含义限定解释为是指能够“使雨水不容易从金属连接器底端吸进到天线罩里面”的距离。[3]

也需要指出的是，发明的三要素，尤其是发明的作用效果有时也可以用于扩大解释权利要求的语义范围，如果权利要求的文言记载被认为有不足的话。这主要发生在权利要求的用语选择与现实存在一定的误差，且该误差并不影响发明的作用效果。日本大阪地方法院在其判决的“柱等保护具案”中认为，权利要求中“锐角”用语的含义“并不一定限于严格意义上的‘锐角’含义，它包含直角或接近直角的钝角”[4]。我国长沙市中级人民法院在“彩色艺术围栏案”中对权利要求记载的“葫芦”

---

[1] 东京高等法院2001年4月25日关于“光脱毛装置案”的判决，转引自（日）日本专利第1委员会第5小委员会：“从引人注目的判决中抽出的最近知识产权问题的探讨（2）”，载《知财管理》，2002年第52卷第7期，第969页、第979页。

[2] 上诉人徐永伟、奉化市华拓太阳能科技有限公司因侵犯发明专利权纠纷案，浙江省高级人民法院民事判决书〔2010〕浙知终字第11号［EB/OL］. 中国知识产权裁判文书网，［2011—04—23］. http：//ipr. chinacourt. org/public/detail_sfws. php? id＝34866.

[3] 广东通宇通讯设备有限公司与摩比天线技术（深圳）有限公司侵犯实用新型专利权纠纷案，最高人民法院民事裁定书〔2009〕民申字第1533号［EB/OL］. 中国知识产权裁判文书网，［2011—04—24］. http：//ipr. chinacourt. org/public/detail_sfws. php? id＝39193.

[4] 大阪地方法院1989年5月31日关于“柱等保护具案”的判决，转引自（日）永野周志著：《专利权侵害判断认定基准——从判例中看权利要求解释的实务》，（日）ぎょうせい，2006年版，第63页。

用语的含义作了扩张解释，认为“参照专利说明书中的附图 1、附图 2，图示的‘葫芦’栅栏杆并不是限定了某种不能更改的形状，而是对于栅栏杆具有起伏的不规则杆体形状的一种概括性描述，并不要求与‘葫芦’这种植物高度相似；从实用新型专利的特点来看，这种形状的精确与否也不会影响到某技术目的实现”❶。

（三）说明书参考准则之三：仅在说明书（含附图）中有记载的某个技术特征是属于解决发明技术问题所必不可少的，应当将这一技术特征读入权利要求中，从而缩小解释权利要求的语义保护范围

由于权利要求中未记载有某个技术特征而使其技术方案不完整，唯有将只记载在说明书（含附图）中的该技术特征读入权利要求中才能实现发明的目的并达到相应的技术效果，笔者认为在此种情形下可以采用宽恕说，将说明书中的该技术特征读入权利要求，以限制专利权的保护范围。

说明书参考准则之三的利用模式：

当权利要求记载的技术构成（即技术方案）根据发明三要素的记载而缺少解决发明技术问题的某种必要技术特征时，

↓

如果说明书（含附图）中记载有这一必要技术特征的，

↓

应当将这一必要技术特征读入权利要求中，从而缩小解释权利要求的语义保护范围。

日本地方法院在前述“除草剂案”中认为权利要求中缺乏除草剂用量的下限值，于是将说明书中记载的相应下限值读入权利要求中，以限定其保护范围。再有，日本法院在“天然气管路控制装置案”中认为，虽然权利要求中未明确记载“开闭制御”的构成，但是根据说明书的记载，最符合发明目的的“开闭制御”构成应是指天然气流路的完全开放与完全闭合，“本件发明采用最符合发明目的的构成是合理的，也应以此

❶ 原告谢奇与被告长沙三兴置业有限公司侵犯实用新型专利权纠纷案，长沙市中级人民法院民事判决书〔2009〕长中民三初字第 0293 号［EB/OL］. 中国知识产权裁判文书网，［2011－04－18］. http：//ipr. chinacourt. org/public/detail_sfws. php? id＝35834.

限定解释权利要求”[1]。在“蓝色发光二极管集成电路块案”中也认为，即使权利要求中未记载有“DH构造的半导体元件”这一技术特征，也应根据说明书中关于发明目的与实现手段的记载而将说明书中的这一技术特征写入权利要求中。[2]

在笔者检查范围内，未见我国法院在这方面的判例。在目前的状况下，我国应采用这一利用模式判案。其理由有二：一是该利用模式不是在扩大保护范围，而是在缩小保护范围；二是虽说权利要求有无效瑕疵，但其缺乏的必要技术特征在说明书（含附图）中又有明确的记载，可以采用宽恕说处置。

（四）说明书参考准则之四：独立权利要求的语义保护范围应当（限定）解释为能够实现（或达到）说明书中记载的发明效果的范围

在发明三要素中，发明目的与发明效果有对应的手背与手心关系，其中发明的技术方案必须实现或者达到发明的效果。因此，在解释独立权利要求时，其经解释而得到的权利要求语义保护范围必须且也应该限定于能够实现或者达到发明效果的范围。

说明书参考准则之四的利用模式：发明效果不奏效抗辩

（1）当被控侵权物覆盖独立权利要求的全部技术特征，但并不具有专利说明书记载的与发明目的对应的发明效果时，

↓

如果独立权利要求记载的技术方案本身就不能够实现（或达到）说明书中记载的发明效果的，

↓

应当判定被控侵权物不构成侵权。（等于发明效果不奏效抗辩1）

（2）当被控侵权物覆盖独立权利要求的全部技术特征，但并不具有

---

[1] 东京高等法院2000年9月27日关于有关天然气管路控制装置案的判决，转引自日本专利第1委员会第5小委员会：“从引人注目的判决中抽出的最近知识产权问题的探讨（2）”，载《知财管理》，2002年第52卷第7期，第969页、第982页。

[2] 东京地方法院2001年5月5日关于“蓝色发光二极管集成电路块案”的判决，转引自日本专利第1委员会第5小委员会：“从引人注目的判决中抽出的最近知识产权问题的探讨（2）”，载《知财管理》，2002年第52卷第7期，第969页、第979页。

专利说明书记载的与发明目的对应的发明效果时，

↓

如果被控侵权物的技术构成中具有阻止专利发明效果发生的新的技术特征的，

↓

应当判定被控侵权物不构成侵权。（等于发明效果不奏效抗辩 2）

（3）当被控侵权物覆盖独立权利要求的全部技术特征，但并不具有专利说明书记载的与发明目的对应的发明效果时，

↓

如果被控侵权物因其技术构成与独立权利要求记载的技术方案不同而具有别的技术效果或者成为一种完全不同的新产品或新物质的，

↓

应当判定被控侵权物不构成侵权。（等于发明效果不奏效抗辩 3）

在正常的情况下，专利独立权利要求应当实现（或达到）说明书中记载的与发明目的对应的发明效果（可称为“核心的发明效果”）。而且，一般情况下，被控侵权物如若覆盖独立权利要求的全部技术构成时，就应具备专利发明的技术效果。因此，被控侵权物不具有专利说明书记载的发明效果的情形一般都反映在被控侵权物中缺乏独立权利要求记载的某个或某些技术特征或者与之根本不同。但是，在有的时候，被控侵权物即便是覆盖了独立权利要求的全部技术特征，但还是不具有专利说明书记载的与发明目的对应的发明效果（等于发明效果不奏效）。造成这种结果的原因有以下几点：

第一，出自专利申请人对发明效果的设定错误，从而使得独立权利要求不能实现发明的效果，成为一种未完成的发明创造；或者出自专利申请人有意在权利要求书和说明书中隐瞒专利的某个必要技术特征，造成独立权利要求记载的技术方案不完整，不能实现发明的效果。这类情况在我国还是多见的，有学者将之称为“必要技术特征秘密化”❶。在此情形下，独立权利要求存在重大无效瑕疵且不可修复，我国虽有无效制度可供救济选择（在侵权诉讼中启动无效程序是一种效率低下的救济途

❶ 魏大海．必要技术特征秘密化保护之破解［J］．电子知识产权，2010（2）．

径)，但笔者主张借鉴日本的作用效果不奏效抗辩论之思维便捷地解决我国这类多发的情形，具体讲是采用上述参考准则之四的利用模式（1)，即发明效果不奏效抗辩 1 排除侵权指控。比如，日本法院“高尔夫工具袋搬送循环轨道装置案”中认为，说明书记载的本实用新型的目的在于防止草坪的伤害，而被控侵权物是在草坪之外设置的轨道装置，为此认定被控侵权物不具有本案实用新型的作用效果，从而否定构成侵权。[1]

第二，出于被控侵权物的技术构成中具有阻止或严重影响专利发明效果发生的新的技术特征，从而使被控侵权物不具有专利技术的发明效果。比如，专利＝A＋B＋C，被控侵权物＝A＋B＋C＋D，但被控侵权物的技术特征 D 在 A＋B＋C＋D 方案中能明显阻抑专利说明书阐明的 A＋B＋C 产品的发明效果，且有突出的别的效果（尤为在合金、半导体或化学领域表现突出)。[2] 此时，该新的技术特征 D 不应认定为附加技术特征，应采用上述发明效果不奏效抗辩 2 排除侵权指控。比如，在日本法院判决“导电性积层体案”中，专利技术采用“玻璃基盘＋银层＋ZnO 层”构成，而被控侵权物由“玻璃基盘＋银层＋氧化钛层＋氧化锌（ZnO）层”构成，即被控侵权物在银层与氧化锌（ZnO）层之间加入了氧化钛层，其结果是被控侵权物在可视光透过率及表面抵抗上与专利技术明显有别，法院就此认为：“被控侵权物是给予了本案专利发明的作用效果以影响的技术构成，不能认定氧化钛层只是附加的要素，被控侵权物不属于专利的保护范围。”[3] 在“喷用制剂案”中，被控侵权物的组分及其含义虽然包含在权利要求记载的范围，但仍不具有说明书记载的作用效果，法院由此认定被控侵权物中还具有阻碍该作用效果发生的另外的构成要件，判定不构成侵权。[4] 在“电气连接器用铜基合金案”中，被控侵权物在专利权利要求的组分和含量范围之内，但是因含有专利权利要求未记

---

[1] 大阪地方法院 1987 年 8 月 19 日关于“高尔夫工具袋搬送循环轨道装置案”的判决，载《判例时报》，第 1260 号，第 37 页。

[2] 杨志敏．知识产权法新解［M］．成都：四川大学出版社，2009：370－371.

[3] 东京地方法院 2000 年 11 月 28 日关于“导电性积层体案”的判决，转引自：日本专利第 1 委员会第 5 小委员会：“从引人注目的判决中抽出的最近知识产权问题的探讨（2)”，载《知财管理》，2002 年第 52 卷第 7 期，第 969 页、第 981 页。

[4] 大阪高等法院 2002 年 11 月 22 日关于“喷用制剂案”的判决，［2012－05－10］. http：//www. hanketsu. jiii. or. jp/hanketsu/jsp/hatumeisi/news/200308news. html.

载有的Zn和Sn，故被控侵权物的耐应力缓和度优于专利技术，但电气传导率又不如专利技术，为此法院认为："被告产品中含有Zn和Sn，产生了合金的特性的变化：一方面耐应力缓和度提高，另一方面电气传导率降低，于是，含有Zn和Sn的被告产品未满足专利的构成要件A。"❶

第三，可能出于被控侵权物的技术构成与独立权利要求记载的技术方案不同而具有别的技术效果。比如，专利＝A＋B＋C，被控侵权物＝A′＋B＋C或A＋B＋c1，A′与A有一点不相同，c1是C的一个下位概念，被控侵权物不具有专利说明书记载的技术效果，且有突出的别的效果或用途（尤为在合金、化学等领域表现突出）；或者，专利＝A＋B＋C＋反应温度为80℃～120℃（化学领域），根据说明书的记载，A与B首先反应生成D，然后D再与C反应生成最终产品P物质，被控侵权物＝A＋B＋C＋反应温度118.5℃，其反应过程是直接生成P物质，其中间过程中无D物质的生成。❷ 此时，应采用上述发明效果不奏效抗辩3排除侵权指控，如日本法院的上述"高尔夫工具袋搬送循环轨道装置案"（属机械领域）。也可能出于被控侵权物的技术构成与独立权利要求记载的技术方案不同而使得被控侵权物本身成为一种完全不同的新产品或新物质。比如，专利＝A＋B＋C，本身是一种产品或物质F，被控侵权物＝A＋B＋C＋D，则是一种其在功能或效果上全然不同的新产品或新物质G（G与F为不同物质时在合金、化学领域表现尤为突出）。❸此时，同样应采用上述发明效果不奏效抗辩3排除侵权指控，如日本法院的上述"电气连接器用铜基合金案案"（属合金领域）。

需要指出的是，上述参考准则3与参考准则4及其相应的利用模式都可视为上述参考准则2的衍生产物。

四、结束语

说明书（含附图）是权利要求语义解释的核心内部资料。说明书这

---

❶ 东京地方法院2004年2月25日关于"电气连接器用铜基合金案"的判决，转引自：（日）永野周志著：《专利权侵害判断认定基准——从判例中看权利要求解释的实务》，（日）ぎょうせい，2006年版，第70—72页。

❷❸ 杨志敏．知识产权法新解［M］．成都：四川大学出版社，2009：371—373.

一作用完全源于它的法律地位。我国专利法及其实施细则对权利要求和说明书两者记载要求的规定以及两者之间关系的规定，都直接表明说明书与权利要求之间有着浓浓的血缘关系。因此，无论权利要求中有争议的用语是具有“普通含义”还是仅有“特定含义”都必须在参阅说明书之后才可确认。再有，从国内外的判例中可以看出，权利要求的语义解释还必须受到专利法关于说明书记载的实体规定和基本原理的制约。为此，从统领国内外判例思维的角度，我们可以为在权利要求语义解释中应如何利用说明书建立起一套完整的且具有可操作性的说明书参考准则及其利用模式，本文的目的在于此，也希望有助于完善我国目前的相应做法。

虚拟装置权利要求维权中的法律问题

牟永林[1]

摘　要

允许纯粹的计算机程序以产品保护的形式撰写权利要求，但未公开承认“功能模块构架”是实体装置，使其在专利侵权诉讼时面临立案和审理时的困难。虚拟装置权利要求实质是方法权利要求。本文建议在立法中规定，侵犯计算机程序方法专利的产品可以直接追究产品制造者和销售者的责任。

[1] 作者单位：哈尔滨市松花江专利商标事务所。

序　言

《审查指南2001》，作出了如下规定："涉及计算机程序的发明专利申请的权利要求书的独立权利要求可以写成一种方法权利要求，也可以写成一种产品权利要求，即实现该方法的装置。"但是又规定："如果写成装置权利要求，应当具体描述该装置的各个组成部分及其各组成部分之间的关系……"从上述规定看出，那个时候的专利审查实践，只允许把纯粹计算机程序发明专利申请写成方法权利要求，不允许把脱离硬件装置的计算机程序以产品权利要求的形式予以保护。

《审查指南2006》突破了上述规定，首次提出了"功能模块构架"的概念。同时，又留下了这样的规定，即"由这样一组功能模块限定的装置权利要求应当理解为主要通过说明书记载的计算机程序实现该解决方案的功能模块构架，而不应当理解为主要通过硬件方式实现该解决方案的实体装置"。也就是说，一方面，专利审查规范在形式上允许纯粹的计算机程序以产品保护的形式写入权利要求书；另一方面，专利审查规范并未公开承认这种"功能模块构架"是实体装置。笔者认为这可能就是此类权利要求被叫做"虚拟装置"权利要求的由来。随后的2010年版《专利审查指南2010》关于此处的内容没有任何改动。

上述新规定实施以来，虚拟装置权利要求这种撰写方式得到迅速的推广和应用，赞成者普遍认为，它给涉及计算机程序的发明创造赋予了一种新的权利，即向侵权的"制造商"和"销售商"提出侵权赔偿的权利。但是，到目前为止，笔者没有查找到一件相应的司法侵权判例。那么虚拟装置权利要求作为一种新创制的权利客体，究竟会被司法部门怎样对待？这种新型的权利在维权过程中会面临着哪些司法实践中的困难？笔者愿意说出自己的想法，从而抛砖引玉，求得大家的指教。

一、对虚拟装置权利要求的认识

（一）定　义

《专利审查指南2010》规定："对于涉及计算机程序的发明专利申请，可以全部以计算机程序流程为依据，按照与该计算机程序的各步骤完全对应一致的方式，或者按照与反映该计算机程序流程的方法权利要求完全对应一致的方式，撰写装置权利要求。”在专利代理实践中，这种由一组功能模块限定的装置权利要求经常被称为“虚拟装置权项”[1]。

在以计算机程序为创新点的发明专利申请中，对于软件流程，往往既要求保护方法，又要求保护功能模块构架。其中方法权利要求所定义的各个步骤与说明书及附图中所描述的软件流程的步骤相对应，而其产品权利要求所定义的各个装置（means）则与方法权利要求中所定义的各个步骤相对应，因此其产品权利要求通常采用功能性的限定方式，即“装置＋功能”（means plus function）的限定方式。[2]

（二）权利创制的本意

从现行《专利审查指南 2010》中，笔者没有查到关于虚拟装置权利要求的立法本意，但笔者认可大多数人的看法，这种类型权利要求的产生与大多数人对这种权利的期望有关。

我国现行《专利法》第 11 条规定：“发明和实用新型专利权被授予后，……不得为生产经营目的……使用其专利方法以及使用、许诺销售、销售、进口依照该专利方法直接获得的产品。”

从上述规定可以看出，相对于一个专利方法，如果使用该专利方法的用户是出于非商业目的，那么不会侵犯该方法专利的专利权。对于涉及计算机程序发明创造的产品，产品的制造商所做的是输入程序，产品的销售商或进口商，只是销售或进口产品，连程序拷贝都不做，更谈不上使用专利方法。也就是说产品的制造商和销售商，都不是计算机程序的使用者，按照法律规定也不侵犯方法专利的专利权。上述情况中，专利权人因为找不到侵权者而无法维护权利，但是专利权人的损失肯定是有的。

虚拟装置权利要求正是为了应对这种情况而创制出来的，以试图规制上述不合理的情况。通过赋予计算机程序发明创造以产品权利要求的身份，来追究制造商和销售商的侵权责任，从而堵住法律上的漏洞和

[1] 张欣．谈虚拟装置权项对方法权项的依赖性［D］//2011 年中华全国专利代理人协会年会第二届知识产权论坛论文选编集。

[2] 邵亚丽．涉及计算机程序的发明的可专利性的探讨［EB/OL］．http：//www.5law.cn/info/a/sifa/hunyinjiating/2011/1117/45120.html.

缺口。

另外，还有专利权人认为，在专利侵权诉讼中，权利人对于方法专利被侵权的举证难度比产品专利的举证难度要大。如果是产品专利，则权利人只要到市场上购买相应产品，即可获得侵权证据，而如果是方法专利，则要复杂得多。

（三）权利的实质

笔者认为，尽管虚拟装置权利要求形式上撰写成了产品权利要求，其实质仍然是方法权利要求。

（1）从技术创新的实质内容看，虚拟装置权利要求属于方法权利要求。虚拟装置权利要求所保护的功能模块构架，一般是依附于半导体芯片实现其功能的。这些 ROM、RAM 存储器和 CPLD、FPGA 等器件，从微电子学角度看，是由大量的空间排布的逻辑单元体组成的。尽管这样的器件从一定程度上像是一种产品，但发明效果和功能的取得，是由计算机指令和数据所涉及的逻辑单元体进行有序地“0”或“1”的置位、复位实现的，离不开动作顺序的安排。也就是说动作顺序决定发明效果和功能，单纯的器件选择本身不会产生预期的发明效果。

由此可以看出，尽管虚拟装置权利要求被写成功能模块构架，但创新活动的内容是动作顺序的安排，而不是器件本身结构的发明，所以虚拟装置权利要求实质上属于方法权利要求。

（2）基于说明书对权利要求的支持，虚拟装置权利要求属于方法权利要求。《专利法》规定：“权利要求应当以说明书为依据……”按照这条规定，权利要求书中所描述的技术方案的性质，不应该脱离说明书中技术方案的性质。

发明专利说明书中往往只有一套计算机程序流程图，虽然发明人可以给出装置的结构，但是这种结构可能是虚构的，因为结构图中的部件并不存在，或者至多是计算机软件的功能模块。[1] 而常规的计算机体系结构图如图 1 所示，从装置结构上根本看不出软件方面的改进之处，因此也绝对不可能对虚拟装置权利要求提供任何实质上的支持。说明书中只给出了计算机程序流程，因此它也只能支持方法类型的权利要求。

从《专利审查指南 2010》的规定中可以看到，虚拟装置权利要求是

[1] 鄞迅．电学专利申请文件的撰写［M］．北京：知识产权出版社，2007：105.

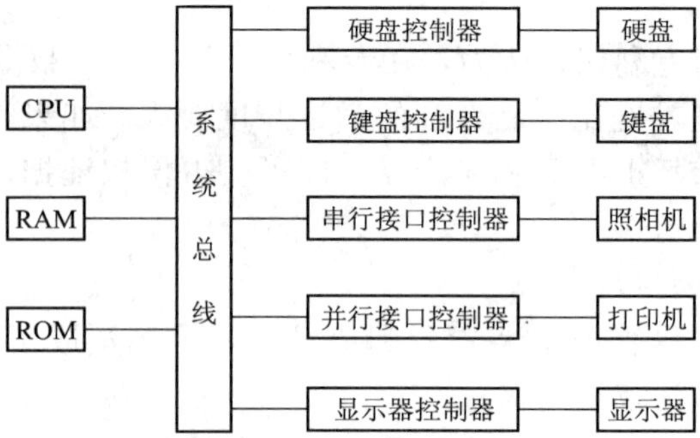

图 1　计算机体系结构图

从计算机流程改写过来的，并且与计算机程序的各步骤完全对应一致。步骤和顺序是计算机程序本身所固有的根本的属性，因此从哲学的角度上看：方法是计算机程序的本质，功能模块构架所表现的虚拟装置只能是计算机程序的表象，虚拟装置权利要求从本质上来说属于方法权利要求。

小结：笔者认为，恰如其名称所述，"功能模块构架"实质上是多个"功能"堆砌而成的概念层面的结构，只不过这些"功能概念"需要再通过方法步骤加以限定使其在技术上能够实现。因此，按照产品来审视，它是概念化的和虚拟的；按照方法来审视，它是具体的和客观存在的。综上所述，笔者认为，虚拟装置权利要求属于方法权利要求，而如果其是方法权利要求，不能直接追究产品制造商和销售商的专利侵权责任。

二、虚拟装置权利要求维权中的法律问题

（一）向"制造商"和"销售商"提出侵权赔偿的权利存有疑问

（1）在现行《专利审查指南 2010》中，找不到虚拟装置权利要求属于产品权利要求的规定。在专利侵权诉讼的立案过程中，作为原告的专利权人，不能在现行法律中找到虚拟装置权利要求属于产品权利要求的规定，因而不能从形式上证明其具有追究产品制造商和销售商侵权责任的权利。作为最基本的法律原则："对于私权利，法无明文规定禁止的，都是许可的。"当虚拟装置到底属于产品还是方法的界限模糊的时候，人民法院不会冒险承认其具有对"制造商"和"销售商"的禁止权。由于

专利权人难以证明虚拟装置属于产品，那么虚拟装置的制造商和销售商不会被认为属于专利法所规制的产品权利要求所涉及的制造商和销售商。被告是否适格的问题将直接阻碍专利权人的立案过程，专利权人可能实现不了起诉制造商和销售商的愿望。

（2）在法庭审理的过程中，作为原告的专利权人难以证明虚拟装置权利要求实质上保护的是产品。同时，作为被告的制造商和销售商也会极力否认虚拟装置权利要求属于产品权利要求，并且会从软件程序的本质上证明其不是真正专利法意义上的产品。因此司法裁定的结果为“诉讼主体不适格”的概率是比较大的。

小结：功能模块权利要求在维权方面的一大“硬伤”在于《专利审查指南 2010》规定这种发明客体不应被理解为采用硬件方式实现。[1]名不正则言不顺，如果在侵权诉讼过程中，以产品权利的方式来追究“制造商”和“销售商”侵权责任的时候，会面临“诉讼主体是否适格”的考量和阻碍。专利权人手握着这样一种效力未定的权利，恐怕会出现“麻秆打狼，两头害怕”的心理状态，不敢向“制造商”和“销售商”提出侵权赔偿的诉讼，难以实现其权利创制的本来愿望。

（二）使专利权人在举证方面处于不利地位

民事诉讼的一个基本原则是“谁主张、谁举证”。通常认为，如果是产品专利，则权利人只要到市场上购买相应产品，即可获得侵权证据。因此对于产品专利，举证证明专利侵权的责任主要在专利权人。如果虚拟装置权利要求被认定为产品权利要求，由专利权人来举证证明专利侵权是必需的。

但是，向法庭提供涉嫌侵权的产品容易，而向法庭证明涉嫌侵权产品重现了虚拟装置权利要求是困难的。具有专利保护的“功能模块构架”的计算机程序安装装置，无法用现有的技术手段对各个功能模块进行一一辨别。也就是说原告不可能把被告的产品进行物理上的分割和分解以找到与权利要求相对应的技术特征。

现阶段的科技发展水平和举证手段限定了专利权人的举证能力和证据水准，虚拟装置权利要求如果被认定为产品权利要求，专利权人有可

[1] 张欣．利用计算机配置方法保护涉及计算机程序的实体装置产品［D］//2010 年中华全国专利代理人协会年会首届知识产权论坛论文选编集。

能根本完成不了举证证明的责任。

如果把涉及计算机程序发明创造按照方法权利要求对待，专利权人有两种选择：

第一种，利用反向工程把被控侵权目的程序还原成源程序，进而完成举证责任。现在的软件编程，已经在产业层面实现了从源程序通过编译器产生目的程序的操作。而还原工程亦称为反向工程，是指将他人的目标代码程序利用反汇编、反编译软件使其还原为汇编代码程序（源代码程序）。[1] 尽管反向工程的质量还不很稳定，需要富有编程经验的工程师介入操作过程，但至少提供了一种可以实现的证明方式，比完全证明不了强。

第二种，专利权人可以请求法庭向被告分配举证责任，并最终获得被告的计算机流程。《最高人民法院关于民事诉讼证据的若干规定》第 75 条规定："有证据证明一方当事人持有证据无正当理由拒不提供，如果对方当事人主张该证据的内容不利于证据持有人，可以推定该主张成立。"

在计算机软件侵权纠纷中，若想判断两软件是否相同或相似以及相似的比例，通常要将两软件的程序、文档进行比对，软件的源程序是最主要的比对依据。而源程序往往又是当事人自行保存，甚至予以保密，对方当事人是无法通过正当途径自行获得的。在一方指控另一方剽窃源程序时，法院可以要求被控方提供其源程序。如果其拒绝提供，法官会形成有利于指控方的心证，结合案件其他事实及证据，推定指控方主张成立。[2]

上述内容基于"推定"的法理依据。推定是指借助于存在的事实，而作出与之相关的另一事实的存在（或不存在）的一种假定。[3] 推定要借助于存在的事实，如果以方法权利要求主张计算机源程序在事实上相关，二者类型相同，推定的理由较充分，法庭同意这种主张的概率较高。专利权人能借此得到被告软件的源程序。假使以产品权利要求主张计算机程序在事实上相关，由于二者类型不同，其主张不容易得到法庭的认可。

---

[1] 黄勤南，尉晓珂．计算机软件的知识产权保护［M］．北京：专利文献出版社，1999：106.

[2] 蒋志培．知识产权民事审判证据实务［M］．北京：中国法制出版社，2008：24.

[3] 李浩．民事举证责任研究［M］．北京：中国政法大学出版社，1993：183.

因此主张虚拟装置为产品，会使专利权人丧失由被告提供证据的机会，反而失去胜诉的可能。

小结：举证规则使得以虚拟装置权利要求主张权利的人，很难打赢官司。进一步说，尽管可以从法律规定的层面上硬性拟制虚拟装置权利要求为产品权利要求，以解决诉讼中的程序问题，但是计算机程序本身的特点，使专利权人难以按照产品权利要求完成举证责任，进而在实际的维权诉讼中处于更加不利的地位。

（三）使法庭审理陷入困难的境地

1. 侵权事实与权利客体的形式差别很大，二者很难对比

知识产权诉讼，尤其是专利侵权诉讼，历来都被认为是民事诉讼中最复杂的诉讼类型。而计算机程序改写成虚拟装置后，加剧了情况的复杂程度，增加了法庭调查事实的难度。

虚拟装置权利要求表现为功能模块构架，按照目前的侵权判断原则，需要拆解被诉侵权产品，将其拆解成结构技术特征然后与权利要求逐一对比。而被控侵权的计算机程序表现为动作的步骤，两种不同的表现形式增加了二者相同和相近似对比的难度。

现实中的专利权项并不总是像专利审查指南给出的示例那么清晰，被比的技术方案也可能很复杂。对于同种类型的技术方案之间，如“产品对比产品”“方法对比方法”，其是否相同和相近似都很难辨别，尤其是当技术的差别若有若无、似是而非的时候。而技术方案的表现形式不同无疑雪上加霜，加剧这种困难。

2. 增加了侵权事实判断的不确定性

目前，专利侵权诉讼中对事实的认定，有一部分由法院委托司法鉴定机构来完成。所审理案件在技术上复杂程度越大，法官对司法鉴定的依赖势必越大。如前所述，虚拟装置权利要求侵权事实认定方面的难度高于其他，因此引入司法鉴定会成为更多的选择。但是现阶段的法庭审理，司法鉴定在能否出庭质证、鉴定过程与案件审理过程脱节和鉴定材料的选取是否完备等方面都存在一定问题。各种主、客观原因都可能造成鉴定结论错误或不完全正确。[1] 但由于司法鉴定机构是主审法官选定的，法官在心理和做法上必然会对鉴定结果存有依赖，尤其是技术的复

[1] 蒋志培．知识产权民事审判证据实务［M］．北京：中国法制出版社，2008：304.

杂程度完全超出法官的判断能力的情况下，把应由法官主宰的审判结果交给司法鉴定成为潜在的必然。这种情况无论从鉴定人的职业操守、法律责任修养方面都增加了诉讼结果的不确定性。

3. 使权利要求的解释陷入困难

专利侵权判断的第一步骤，是解释权利要求，确定专利保护的范围。[1] 解释虚拟装置权利要求存在着两种选择：

第一种把虚拟装置权利要求解释为功能模块构架。这种方式需要把被告的计算机程序抽象并且虚拟化，从而也形成功能模块构架的形态以便与权利要求对比。但这种抽象和虚拟化的操作不会为被告所认可，也与司法的精神相违背。司法过程的实质，是发现真相并予以裁判的过程。而把真实存在的客观事实抽象化、虚拟化后再与权利要求对比，是一种向上的归纳总结，不符合司法判断的从一般到特殊的向下的演绎推理三段论方法，因此是不可行的。

第二种把虚拟装置权利要求解释为方法流程。这种解释方式引出了另一个负面结果，即虚拟装置权利要求实质上是方法权利要求。而这个负面结果必然回馈到诉讼程序层面：即质疑涉案的制造商和销售商的被告身份是否适格，从而使诉讼过程变得混乱。

小结：从公平的角度看，应该追究“制造商”和“销售商”的侵权责任。否则涉及计算机程序发明创造的保护有可能实现不了。《专利审查指南 2010》所作出的权利客体创新正是为了堵住这方面法律规定的漏洞。但是，以发现真实为价值目标之一的诉讼解决方案始终是程序设计的指导思想。[2] 虚拟装置权利要求的运作模式，会使侵权判断的过程，成为评价一个现实存在的事实是否落入一个虚拟的权利保护范围内的局面，评价“现实是否符合虚拟”令人难以接受。

三、立法建议

笔者建议，在现行的《专利法》第 11 条中增加相应的法律规定，

---

[1] 程永顺，罗李华．专利侵权判定：中美法条与案例比较研究［M］．北京：专利文献出版社，1998：3.

[2] 蒋志培．知识产权民事审判证据实务［M］．北京：中国法制出版社，2008：279.

即：不得为生产经营目的制造、许诺销售、销售和进口在产品内的计算机程序运行过程中使用专利方法的产品。

（一）上述立法的必要性

（1）弥补现行专利法的漏洞，使计算机程序的直接使用者不侵权时，制造者和销售者等不能逃脱责任。

比如：数码相机的防抖动方法和视频播放器中的优化图像处理方法等，使用者往往是个人消费者，不会以生产经营目的使用上述数码相机和视频播放器，不会侵犯专利权。这时候只有让产品的制造者和销售者等为专利权人的损失埋单，才能实现专利权的垄断利益。

（2）在法律规范的层面明确相关责任人，从而解决维权过程中被告的诉讼主体资格问题，为司法和守法提供法律依据。

（二）上述立法的合理性

1. 专利间接侵权理论为上述立法建议提供了法理支撑

我国《侵权法》第 8 条规定："二人以上共同实施侵权行为，造成他人损害的，应当承担连带责任。"第 9 条规定："教唆、帮助他人实施侵权行为的，应当与行为人承担连带责任。"

美国专利法把间接侵权分为两种形式。第一种形式是，出售专利产品或者用于使用专利方法的设备的一个主要零件，并且明知道这个主要零件是为了侵犯专利权而特别制造的，不具备除了侵犯专利权以外的其他用途。第二种形式是，积极引诱和教唆其他人侵犯专利权，间接侵权的这两种表现形式，在国内的司法实践中也都分别被承认。[1] 因为预先在产品中安装了计算机程序，既可以算得上是教唆、帮助他人实施侵权行为，也可以算得上是为了侵犯专利权而特别制造，所以制造商和销售商的行为属于专利间接侵权行为。

日本、德国和欧共体也都有专利间接侵权的立法规定，而且日本、德国和欧共体的规定中，专利间接侵权的成立都不以存在专利直接侵权为要件。尽管美国法院在认定间接侵权时一直坚持"如果不存在直接侵

[1] 程永顺，罗李华．专利侵权判定：中美法条与案例比较研究［M］．北京：专利文献出版社，1998：90．

权行为，那么也就无所谓间接侵权”这一原则，[1] 但是根据美国专利法的规定，个人制造、组装专利产品的行为也可能构成对专利权的侵犯。[2] 因此美国专利法事实上对专利权人所给予的专利保护强度上并不弱于德国和日本。

北京市高级人民法院在2001年通过的《专利侵权判定若干问题的意见(试行)》第79条规定：“发生下列依法对直接侵权行为不予追究或者不视为侵犯专利权的情况，也可以直接追究间接侵权行为人的侵权责任：……(2) 该行为属于个人非营利目的的制造、使用专利产品或者使用专利方法的行为。”虽然该意见不是司法解释，但表明了司法领域对专利间接侵权可以独立于直接侵权存在的立场。

既然可以独立追究间接侵权者的责任，那么通过立法追究这种情况侵权责任的障碍也就不大了。笔者的立法建议，相当于利用了专利间接侵权的法学原理，在立法层面单独解决计算机程序的保护问题。

另外，预先安装的计算机程序，既能够直接评判其是否重现了发明的实质内容，又为“是否专为专利侵权而特别制造”给出了答案。对于普通的专利间接侵权，可能只是制造了专利方案中的关键部件或关键原料，是否专门为侵权而特别制造，还有待确定；而如果技术方案构成侵权，制造商和销售商对计算机程序使用者的教唆和帮助几乎达到了包办代替的程度。因此，对涉及计算机程序侵权责任的追究，笔者的想法是应该采取无过错原则。

2. 立法上有过类似的先例

最早的专利法只对使用专利方法的行为提供保护，1992年对《专利法》的第一次修改采取了一系列强化专利保护的措施，其中之一就是将制造方法专利权的保护延伸到用该方法所直接获得的产品。[3] 修改的原因中主要是方法专利权的保护与对产品专利权的保护相比处于一种软弱的地位，较难获得有效的法律保护。[4]

计算机程序容易复制的特点使侵权行为容易短时间内大量泛滥，如

---

[1] 王迁，王凌红．知识产权间接侵权研究［M］．北京：中国人民大学出版社，2008：140.

[2] 王迁，王凌红．知识产权间接侵权研究［M］．北京：中国人民大学出版社，2008：160.

[3][4] 尹新天．专利权的保护［M］．北京：知识产权出版社，2005：171－172.

果不能在源头上遏制住制造商和销售商的侵权行为，专利权人的损失将难以弥补。涉及计算机发明创造的专利权相对于普通方法专利权更容易被侵犯的特点，使其应该采用进一步加强的保护措施。这也使上述立法建议更具有合理性。

四、结　语

笔者认为，“功能模块构架”因具有清晰的逻辑概念组成结构，适合于作为大型软件的设计基础。其权利要求的维权模式还有待进一步研究。但是，相关人士通过对虚拟装置权利要求的期待，已经表达了应该追究制造者和销售者侵权责任的心声。当发现虚拟装置权利要求无法规制涉及计算机程序侵权的制造行为和销售行为后，直接将追究制造者和销售者侵权责任的目的上升为法律法规，应该是水到渠成的事情。从公平的角度看，应该追究这些侵权者的责任。愿我们的国家，在公平、合理的专利法律制度下，科技创新、经济发展，迅速地繁荣昌盛。

浅议我国专利侵权损害赔偿计算方式的完善

张书青[1]

摘　要

科学的损害赔偿计算方式及其司法应用是实现公正救济的必然要求。我国法定赔偿方式缺乏事实与理论基础，有失科学性，所受损失、侵权获利、合理许可费方式既不尽科学，又缺乏可操作性。司法实践则几乎全面依赖于法定赔偿方式。在比较借鉴发达国家的成熟经验基础上，提出了完善我国所受损失、侵权获利、合理许可费三种方式制度设计的建议。摒弃法定赔偿方式的同时保留兼具科学性与可操作性的“酌定方法”，以满足现实需求。

---

❶ 作者单位：浙江省杭州市中级人民法院。

伴随着我国专利立法近30年来的发展，专利侵权损害赔偿计算方式的制度设计也经历了从无到有，从框架建设到羽翼丰满的发展历程。1984年的《专利法》对侵权损害赔偿的计算方式未加规定。1992年《专利法》修改后，最高人民法院发布司法解释，一次性写入了权利人所受损失、侵权人获利、不低于许可费的合理数额三种损害赔偿的计算方式。2000年《专利法》修改时，明确将权利人所受损失、侵权人获利、专利许可费合理倍数三种计算方式写入立法。2001年6月22日最高人民法院发布《关于审理专利纠纷案件适用法律问题的若干规定》(以下简称《若干规定》）在前述三种计算方式基础上，首次明确将法定赔偿作为专利损害赔偿的计算方式之一。2008年修改的《专利法》将法定赔偿方式写入立法，并确定了顺位——所受损失、侵权人获利、许可费倍数、法定赔偿，顺位在后的计算方式唯有在顺位居先的计算方式无法适用的情形下方得适用。

一、我国专利侵权损害赔偿计算方式的司法适用现状

在《专利法》规定的四种专利侵权损害赔偿确定方式中，年轻的法定赔偿方式在司法实践中成为主要适用对象，其他三种计算方式则趋于萎靡。根据中国专利代理（香港）有限公司法律部对2007～2008年北京、上海、广东、江苏、浙江五地416件涉及判决赔偿的专利侵权案件的统计，法定赔偿方式的使用率达到了99%。[1] 另有学者统计，2005～2010年，涵盖我国23个省、自治区，42家法院共552件涉及专利侵权损害赔偿的生效判决中，适用法定赔偿的案件为546件，[2] 比例约占99%。

通过对近两年的裁判文书进行数据调研，亦可得出类似结论。本次调研将样本选定为北大法宝司法案例数据库公布的大陆法院裁判的涉专利案件，筛选时裁判主体选定为较具代表性的北京、上海、江苏、浙江、

---

[1] 中国专利代理（香港）有限公司．专利侵权损害赔偿的理论与实践［J]．中国专利与商标，2009，(4)：7.

[2] 贺宁馨，袁晓东．我国专利侵权损害赔偿制度有效性的实证研究［J]．科研管理，2012，(4)：126.

广东五地法院，裁判时间限定为自 2011 年 1 月 1 日起至 2012 年 12 月 31 日止，裁判方式限定为判决（案件经历二审程序的，只计二审生效裁判），判决结果限定为权利人胜诉且涉及损害赔偿，经人工统计，符合以上限定条件的案件共计 196 件。其中，适用法定赔偿方式确定赔偿额度的案件量为 189 件，约占总量的 96.4%；采用侵权获利方式确定赔偿额度的案件量为 2 件，约占总量的 1%；判决书中未明确写明采用何种确定方式而直接酌定的 5 件，约占总量的 2.6%；采用所受损失或合理许可费确定赔偿额的案件量均为 0。

189 件适用法定赔偿方式的案件及 5 件未明确采用何种方式的案件中，法院在酌定赔偿额时所考虑的因素包括专利权的类别、取得时间，侵权人主观过错程度、经济实力，侵权的性质、情节、持续时间，被控侵权产品的销售价格与合理利润，是否串案等。依据侵权获利方式确定损害赔偿额的 2 件案件均由北京高院二审判决，赔偿额的确定依据的是当事人提交的审计报告。❶

值得一提的是，在有证据表明权利人所受损失或侵权人所获利润明显大于或小于法定赔偿的上限或下限，但又无证据证明具体损失或获利额时，广东高院明确采用法定赔偿方式酌定了高于法定最高限额的赔偿额，❷ 北京高院则在未明确采纳何种确定方式的情形下直接酌定了低于法定赔偿下限的赔偿额。❸ 而当事人提出低于法定赔偿限额下限的诉讼请求时，北京高院则直接予以支持。❹

从调研数据可以看出，如果将未在判决书中写明采纳何种计算方式而直接酌定赔偿额的案件量归入采用法定赔偿方式一类的话，则近两年我国东部沿海部分法院在审理专利侵权纠纷时法定赔偿适用率仍然高达 99%，侵权获利方式适用率为 1%，而所受损失、合理许可费两种计算方式在司法实践中成为一纸空文。

---

❶ 参见北京高院（2010）高民终字第 1746 号、2556 号民事判决书。

❷ 参见广东高院（2011）粤高法民三终字第 326 号民事判决书。

❸ 参见北京高院（2012）高民终字第 31 号民事判决书。

❹ 参见北京高院（2012）高民终字第 1909、1910 号民事判决书。

二、发达国家专利侵权损害赔偿计算方式比较研究

（一）美国专利侵权损害赔偿计算方式

《美国专利法》第284条规定：“一旦法院作出原告胜诉的裁判，应判给原告足以补偿侵权损害的赔偿金，其金额在任何情况下不得少于侵权者使用发明所应支付的合理专利权使用费，再加上法院所定的利息和费用。

若陪审团没有裁定损害，法官应对损害进行评估。在任一情况下法院可将损害赔偿金增至裁定或评估金额的三倍……”[1]

事实上，1946年以前的美国专利法及司法实践中，专利侵权损害赔偿存在着三种计算方式——侵权获利、所受损失和合理许可费。1946年美国专利法修改时，侵权获利的计算方式被废止。当前美国专利侵权损害赔偿的计算方式只有所受损失与合理许可费两种，后者占据了主流。有统计显示，从2002年到2009年，约有80％的专利侵权损害赔偿案件使用了合理许可费方法确定赔偿金额。[2]

美国法院在如何确定合理的许可费用这一问题上经历了长时间的摸索。1971年的Georgia Pacific案中[3]，美国联邦第二巡回上诉法院总结了确定合理许可费的15个因素，其中包括权利人实际收取的许可费、权利人是否采用了专利垄断战略、竞争性专利的许可费率、专利的促销效果等。此后，美国法院逐渐形成了一些具体的计算方法，例如将生产销售侵权产品的利益与生产销售不使用侵权专利的产品（或最佳非侵权替代产品）的利益之差作为确定合理使用费的基数；专门适用于方法专利侵权的赔偿确定方法——依据使用被侵权专利之后所节约的成本作为确定合理使用费的基数。美国法院甚至将全部市场价值规则[4]引入到了合理使

[1] 见35U. S. C. 284 § 284。

[2] 阮开欣．解读美国专利侵权损害赔偿计算中的合理许可费方法［J］．中国发明与专利，2012，（7）：64.

[3] Georgia-Pacific Corp. V. United States Plywood Corp.，318 F. Supp. 1116，166 U. S. P. Q. 235 (S. D. N. Y. 1970)，modified by 446 F. 2d 295 (2d Cir. 1971).

[4] 全面市场价值原则是指如果其他商品与专利产品构成一个功能组件，并通常一并销售，则权利人在该商品上的利润损失一并计入赔偿额。

用费计算方式之中。

美国的所受损失计算方式主要依据“若非”规则（but for），即美国最高法院所称的“专利权人及被许可人（本文以下统称为“权利人”）因侵权遭受了多少损失”这一因果关系问题，可以转换为“假设侵权没有发生，权利人可以获利多少利润”。1978 年，在“潘蒂特（Panduit）案”❶ 判决中，美国第六巡回上诉法院把“若非”规则具体演绎为“四要件”标准，即权利人若欲证明在侵权没有发生的情形下他能够获得侵权产品的销售市场及其利润，必须满足以下四个要件：（1）专利产品有市场需求；（2）不存在可接受的非侵权替代品；（3）专利权人具有满足需求的制造能力和销售能力；（4）专利权人本该获得的利润数额。

（二）英国专利侵权损害赔偿计算方式

英国的专利侵权损害赔偿方式同时见于成文法与判例法之中，《英国专利法》第 61 条规定了所受损失与侵权所得两种计算方式，专利权人可以任选其一主张赔偿；在判例法中则有依据合理许可费计算赔偿额的先例。❷

依据所受损失方式计算赔偿额时，需要将因销量减少所受损失、商誉损失和因价格侵蚀所受损失统统纳入赔偿范围。其中因价格侵蚀所受损失是指专利权人为与侵权人竞争，被迫将其专利产品的价格压低而遭受的损失。英国判例中在考虑价格侵蚀后所受损失赔偿方式的计算公式为：专利权人实际销量×（专利权人原来价格－专利权人降后价格）＋侵权人实际销量×（专利权人原来价格－专利权人成本）。

英国的侵权获利计算方式是一种“返还性”的救济，依此方式需计算出侵权人实际获得的利润，即扣除侵权人的研发、生产、销售等实际支出的固定成本与可变成本之后计算所得之利润，而不采用边际利润计算方法。如若侵权人并未实际获利，则专利权人将无法依此计算方式获得赔偿。

合理许可费计算方式一方面可以参照现实中实际发生的许可费计算；另一方面如果没有现实的许可费可供参照，则法官可以合理地虚拟谈判

---

❶ Panduit Corp. v. Stahlin Bros. Fiber Works, Inc., 575 F. 2d 1152, 1156, 197 U. S. P. Q. 726, 729—30 (6th Cir. 1978).

❷ The U. K. Patents Act 1977, Section 61 (1).

情形，确定合理的许可费用。

（三）德国专利侵权损害赔偿计算方式

《德国专利法》第139条第2款规定："任何人故意或过失地从事前款所述侵权行为，应当对被侵权人因此而遭受的损害承担赔偿责任。如果侵权人过错程度较小，则法院可以不对之判处赔偿，而是在权利人所受损害或者侵权人所获利益的限额内判处侵权人承担补偿责任。"德国专利法对专利侵权损害赔偿的计算方式没有太多的规定，只是要求法院在侵权人过错程度较小的情况下，依据所受损失或侵权获利的方式确定侵权人承担补偿责任。司法实践中，德国法院主要使用的是合理许可费与侵权获利两种计算方式。

合理许可费计算方式是德国法院采取最多的计算方式，考虑到侵权判定后侵权人无需如自行谈判时需承担专利权利不稳定所带来的风险，亦无需提交财务、客户等经营信息作为谈判的筹码，德国法院在判定侵权后依据合理许可费方式计算出的赔偿额通常要高于正常协商的许可费。

在侵权获利计算方式方面，德国法院与英国法院做法相反，他们采用了边际利润的概念。例如，侵权产品的销售总额为10 000元，制造成本为6 000元，管理成本为3 500元，侵权人获利500元。则侵权人的赔偿额度不应当是其纯利润500元，而是将固定成本计算进来，即3 500＋500＝4 000元。其逻辑是假如侵权没有发生，权利人不需承担该固定成本，因而该部分成本不应当从侵权人获利中扣除。

（四）日本专利侵权损害赔偿计算方式

1998年《日本专利法》第102条为专利侵权的损害赔偿规定了3种计算方式，所受损失，侵权获利和合理许可费。所受损失方式在具体计算起来参照以下公式：侵权人销售的侵权产品总量×不存在侵权行为时权利人销售单位数量产品所能获得的利润。但是如果侵权人销售的侵权产品数量中有一部分是权利人即使在侵权没有发生的情况下亦无法完成的，则该部分销量在适用以上公式时应当予以扣除。

日本的侵权获利计算方式亦引入边际利润的概念，例如在计算侵权人获利时，其支出的人力成本、机器购置成本等不予扣除。同时，日本法院考虑专利对侵权产品的贡献度，先假定专利对侵权产品利润的贡献度是100%，若有证据能够证明贡献度低于此比例，则再在总额的基数上相应减少赔偿额。

《日本专利法》中似乎可以找到“法定赔偿”的影子，[1] 但是该疑似法定赔偿的规定在《日本专利法》中并不是一种独立的专利侵权损害赔偿计算方式，而只是在证据不充分无法确定损害的情形下，法官据以确定损害额度的一种方法，是所受损失计算方式的一种附庸与补充。这也是为什么日本专利法中的此条规定并没有与侵权获利、所受损害等计算方式并列写在第 102 条，而是单独地写在第 105 条第 3 款。[2] 因此与其说《日本专利法》中规定了法定赔偿方式，不如说日本专利法中有确定具体损害额的酌定方法。

三、我国当前专利侵权损害赔偿计算方式的问题

从前文的调研数据可以看出，我国专利损害赔偿计算方式立法上的多维设计在司法实践中遭遇单一的适用，司法实践对法定赔偿方式的过度依赖已经成为我国专利司法实践中的顽疾，造成这一局面的原因不仅来源于司法适用层面，也来自制度设计层面。法定赔偿方式缺乏科学性，所受损失、侵权获利、合理许可费三种方式既不尽科学，又缺乏可适用性。科学性的失位与可适用性的欠缺成为我国专利侵权损害赔偿计算制度设计之最大问题。

（一）我国法定赔偿方式之缺陷

对比各国立法与司法可以发现，法定赔偿方式在美国等相对成熟的专利立法中都没有规定。反观我国专利侵权法定赔偿方式诞生的历史，其是由最开始的司法解释而渐入法律，走的是一种由司法经验发展为成文立法的轨迹，这一轨迹本身就反映了法定赔偿入法是司法解释和立法对现实的妥协和适应。长期以来，专利司法实践一方面缺少科学而可操作的专利损害赔偿计算方式可以参照，另一方面面临着案多人少的现实困境。在以结案数量和结案效率为主要指标的法官考评体系之下，专利

---

[1] 《日本专利法》第 105 条第 3 款，该款规定：“在专利权或者独占实施权的诉讼中，认定损害确有发生的情况下，若证明损害额的必要事实在举证方面，因该事实性质而极为困难，法院可基于口头辩论的全部要旨及证据的调查结果，认定相当的损害赔偿额。”

[2] 和育东．专利侵权损害赔偿计算制度：变迁、比较与借鉴［J］．知识产权，2009，(9)：12.

法官倾向于选择“快餐式”的计算方式，再加上权利人对所受损失或侵权获利举证的切实困难，法定赔偿自然成为实现快速结案的“法宝”。但是，法定赔偿方式毕竟不是一种科学的计算方式。

(1) 法定赔偿方式缺乏法理基础。所受损失计算方式是一种“填平式”的救济，即权利人因侵权受到的损失由侵权人负责填平；侵权所得计算方式是一种“返还性”的救济方式，即侵权人因侵犯他人权利而得到的利益应当返还给权利人；合理许可费计算方式也是通过现实中实际发生的专利许可的类比确定侵权人应当赔偿给权利人的金额。而依据法定赔偿方式确定赔偿额并无任何法理基础。我国的法定赔偿实质上由法官直接对赔偿额度进行酌定的一种方法。“酌定”本应属于法官自由裁量权，只能是在确定适用所受损失或侵权所得计算方式作为赔偿依据之后对具体的损失额或获利额进行酌定，而不能直接对赔偿的具体金额进行酌定。

(2) 法定赔偿方式缺乏客观性、严密性，相反带有很大的主观性、任意性。专利侵权所造成的损害是客观确定的，确定损害赔偿额的方法却是直接主观酌定的，赔偿额与损害或获利额难以实际切合。司法实践中法官依据法定赔偿方式确定赔偿额时通常依据“司法潜规则”，即每个法院都存在着一些依据专利类别、侵权人经济实力等因素划定赔偿额等级的不成文规定，而这些不成文规定很大程度上受到部门领导或审判长个人的影响，带有强烈的主观性。

(3) 法定赔偿方式易对司法公信力产生负面影响。法定赔偿的主观性导致司法裁量标准不客观统一，标准不一导致结果不一。这极易导致同样的侵权情节在不同的法院、不同的法官处遭遇不同的赔偿判决。司法裁决缺乏连续性与统一性，对公信力造成负面影响。

(4) 法官对法定赔偿的严重依赖阻碍了对科学合理计算方式的探究与摸索，成为专利损害赔偿计算方式科学化的最大桎梏。

(二) 我国所受损失方式存在的问题

我国有关所受损失计算方式较为具体的规定是在《若干规定》第20条第2款，规定了确定权利人所受损失的两种方法：方法一是以权利人销量的减少量乘以单位产品的利润作为赔偿额；方法二是若权利人的销量减少无法确定，则以侵权产品的销量乘以专利产品的单位利润作为赔偿额。

该规定首先剥离了确定损害赔偿四要件中的因果关系要件，例如方法一将权利人的销量减损完全归罪于侵权，而这二者之间是否存在因果关系本应属于原告的举证责任。其次忽略市场和现实因素。现实中权利人产品的市场销量、专利产品利润都不是恒定不变的，侵权产品所占领的市场是否绝对当然地本可由权利人占领亦是不确定的，这二者均受各种市场因素以及权利人自身生产、销售能力的影响，而这些因素均被《若干规定》忽略。

（三）我国侵权获利与合理许可费方式存在的问题

《专利法》第 65 条第 1 款，《若干规定》第 20 条第 3 款与《最高人民法院关于审理侵犯专利权纠纷案件应用法律若干问题的解释》第 16 条，基本上构成了司法实践依据非法获利方式确定赔偿额的法律框架。这些规定考虑到专利对侵权人因侵权获利的贡献度问题，且依据的是市场标准，而非技术标准，[1] 已经具有相当的科学性。但是这些条文未对方法专利遭遇侵权时如何计算赔偿额作出规定，欠缺科学性；未对可给侵权人带来获利的使用、销售形式下如何确定获利加以细化，亦未对法院如何通过证据认证、主动调查方式获取计算获利之依据加以规定，致其缺乏可适用性，很难被真正运用到司法实践之中。

关于合理许可费方式的规定《若干规定》第 21 条前半段，要求法院以现实中实际发生的许可费为依据，参考专利权的类别，侵权人侵权的性质和情节，专利许可使用费的数额，该专利许可的性质、范围、时间等因素在该许可费的 1～3 倍范围内确定赔偿数额。该规定中要求法院考量的因素失于简单，不够全面，未对法院如何借鉴现实发生的许可费进行裁判加以细化的规定。

---

[1] 在考虑专利贡献率问题时，市场标准是指即依据专利的市场价值确定对被控侵权产品利润的贡献率，技术标准是指依据专利对被控侵权产品的技术贡献比例确定专利对被控侵权产品获利的贡献。由于专利对技术的贡献程度与专利对利润的贡献程度并不总是一致，例如一个微小的改进专利，可能带来巨大的利润；而一个技术上属于突破性的专利，却可能不被市场认可。因而确定侵权获利中专利的贡献率使用市场标准相较于技术标准更具科学性。

四、我国专利侵权损害赔偿计算方式的完善

侵权获利、所受损失、合理许可费三种计算方式之完善必须选择科学性的道路，但是在我国当前现实背景下，更科学的设计必然带来适用成本的增加与可适用性的降低。因此，在对侵权获利、所受损失、合理许可费三种计算方式进行更科学设计的同时，为这三种方式扎根到我国司法实践的土壤提供一种可适用的方法尤显必要。

（一）所受损失计算方式之科学化

若欲更为科学地依据所受损失计算方式确定赔偿额度，应当考虑市场变化因素及原告自身市场占有能力变化因素，计算出权利人在若侵权未发生的情形下所能得之总利润，减去侵权发生后权利人实际所得之利润，所得之差额可以被认定为权利人因侵权所受之损失，具体计算公式为：

所受损失（以裁判时为时间节点）＝若侵权未发生权利人应得之利润－权利人在侵权发生后实际所得之利润＝［侵权发生前权利人的实际利润±[1]f（成本变量＋需求变量＋非侵权替代产品变量＋市场竞争激烈程度变量）±f权利人市场占有能力变量］－权利人在侵权发生后实际所得之利润。

该公式拟制了一个条件——假定侵权没有发生，此时权利人的获利仅受市场因素及自身市场占有能力的影响。在这一前提条件下计算出的权利人本应获得之利润总额与侵权发生后权利人实际获得的利润额所反映的是同一时间节点——裁判时，是为确定赔偿额的时间节点。将同一时间节点上应获利润与实获利润之差认定为权利人因侵权所受之损失，相较于《若干规定》中的直接乘法算式更符合客观事实，考虑的因素也更为全面，因而更具科学性；同时该方法可以避免权利人陷入无法举证证明侵权行为与其所受损失之间因果关系的窘境，更具可适用性。

倘若需以侵权产品销量作为权利人所受损失的计算基数，则应当将侵权产品销量分为两个部分，一部分是如果侵权行为没有发生，权利人

[1] 使用“±”符号是因为其后的变量可能对权利人的获利产生正面或负面影响。

有能力去占有的那部分销量，依前段所列公式计算所受损失；另一部分是即使侵权行为没有发生，权利人亦无能力去占有的那部分销量，可以侵权人支付专利许可费的方式确定赔偿额。

（二）侵权获利计算方式之科学化

由于单纯的制造行为、许诺销售行为不可能给侵权人带来获利，因此侵权获利计算方式事实上只能适用于使用与销售形式的侵权行为。

对于使用侵权行为（包括使用专利产品或专利方法），应采用“利润差额法”来确定侵权人因侵权所获利润。即：侵权获利＝侵权人使用了侵权产品或侵权方法所获得的利润额－假设侵权人未使用侵权产品或侵权方法所获得的利润额－因市场变化等非专利因素而给侵权人带来的获益增加。

对于销售侵权行为，则应当严格依照市场标准[1]确定专利贡献率之后再计算侵权人因侵犯专利权所获得之利润。当侵权产品与专利完全相同或等同，则专利对侵权产品利润的贡献率为100%，侵权人因侵权的全部获利都应当算入侵权获利。如果专利在被控侵权产品中只属于某个零部件或组成部分，则原告应当举证证明其专利对被控侵权产品利润的贡献率，包括专利对侵权产品市场竞争力的提升，对侵权产品生产成本的影响，再由法官确定专利对侵权人获利的贡献率，并依据贡献率确定赔偿额。有一种特殊的情形是，即使专利只涉及被控侵权产品的某一组成部分，但是若权利人可以举证证明未采纳其专利技术的同类产品已经完全没有市场，则可以认定专利对侵权人获利的贡献率为100%，是为市场标准的极端。

（三）合理许可费方式之科学化

为使依据合理许可费方式确定的侵权赔偿额更符合实际，适用此方式时应考量的因素除《若干规定》第21条规定之外，还应当包括：(1) 被引证许可合同的真实性，谨防权利人为获得赔偿而虚造许可合同。(2) 被引证许可达成当时的客观形势，考虑许可人与被许可人之间是否存在关

---

[1] 在考虑专利贡献率问题时，市场标准是指即依据专利的市场价值确定对被控侵权产品利润的贡献率，技术标准是指依据专利对被控侵权产品的技术贡献比例确定专利对被控侵权产品获利的贡献。由于专利对技术的贡献程度与专利对利润的贡献程度并不总是一致，例如一个微小的改进专利，可能带来巨大的利润；而一个技术上属于突破性的专利，却可能不被市场认可。因而确定侵权获利中专利的贡献率使用市场标准相较于技术标准更具科学性。

联关系，谈判时是否有一方处于不利地位等因素以确定该许可费是否能够真实反映专利价值。(3) 专利被许可的次数及每次许可的费用。多次不同的专利许可费更利于确定较为公正的赔偿额。(4) 实际许可发生时间与侵权发生时间二者间隔长短，间隔愈短愈具参照性。(5) 专利权的剩余有效期。(6) 专利对侵权产品利润的贡献率，采纳专利技术的产品在市场愈受欢迎，许可费用应当愈高。(7) 侵权的持续时间和覆盖地域。侵权时间愈长，覆盖地域愈广，许可费愈高。

依据合理许可费方式确定赔偿额，一个真实发生的、可信的许可费用是参照的前提。若欠缺该要件，英国法中由法院拟制谈判情形确定许可费金额的做法，或者有学者建议的委托专门机构对专利许可进行价值评估的方式缺乏现实可行性。在此情形下，应当依据其他方式确定赔偿额。

(四) 一种具备可适用性的方法——酌定

依据所受损失方式确定赔偿额时，无论在权利人损失，还是在该损失与侵权行为的因果联系方面都存在着难以克服的举证困难，而更科学的计算所要求考虑的市场因素、权利人市场占有能力因素则由于其变动性而更难于把握。依据侵权获利计算方式确定赔偿额时，侵权人的获利额通常需要通过审计确定，在当前多数企业——特别是侵权常发的中小企业财务账册不健全的现实情形下，审计在多数情形下无法进行，在司法实践中盲目要求通过审计确定侵权获利无疑会收效甚微，只能大量浪费司法资源。依据合理许可费计算方式则有赖于可供参照的现实许可，这显然不是每一个专利案件都可具备。所受损失、侵权获利、合理许可费三种方式在当前形势下广泛应用于司法实践确乎缺乏现实基础，而为司法实践所青睐的法定赔偿方式由于其理论与现实基础的缺失，理应予以摒弃。此时，若立法不能给司法提供一个既相对科学又现实可行的选择以承接法定赔偿方式终结后留下的空白，并引导所受损失、侵权获利、合理许可费三种方式走向实践，那么使中国专利侵权损害赔偿计算方式走向整体科学化只能是纸上谈兵。

实际上，中国专利司法实践中依赖于法定赔偿方式，其实质是专利法官们依赖于“酌定方法”。在许多案件中，所受损失、侵权获利事实上是可以查证的，但是需要通过证据保全、主动调查、进行审计等复杂程序，费时费力，因此法官宁愿跳过对损失或获利的查证，在没有许可费可供参照的情形下径行依“酌定方法”确定赔偿额，迅速结案，缓解积案压力，完成结案量或结案率的指标。但是，从另一个角度讲，“酌定方法”确是司法智慧的总结，既可以在权利人举证不能的情形下打破僵局，帮助化解举证难的困境；也可以提高司法效率，对冲案多人少的矛盾。

在摒弃法定赔偿的同时，保留“酌定方法”作为承接，是现实的需求，也是我国当前现实留给立法的选择。但是“酌定”只能成其为一种方法，不能直接成为确定赔偿额的方式。易言之，此时的酌定不再是对赔偿额的直接酌定，而是在明确依据所受损失方式或侵权获利方式确定赔偿额之后，当事人已经举出初步证据但却事实上无法完成对损失或获利具体数额的举证的情形，由法院参照前文所述因素酌定计算所需的其他数据，确定所受损失数额或侵权获利数额，再在此基础上确定赔偿额。例如，已有证据表明侵权产品的数量，但无证据证明利润时，可由法院参照同类产品的平均利润，结合市场因素等酌定侵权产品的单位利润，计算侵权获利。此时，由于酌定的对象是现实发生的损失或获利，因此酌定出的金额便不再如法定赔偿一般受法定上限或下限的束缚。这便化解了诸如广东高院或北京高院依据法定赔偿方式却在法定赔偿限额之外确定赔偿额的矛盾。

“酌定方法”不同于法定赔偿方式，其是法院在确定适用填平式救济或返还式救济之后对具体金额的酌定，是存在法理基础的酌定，是法院对自由裁量权更为规范的行使。相较于法定赔偿，“酌定方法”更具科学性，且具有现实适用性。

针对我国司法实践中法定赔偿一枝独秀情形所折射出的制度设计层面的漏洞，一方面，完善所受损失、侵权获利、合理许可费制度设计，使之更为科学化；另一方面，将酌定的方法纳入立法，使得所受损失、侵权获利方式更具可适用性是完善我国专利侵权损害赔偿计算方式的题中应有之义。

标注保护期届满的专利标识之规制研究

——兼评《专利法实施细则》第八十四条第一款*

李秀娟❶

摘　要

为了避免消费者被假冒专利欺骗，《专利法》规定禁止在非专利产品上标注专利标识。但是专利保护期届满后，专利权人继续在产品或者产品包装上标注专利标识是否构成假冒专利存在争议。2011年，《美国专利法修正案》第292条明确规定仅仅标注保护期届满的专利标识，未以欺骗消费者为目的，不构成假冒专利。为澄清标注保护期届满的专利标识是否构成假冒专利，分析美国假冒专利的相关规定和判例。最后反思我国对标注保护期届满的专利标识的规制。

---

* 本论文研究成果受国家自然科学基金青年项目资助，基金号（71103067）；上海市教委第五期重点学科（项目号J51104）建设之阶段性成果。

❶ 作者单位：华东政法大学知识产权学院。

专利产品上的专利标记提示公众该产品享有专利权。但在非专利产品上标注专利标识，“虽然不损害特定专利权人的利益，但是却欺骗了公众，更扰乱了正常的市场竞争秩序”[1]。并且会“对整个专利系统带来损害”[2]。为避免消费者被虚假专利标识欺骗，各国专利法必然对假冒专利行为予以规制，我国《专利法》亦不例外。《专利法实施细则》第 84 条规定构成假冒专利行为的情形[3]。专利保护期届满后继续标注专利号是否构成假冒专利呢？我国理论上和实务中均认为专利保护期届满后继续标注专利号构成假冒专利。[4] 但美国却与我国不同，认为专利保护期届满后，继续标注专利标识并不一定构成假冒专利。2011 年 9 月，《美国专利法》第 292 条进一步完善相关规定[5]，澄清因疏忽继续标注保护期届满的专利标识并不构成假冒专利。

美国就专利保护期届满后继续标注专利标识是否构成假冒专利也曾存在争议。最终美国通过判例逐渐澄清该争议。专利保护期届满后因疏忽继续标注专利标识，不具备欺骗消费者的故意的，不构成假冒专利。本文以美国假冒专利相关规定和案例为依据，分析美国假冒专利的构成要件；进而结合案例分析专利保护期届满后，行为人继续标注专利标识是否构成假冒专利的争议及其解决。在此基础上，反思我国对标注保护期届满的专利标识的规制。

---

[1] 国家知识产权局条法司．关于假冒专利方面的修改［J］．电子知识产权，2010（4）：45—47.

[2] Forest Group，Inc. v. Bon Tool Co.，590 F. 3d 1295（Fed. Cir. 2009）.

[3] 《专利法实施细则》第 84 条规定的假冒专利情形包括：（一）在未被授予专利权的产品或者其包装上标注专利标识，专利权被宣告无效后或者终止后继续在产品或者其包装上标注专利标识，或者未经许可在产品或者产品包装上标注他人的专利号；（二）销售第（一）项所述产品；……（五）其他使公众混淆，将未被授予专利权的技术或者设计误认为是专利技术或者专利设计的行为。专利权终止前依法在专利产品、依照专利方法直接获得的产品或者其包装上标注专利标识，在专利权终止后许诺销售、销售该产品的，不属于假冒专利行为。

[4] 程永顺．中国专利诉讼［M］．北京：知识产权出版社，2005：273—278. 此外，各地方知识产权局通常将标注保护期届满的专利标识作为冒充专利查处，如“生命一号”延期使用专利号［EB/OL］．（2006—03—22）［2013—02—09］，http：//news. bandao. cn/news_html/200603/20060322/news_20060322_160118. html；《国家知识产权局局长令第 9 号》第 2 条第 3 款规定：专利权届满或者终止后，继续制造或者销售标有专利标记的产品的构成冒充专利（该规定于 2002 年失效）。现该规定内容体现在《专利法实施细则》第 84 条第 1 款。

[5] 2011 年 9 月美国“Leahy-Smith America Invents Act”第 292 条。

一、美国假冒专利之规制

1842 年，美国在专利法中明确规定禁止假冒专利（false marking）。1870 年，明确任何人均可提起假冒专利之诉。2011 年修订专利法时澄清保护期届满后继续标注专利标识，并不构成假冒专利。

（一）美国假冒专利规制的历史沿革

美国假冒专利之诉是一种非常特殊的民事诉讼：如果行为人构成假冒专利，法院将把对行为人判处的一半罚金奖励给提起诉讼的人。该诉讼在英美法上称为 qui tam 诉讼。这类诉讼（qui tam）源自英国。[1]《美国专利法》上的 qui tam 之诉源自 1863 年《虚假索赔法案》（False Claims Act）[2]。随着时代的发展，美国法律发生了变迁，美国版权法上的禁止虚假版权标识和专利法上禁止假冒专利之诉被保留下来。qui tam 诉讼可以激励个人成为揭发者，将隐藏的不法行为披露出来。当然，作为一类特殊的民事诉讼，假冒专利诉讼受诉讼时效的限制[3]，并且适用民事诉讼一事不再理原则[4]等原则。

禁止假冒专利之目的在于防止公众被虚假标注的专利标记欺骗。美国将假冒专利视为一种假冒（a species of counterfeiting）行为来规制。[5] 1853 年，Nichols v. Newell 案澄清："假冒专利的立法目的是为了保护公众对于非专利产品的使用权，避免公众通过产品上标有的专利标识而认为该非专利产品是专利产品，而被欺骗。"[6] 1878 年，Oliphant v. Salem

---

[1] DEUTSCH C.. Restoring Truth: An Argument to Remove the Qui Tam Provision from the false Marking Statute of the Patent Act [J]. Minnesota Journal of Law, Science & Technology. 2010, 11 (2): 829—852.

[2] SEAN HAMER. Lincoln's Law: Constitutional and Policy Issues Posed by the Qui tam Provisions of the False Claims Act [J], Kansas Journal of Law & Public Policy. 1996—1997, 2: 89—106.

[3] Arcadia Mach. & Tool Inc. v. Sturm, Ruger & Co., Inc., 786 F. 2d 1124, 1125 (Fed. Cir. 1986)

[4] Champion Labs., Inc. v. Parker-Hannifin Corp., No. 1: 10-CV-02371-OWW-DLB, 2011 WL 1883832, (E.D. Cal. May 17, 2011).

[5] Oliphant v. Salem Flouring Mills Co., 18 F. Cas. 647, 648 (D. Or. 1878) (No. 10, 486).

[6] Nichols v. Newell, 18 F. Cas. 199, 199—200 (C.C.D. Mass. 1853).

Flouring Mills 案[1]指出："禁止假冒专利的目的在于避免公众被虚假标注的专利标识所欺骗。"基于对假冒行为的规制，甚至有观点认为如果专利被许可人或者从专利权人处购买了专利产品，但是为了欺骗公众而不标注专利标识也应受到法律的惩罚。[2]

1842 年，《美国专利法》以成文法形式规定禁止假冒专利。基于假冒专利的规定，任何人以欺骗公众为目的，在非专利产品上以任何方式表示该产品是专利产品的，认定构成假冒专利。并且规定对假冒专利的行为人处以不少于 100 美元的罚款。应注意，当时美国国会强调专利权人的专利标记义务，要求专利产品上标注有专利授权日期。因此根据产品上标注的信息，可以非常容易推断出专利保护期届满日期。但在 1870 年，《美国专利法》删除了有关如何标注专利标识的规定。

1870 年，《美国专利法》明确任何人均可提起假冒专利的诉讼。提起诉讼的人可以获得假冒专利行为人被处以罚金的一部分作为奖励。有观点认为 1870 年《专利法》之后，美国主要采取物质奖励的方式鼓励提起假冒专利之诉。[3]

2011 年，《美国专利法》修订之前，1952 年《专利法》第 292 条规定禁止假冒专利行为。[4] 修改后《专利法》第 292 条在原有的 b）款中增加受到竞争损害的人可以向美国法院请求获得所受损害的赔偿。同时增

---

[1] Oliphant v. Salem Flouring Mills Co.，18 F. Cas. 647，647（D. Or. 1878）（No. 10，486）.

[2] G. Leblanc Corp. v. H. & A. Selmer，Inc.，310 F. 2d 449，459（7th Cir. 1962）.

[3] DEUTSCH C.. Restoring Truth：An Argument to Remove the Qui Tam Provision from the false Marking Statute of the Patent Act［J］. Minnesota Journal of Law，Science & Technology. 2010，11（2）：829－852.

[4] 1952 年《美国专利法》第 292 条规定：

a）未经专利权人同意，任何人在其所制造、使用或出售的物品上，标注、缀附，或者在与该物品有关的广告中使用专利权人的姓名或姓名的仿造、专利号或"专利""专利权人"等类似字样的标记，意图伪造或仿造专利权人的标记，或意图欺骗公众使其相信该物品是经专利权人同意而制造或出售的。任何人为了欺骗公众，在未取得专利权的物品上标注、缀附，或者在与该物品有关的广告中使用"专利"字样或任何含有该物已取得专利权之意的其他字样或号码。任何人为了欺骗公众，在其并未申请专利，或已申请而并非在审查中时，就在物品上标注、缀附，或者在有关广告中使用"已申请专利""专利审查中"字样，或任何含有已经申请专利之含意的其他字样。上述情形，每一罪行应处以不超过五百元的罚金。

b）任何人都可以提出对冒用者处罚的控告。在该项案件中，罚金的一半付给控告人，另一半供美国政府使用。

加 c）条款[1]：“如（a）款所描述的制造产品，当相关覆盖产品的专利保护期届满后，并不构成对这一款的违反。”这一规定非常明确澄清保护期届满后继续标注专利号，并不构成假冒专利。

虽然《美国专利法》规定允许任何人提起假冒专利之诉，但实质上仅有当原告因假冒专利受有损害时，方能具备诉讼资格。2010 年，Stauffer 案对提出诉讼的资格要求发生了转变。CAFC 在 Stauffer 案中指出任何人均可提起假冒专利之诉。CAFC 指出[2]：“根据美国专利法第 292 条的规定，这类诉讼（qui tam），可以由任何人提起。”CAFC 否定假冒专利起诉人必须证明公共利益受有损害，进而肯定任何人均可提起假冒专利的民事诉讼。Stauffer 案为任何人提起假冒专利诉讼打开了方便之门。

美国规制假冒专利的 170 年历史中，假冒专利诉讼数量非常少。[3] 但 2009 年的 Forest Group 案[4]将假冒专利罚金的计算按每一虚假标注的产品计算，而且 2010 年 Stauffer 案[5]明确任何人可提起专利之诉以来，美国专利之诉案件数量急剧上升。仅 2010 年一年，美国假冒专利的诉讼超过 600 余件。[6] 为此有学者将假冒专利诉讼称为美国的“商业诅咒”[7]。而其中大部分假冒专利之诉案件针对保护期届满后继续标注专利标识的行

---

[1] 2011 年“Leahy-Smith America Invents Act”第 292 条 b）和 c）条款规定：

（b）A person who has suffered a competitive injury as a result of a violation of this section may file a civil action in a district court of the United States for recovery of damages adequate to compensate for the injury.

（c）The marking of a product，in a manner described in subsection（a），with matter relating to a patent that covered that product but has expired is not a violation of this section.

[2] Stauffer v. Brooks Brothers.，No. 2009－1428，－1430，－1453（Fed. Cir. Aug. 31，2010）.

[3] LAURA N. Arneson. Defining Unpatented Article：Why Labeling Products with Expired Patent Numbers Should Not Be False Marking［J］. Minnesota Law Review. 2010，95（12）：650－681.

[4] Forest Group，Inc. v. Bon Tool Co.，590 F. 3d 1295（Fed. Cir. 2009）.

[5] Stauffer v. Brooks Bros.，Inc.，615 F. Supp. 2d 248（S. D. N. Y. 2009）.

[6] JUSTIN E. GRAY，“2010 False Marking Year In Review，Looking Forward，” Gray on Claims，［EB/OL］.（2011－01－28）［2013－02－09］http：//www. grayonclaims. com/home/2011/1/28/2010-false-marking-year-in-review-looking-forward. html.

[7] R. Mark McCareins，Peter Slawniak. Current state of patent false marking litigation［J］. Intellectual Property & Technology Law Journal. 2011，23（5）：1－9.

为提起的。

（二）美国假冒专利之构成要件

根据《美国专利法》第 292 条的规定，可以将假冒专利的构成要件分成两个要件。[1] 也可以按照专利法第 292 条的规定根据不同种标注专利标识的情况，将假冒专利分成四个要件[2]：（1）产品上有专利标记；（2）专利标记是虚假的；（3）产品为非专利产品；（4）标注虚假标识之目的是欺骗公众。本文以两个要件分析美国假冒专利的构成。这两个要件为：提起假冒专利之诉时，必须证明行为人在非专利产品上标注了专利标识；行为人标注虚假的专利标识，以欺骗公众为目的。

1. 要件 1：非专利产品上标注专利标识

根据《美国专利法》第 292 条规定，在非专利产品上标注专利标识的行为包括：在非专利产品上标注专利号、专利权人等虚假的专利信息；也可以包括虚假标注表明产品已经申请专利或者专利申请中的字样；标注的虚假专利标识出现在与此关联的广告中。具体如何判断“非专利产品”呢？在 Clontech Labs 案中 CAFC 就“非专利产品”的判断指出[3]：“根据专利法的侵权判定规则，标注专利标识的产品应体现所标专利标识的权利要求所记载的技术方案。否则为非专利产品。”由此可知，需要具体分析涉案专利的权利要求和产品的技术方案以确定是否构成“非专利产品”。只要标注有专利标识的产品实际上并不受所标的专利保护即构成在非专利产品上标注专利标识。

此外，对于方法专利，例如检测方法专利，如果产品本身并未获得专利授权，那么产品并不直接体现监测方法专利的技术方案，因而构成在“非专利产品上标注专利标识”。

2. 要件 2：以欺骗公众为目的

在非专利产品上标注专利标识并不一定构成假冒专利。还应判断行为人是否具有欺骗消费者的意图。美国假冒专利的诉讼并不适用严格责

---

[1] STEVE WILLIAMS, JANE DU. Successfully Defending Against False Marking Claims [J]. Northwestern Journal of Technology and Intellectual Property. 2010, 9 (1): 10—15.

[2] DEUTSCH C.. Restoring Truth: An Argument to Remove the Qui Tam Provision from the false Marking Statute of the Patent Act [J]. Minnesota Journal of Law, Science & Technology. 2010, 11 (2): 829—852.

[3] Clontech Labs., Inc. v. Invitrogen Corp., 406 F. 3d 1347, 1351 (Fed. Cir. 2005).

任，CAFC在Clontech Labs. 案中指出："善意地错误标注专利标识的行为并不应受到惩罚。"因此，行为人因过失错误标注专利标识并不构成假冒专利。判断行为人是否具有"欺骗之故意"时，CAFC指出："当行为方具有足够的知识，意识到所说的并不是真的，并且使得接受者被误导认为其所陈述的是真。"[1] 如果行为人将一个非专利产品标注上专利标识出售，并且行为人明知该虚假专利标识会欺骗消费者，那么这两个知识复合后将足以证明行为人具备"欺骗之故意"。

二、美国标注保护期届满专利标识的争议及解决

在美国长期以来对专利保护期届满后继续标注专利标识是否构成假冒专利，存在争议。首先，保护期届满的专利产品是否是专利产品？其次，保护期届满后继续标注专利标识是否具备"欺骗之故意"？Clontech Labs. 案中，CAFC澄清保护期届满后，相应产品不再是专利产品。In re BP Lubricants USA Inc. 案中，CAFC指出保护期届满后，继因继续标注专利标识，并不当然证明行为人具有"欺骗之故意"。从而澄清因过失标注保护期届满的专利标识不构成假冒专利。

（一）保护期届满后的产品是否是专利产品

保护期届满的产品是否是专利产品呢？美国判例和学者对此持不同的态度。有观点认为即使专利保护期届满，专利号仍然是真实的。但是与此相反在Clontech Labs. 案CAFC指出，只要不存在有效的专利权，就是非专利产品。[2]

美国有观点认为即使保护期届满，产品仍是专利产品。1882年，有人就在缝纫机上标注保护期届满的专利标记提起假冒专利之诉。[3] 案件中法官认为这些标识在专利保护期届满后继续存在是合理的。因为专利保护期虽然届满，但所标的信息是真实的。1986年，Arcadia Machine & Tool Inc. v. Sturm, Ruger & Co. 案中专利权人由于疏忽而在保护期届

---

[1] Clontech Labs., Inc. v. Invitrogen Corp., 406 F. 3d 1352 (Fed. Cir. 2005).

[2] Clontech Labs., Inc. v. Invitrogen Corp., 406 F. 3d 1347, 1351 (Fed. Cir. 2005).

[3] Wilson v. Singer Mfg. Co., 12 F. 57, 57—58 (N. D. Ill. 1882).

满后继续标注专利号。第二巡回法院认为这样的错误是“由于专利保护期届满导致的”[1]，据此判决不构成假冒专利。由于专利本身有多种含义。除了专利法意义上的专利权外还包括专利文本的含义。专利保护期届满后，专利权不存在，但是专利文本仍然存在。因此，即使专利保护期届满，并不意味着其对应的专利文本不能再被标注。也不应认为所标注的产品是“非专利产品”。据此，有学者甚至认为[2]，专利权人在专利保护期届满后继续故意标识专利标记仍然不构成假冒专利，因为即使专利保护期届满后并不意味着专利技术从未存在过，或者产品不再体现专利技术方案。尽管专利保护期届满后不再受保护，但是并不是指专利技术并不存在。产品上标注专利标识的一个重要作用即为指引公众根据标识获取专利技术的基本信息。

与前述观点相反，CAFC 认为只要不存在有效的专利权则构成“非专利产品”。2005 年，Clontech Labs. 案中 CAFC 指出“非专利产品”的判断方法是将产品与有效的专利权利要求比对而得出的。[3] 因此，专利保护期届满后，专利权终止，丧失有效专利权保护的产品已经转变为“非专利产品”。在 Pequignot 案中地区法院明确指出：“对于公众而言，保护期届满的专利产品和非专利产品根本上没有任何区别。”[4]

专利标识可以指代多重信息，包括专利文献信息、权利信息和专利技术信息。但 CAFC 将保护期届满后的产品认定为非专利产品看，CAFC 更倾向于分析专利的有效性而判断是否是专利产品。专利保护期届满后专利权终止，因此专利保护期届满后产品不再是专利产品。

（二）标注保护期届满的专利标识是否具有欺骗之故意

构成假冒专利，除行为人在非专利产品上标注专利标识之外，行为人应具有“欺骗之故意”。保护期届满后继续标注专利标识是否足以证明行为人具有“欺骗之故意”呢。美国 In re BP Lubricants USA Inc. 案中，

---

❶ Arcadia Machine & Tool Inc. v. Sturm, Ruger & Co., 786 F. 2d 1124, 1125 (Fed. Cir. 1986).

❷ LAURA N. ARNESON. Defining Unpatented Article: Why Labeling Products with Expired Patent Numbers Should Not Be False Marking [J]. Minnesota Law Review. 2010, 95 (12): 650−681.

❸ Clontech Labs., Inc. v. Invitrogen Corp., 406 F. 3d 1347, 1351 (Fed. Cir. 2005).

❹ Pequignot v. Solo Cup Co., 540 F. Supp. 2d 649, 652 (E. D. Va. 2008).

CAFC明确澄清仅仅在保护期届满后标注专利标识，并不足以证明行为人具有“欺骗之故意”。该案澄清并解决了存在多年的争议。

案件中BP公司（BP Lubricants USA Inc.）生产、销售名为CASTROL的发动机机油，并享有机油油桶的外观设计专利权。但是这一外观设计专利于2005年2月12日保护期届满。保护期届满后BP公司仍继续使用标注有该外观设计专利标号的油桶。Thomas遂提起假冒专利诉讼。Thomas指出：“BP公司知道或者应当知道专利保护期届满；BP公司是一个具有丰富专利申请经验和专利诉讼经验的公司；BP故意标注保护期届满的外观设计标识，是故意欺骗公众。”[1] 地区法院肯定Thomas的观点，认定BP公司具有“欺骗之故意”。美国在先判决Exergen Corp. v. Wal-Mart Stores，Inc. 案所指出：“在应用《联邦民事证据规则》第9（b）款时，要求原告详细给出有关欺诈行为的具体细节，诸如谁、什么时间、什么地点等关于欺诈行为的细节。”[2] 地区法院判决指出：“BP公司知道或者应当知道自己的专利过期。根据《联邦民事证据规则》第9（b）款的要求，足以满足BP公司（who）故意的虚假标识（how），发动机油产品（what）、当外观设计专利保护期届满之后（when），并且在美国范围内（where）意图欺骗竞争者或者公众。”[3] 显然，Thomas和地区法院均认为BP知道其外观设计权保护期届满其继续标注专利号的行为具有“欺骗之故意”。

CAFC否定地区法院推定BP公司知道或者应当知道涉案外观设计专利保护期届满，从而认定BP公司存在欺骗故意。在此之前的Merk案中美国最高法院指出：“一些陈述中为了说明其是假的，通常存在故意。例如在案件中的例子‘我没有结婚’而事实上这是假的，一般错误的表述均是表述者故意而为之。”[4] 但是有时表述上的事实错误和主观思想并不存在直接关系。并不能依据行为人标注保护期届满的专利标识，而推定行为人具有“欺骗之故意”。CAFC强调：“假冒专利中欺骗之故意的认定，不是不可反驳的推定（a rebuttable presumption）。”[5] 如果专利保护

[1] In In re BP Lubricants USA，Inc.，97 U. S. P. Q. 2d 2025 (Fed. Cir. 2011).

[2] Exergen Corp. v. Wal-Mart Stores，Inc.，575 F. 3d 1312，1327 (Fed. Cir. 2009).

[3] In In re BP Lubricants USA，Inc.，97 U. S. P. Q. 2d 2025 (Fed. Cir. 2011).

[4] In Merck & Co.，v. Reynolds，130 S. Ct. 1784，1793 (2010).

[5] In In re BP Lubricants USA，Inc.，97 U. S. P. Q. 2d 2025 (Fed. Cir. 2011).

期届满，权利人故意提起诉讼他人侵权，或者专利保护期届满，权利人对专利标识进行过修正，但是仍然标注专利标识，那么以上行为可以证明权利人存在“欺骗之故意”。但是仅仅因行为人知道其专利保护期届满，即并不足以证明行为人有“欺骗之故意”。2010 年，Pequignot 案中，CAFC 指出：“简单的知道所标注的专利是假的并非欺骗之故意。”[1] CAFC 指出：“虚假陈述和陈述时的虚假知识，这两者复合，就产生了一个可以反驳的故意欺骗公众的‘故意’假设，而非一个不容置疑的‘故意’的证明。”[2] 因此在 In re BP Lubricants USA Inc. 案中 CAFC 最终认为没有证据证明 BP 公司有“欺骗之故意”，从而认定不构成假冒专利。由此可知专利保护期届满后仅仅继续标注原有的专利号，很难满足“具有欺骗的故意”的证据要求。

In re BP Lubricants USA Inc. 案，CAFC 澄清仅仅在保护期届满后继续标注原有的专利标识，并不足以证明行为人存在“欺骗之故意”。但应注意，并非所有继续标注专利标识的行为均不构成假冒专利。对 Forest Group 案情形，Forest Group 在之前的诉讼中已经知道 S2 型支架并非专利产品。故 Forest Group 在专利保护期届满后继续标注专利标识，当然具有“欺骗之故意”，Forest Group 的行为构成假冒专利。[3]

三、我国标注保护期届满专利标识的规制及中美比较

标注保护期届满的专利标识，在我国构成假冒专利行为。本文具体分析我国就标注保护期届满的专利标识的有关规定，并与美国标注保护期届满专利标识的相关判例和规定比较，以探求中美专利法就标注保护期届满专利标识的规制之区别。

（一）我国标注保护期届满的专利标识相关的规定

我国 1993 年首次规制冒充专利，在 2010 年将禁止冒充专利与假冒他人专利合并，转变为禁止假冒专利。1992 年，我国《专利法》首次明确

---

[1] Pequignot v. Solo Cup Co.，608 F. 3d 1356，1362—63 (Fed. Cir. 2010).

[2] Pequignot v. Solo Cup Co.，608 F. 3d 1356，1362—63 (Fed. Cir. 2010).

[3] Forest Group，Inc. v. Bon Tool Co.，590 F. 3d 1295 (Fed. Cir. 2009).

规定禁止冒充专利："将非专利产品冒充专利产品的或者将非专利方法冒充专利方法的，由专利管理机关责令停止冒充行为，公开更正，并处以罚款。"2000年《专利法》第59条明确规定："以非专利产品冒充专利产品、以非专利方法冒充专利方法的，由管理专利工作的部门责令改正并予公告，可以处五万元以下的罚款。"2008年，《专利法》第63条规定："假冒专利的，除依法承担民事责任外，由管理专利工作的部门责令改正并予公告，没收违法所得，可以并处违法所得四倍以下的罚款；没有违法所得的，可以处二十万元以下的罚款；构成犯罪的，依法追究刑事责任。"此外，2002年的《专利法实施细则》第85条明确指出冒充专利的具体情形[1]。2008年我国《专利法》将禁止假冒他人专利与禁止冒充专利合并为禁止假冒专利条款。相应的2010年《专利法实施细则》第84条对假冒专利具体情形作出了界定[2]。

2010年《专利法实施细则》第84条第1款规定，专利权终止后继续标注专利标识构成假冒专利。专利保护期届满时，专利权终止。因此，保护期届满属于专利权终止的一种情形。专利保护期届满后，继续标注专利标识构成假冒专利。

对于专利保护期届满后，继续标注专利标识的假冒专利行为，各地方局可以予以处罚。对假冒专利的处罚，《专利行政执法办法》中指出，

---

[1] 2001年《专利法实施细则》第85条规定：下列行为属于以非专利产品冒充专利产品、以非专利方法冒充专利方法的行为：（一）制造或者销售标有专利标记的非专利产品；（二）专利权被宣告无效后，继续在制造或者销售的产品上标注专利标记；（三）在广告或者其他宣传材料中将非专利技术称为专利技术；（四）在合同中将非专利技术称为专利技术；（五）伪造或者变造专利证书、专利文件或者专利申请文件。

[2] 2010年《专利法实施细则》第84条规定："下列行为属于专利法第六十三条规定的假冒专利的行为：（一）在未被授予专利权的产品或者其包装上标注专利标识，专利权被宣告无效后或者终止后继续在产品或者其包装上标注专利标识，或者未经许可在产品或者产品包装上标注他人的专利号；（二）销售第（一）项所述产品；（三）在产品说明书等材料中将未被授予专利权的技术或者设计称为专利技术或者专利设计，将专利申请称为专利，或者未经许可使用他人的专利号，使公众将所涉及的技术或者设计误认为是专利技术或者专利设计；（四）伪造或者变造专利证书、专利文件或者专利申请文件；（五）其他使公众混淆，将未被授予专利权的技术或者设计误认为是专利技术或者专利设计的行为。"

专利权终止前依法在专利产品、依照专利方法直接获得的产品或者其包装上标注专利标识，在专利权终止后许诺销售、销售该产品的，不属于假冒专利行为。

销售不知道是假冒专利的产品，并且能够证明该产品合法来源的，由管理专利工作的部门责令停止销售，但免除罚款的处罚。

可以区分假冒专利的情节，相应予以处罚，《专利行政执法办法》第 29 条明确规定：假冒专利行为轻微并已及时改正的，免予处罚。各个地方知识产权局在行政执法中，根据假冒专利的具体情节予以不同的处罚。例如在《云南省查处假冒专利实施行政处罚基准制度》第 6 条中规定：实施假冒专利行为后，及时改正或者纠正，未造成使公众混淆的危害后果，并且没有违法所得的，不予行政处罚。显然，如果行为人仅仅因过失标注超过保护期的专利标识，如果标注时间较短，并没有造成公众混淆的危害后果。❶ 那么，依据《云南省查处假冒专利实施行政处罚基准制度》可以不予处罚。《湖南省专利行政处罚自由裁量权基准》在违法行为情形和处罚基准中，明确区分专利无效或终止的时间，仅对违法标注超过 6 个月以上的行为予以规制。《湖南省专利行政处罚自由裁量权基准》第 3 条规定情节较轻的假冒专利表现：专利权终止或无效 6 个月以上 1 年以内在专利产品、依照专利方法直接获得产品，或者其包装上标注专利。如果违法标注的时间在 1 年以上，将属于情节较重的假冒专利违法行为。❷

从以上对专利保护期届满后，行为人继续标注专利标识的行政处罚看，我国虽然认定该行为构成假冒专利，但是，对这一违法行为的具体处罚，各地方知识产权局有自由裁量权。各地方知识产权局依据违法行为人的违法情节，予以处罚。

（二）标注保护期届满专利标识规制的中美比较

我国和美国均对标注保护期届满的专利标识行为予以规制。但是我国与美国就标注保护期届满的专利标识行为的规制存在差异。行为人标注保护期届满的专利标识构成假冒专利的构成要件、诉讼和罚金计算等方面均不同。

如表 1 所示，美国就行为人标注保护期届满的专利标识是否构成假冒专利，应按照假冒专利的构成要件判断。若构成假冒专利，必须证明行为人标注该标识具有“欺骗之故意”。显然，美国的司法实践认为必须

---

❶ 云南省查处假冒专利实施行政处罚基准制度［EB/OL］.（2010－06－04）［2013－02－15］. http：//www. stats. yn. gov. cn/canton_model17/newsview. aspx? id＝647359.

❷ 湖南省专利行政处罚自由裁量权基准［EB/OL］.（2010－11－29）［2013－02－15］. http：//www. hnipo. gov. cn/hnzscqj/zwgk/zcfgjjd/dfgfwj/content_17635. html.

考虑行为人主观上是否具有恶意。如果对善意行为人实施惩罚，就失去了惩罚的基础和意义。在 Clontech Labs. 案中 CAFC 指出："善意地错误标注专利标识的行为并不应受到惩罚。"❶ 而且《美国专利法》第 292 条也认定行为人因过失而标注保护期届满专利标识并不构成假冒专利。由此可知，我国和美国就假冒专利的归责原则存在差异。美国就假冒专利行为归责原则的主观过错上严格区分故意和过失，仅具有"欺骗之故意"时方构成假冒专利。我国对假冒专利的归责原则上并未要求行为人具有"欺骗之故意"为要件。我国专利保护期届满后继续标注专利标识的行为，并不侵权，由行政机关依职权予以行政处罚。在美国，任何人可就该行为提出民事诉讼（qui tam），并可以获得罚金的一半。

表 1　标注保护期届满专利标识的中美比较

	我　国	美　国
构成要件	唯一要件：专利权终止后继续在产品或者其包装上标注专利标识	要件 1：非专利产品上标注专利标识 要件 2：以"故意欺骗"公众的目的
救济途径	行政和刑事途径	民事诉讼（qui tam）
罚金数额	可以并处违法所得四倍以下的罚款；没有违法所得的，可以处二十万元以下的罚款 各地方局可自由裁量，情节轻微的，可以不予处罚	Forest Group 案澄清可以按照具体的情况确定，具体数量由法院裁量
例外情形	专利权终止前依法在专利产品、依照专利方法直接获得的产品或者其包装上标注专利标识，在专利权终止后许诺销售、销售该产品的，不属于假冒专利行为	不具"欺骗故意"的，不构成假冒专利

此外，我国非常注意依据标注专利标记的时间来认定是否构成假冒

❶ Clontech Labs.，Inc. v. Invitrogen Corp.，406 F. 3d 1347，1351 (Fed. Cir. 2005).

专利和假冒专利的情节。我国《专利法实施细则》第 84 条最后指出，在专利保护期届满前标注的专利标识，在专利保护期届满后继续销售的，不属于假冒专利："专利权终止前依法在专利产品、依照专利方法直接获得的产品或者其包装上标注专利标识，在专利权终止后许诺销售、销售该产品的，不属于假冒专利行为。"地方知识产权局，区分行为人的假冒专利情节，予以处罚。例如《湖南省专利行政处罚自由裁量权基准》区分保护期届满后行为人标注专利标识的时间长短，相应予以不同的处罚。显然，我国在法律规定和司法实践中已经意识到专利保护期届满后，产品的生产、运输、仓储和销售等环节均会占用行为人一定时间。但是，从我国《专利法实施细则》的规定看，专利保护期届满后，行为人必须停止标注专利标识，将专利标识从专利产品或者包装中去除。专利权人的专利标识权，在专利保护期届满的同时，转变为权利人必须停止标注专利标识的义务。

四、我国标注保护期届满专利标识规制的反思与完善

（一）我国标注保护期届满专利标识规制的反思

根据我国《专利法实施细则》第 84 条的有关规定，专利保护届满后，行为人必须停止标注专利标识。否则被认定构成假冒专利，由专利行政部门予以查处。专利权人的专利标识权在专利保护期届满后，转变为停止标注标识的义务。但是行为人仅仅因疏忽大意而未停止标注专利标识，其行为并不具有欺骗消费者的故意，那么其行为应受到法律规制吗?

必须注意，专利保护期届满导致的专利权利终止与其他假冒专利行为，特别是其他专利权终止行为具有区别。对于其他假冒专利行为，如在非专利产品上标注专利标识，行为人知道虚假标注专利号对消费者的影响，两者复合后将足以证明行为人具备欺骗消费者的恶意。此外，专利权无效、权利人放弃权利（未缴费）等权利终止与专利保护期届满并不相同。如果专利权无效，那么权利人必然参与了专利无效争议程序。专利无效后，行为人明知专利权已经不存在，而继续标注专利标识，当然具有欺骗消费者的恶意。而专利保护期届满后，如果行为人仅仅疏忽

而未停止标注专利标识，并不具有欺骗消费者的意图。

在侵权法上，故意侵权与过失侵权间存在差异。“故意侵权是一种计划行为[1]。”尤其在损害赔偿上，美国仅就故意侵犯专利权适用惩罚性赔偿。而惩罚性赔偿具有惩罚、威慑、预防等价值。不论英美法还是大陆法，惩罚性赔偿仅限于故意侵权，并不包括过失侵权。我国对假冒专利的规制，其目的在于维护正常的专利体系和防止消费者被欺骗。对于假冒专利行为，我国行政部门予以查处，惩罚其对专利体系的危害，保护消费者，以达到预防的目的。但是专利保护期届满后行为人因过失继续标注专利号的行为，因行为人并不具有恶意，即使予以行政处罚也不具有可预防的价值。强制专利权人在保护期届满的同时，停止标注专利标识，加重了权利人的标识义务。我国并不区分行为人标注保护期届满专利标识，故意与过失之间的差异。将疏忽标注保护期届满的专利标识与其他假冒专利行为等同，存在不足。

（二）对我国标注保护期届满专利标识规制的完善

在我国，如果仅仅以标注超过保护期届满的专利标识仍构成假冒专利，根据具体情形受到行政处罚，这必然加重专利权利人对其专利标识管理的义务和责任。对专利权人而言，其专利标识权在专利保护期届满的同时转变为停止标注专利标识的义务。由于生产、流通环节等影响，有些专利权人很难在专利到期日精确控制产品包装的印制和使用。如果不将标注保护期届满的专利标识行为与其他假冒行为区别开来，不问是否存在欺骗故意而认定构成假冒专利，不能实现专利法保护专利权人利益的目标，更偏离了规制假冒专利防止消费者被欺骗的目的。例如，美国 Symbol Technologies, Inc. v. Proxim, Inc. 案[2]中权利人将专利号标注于封装在 PC 卡内部的集成电路板上。如果修改这一专利标记，生产商必须重新调整制造程序。消费者购买 PC 卡时根本就看不见被封装的专利标识。而 PC 卡集成电路板的工业购买者，非常了解产品知识产权情况，不会被产品上标注的专利标识欺骗。如果该行为发生在我国，该行为人与其他故意假冒专利牟利的行为等同，仍被认定为构成假冒专利。

---

[1] 叶名怡．侵权法上故意与过失的区分及其意义［J］．法律科学．2010（4）：87—98.

[2] Symbol Techs., Inc. v. Proxim Inc., 2003 U.S. Dist. LEXIS 1973 (D. Del., Jan. 29, 2003).

建议将因过失继续标注保护期届满的专利标识行为与其他假冒专利的行为区别开来。行为人仅仅因过失而继续标注专利标识，应属于不规范的标注专利标识行为，专利行政部门可以予以警告，限期改正。当然，对于明知专利保护期届满，故意继续标注超过保护期的专利标识的行为，应按假冒专利之规定处罚。我国一些地方知识产权局在行政查处中，区分假冒专利行为的具体情节，甚至如《湖南省专利行政处罚自由裁量权基准》考虑对标注保护期届满的标识予以一定时间的宽限，该做法实际上已经考虑到行为人因过失标注保护期届满的专利标识与其他假冒专利的行为存在差异。但应注意，专利法对假冒专利的规制目的应是对“恶意欺骗”消费者的行为予以行政处罚，惩戒“故意”欺骗消费者的行为。因此，仅仅考虑标注时间，未考虑是否具有“欺骗之故意”，并不能将因过失而标注保护期届满的专利标识的行为排除于假冒专利之外。我国应在《专利法》或《专利法实施细则》明确“欺骗之故意”为假冒专利的构成要件。而对于过失标注保护期届满的专利标识的行为，属于不规范的标注行为，专利行政部分可以予以警告并限期改正。

结 论

专利法为保护消费者和实现企业公平竞争的目的规定禁止假冒专利。我国《专利法实施细则》第 84 条规定权利终止后，继续标注专利标记构成假冒专利。注意到专利保护期届满后行为人因疏忽继续标注专利标记，与其他假冒专利行为间存在差异，行为人并不具有“欺骗之故意”。我国应将不具“欺骗之故意”的标注保护期届满的专利标识行为排除于假冒专利行为之外。仅因过失而继续标注专利标识的，可以认定该标注行为不符合规范，由专利行政部门可以予以警告，限期改正，但不应认为该行为构成假冒专利。

《专利法研究》征稿通知

各有关专家、学者：

《专利法研究》是国家知识产权局出版的学术性年刊，由国家知识产权局条法司负责编辑。本刊以邓小平理论、“三个代表”重要思想和科学发展观为指导，以实事求是、理论联系实际为办刊宗旨，主要刊登专利等知识产权理论和实践方面的学术性论文和有关译文，以向全国知识产权理论和实务工作者提供一个思想和观点交流的平台。

为使本刊有效实现其办刊宗旨和目标，也为使各位专家、学者和同仁的智慧和成果能为更多的人分享，我们诚挚地邀请您为本刊撰稿。

关于来稿的有关事项，说明如下：

1. 来稿应具有科学性和创新性，具有较强的理论意义或者实践意义。篇幅一般不超过 12 000 字。

2. 对于涉及以下主题的稿件，本刊优先采用：

（1）当前我国经济社会发展阶段、趋势与我国专利制度的完善；

（2）国际知识产权制度的发展趋势、动向及我国的应对策略；

（3）职务发明的权利归属与奖励报酬；

（4）国家投资的科技项目的知识产权管理与运用；

（5）促进专利权的运用与实施的制度和政策；

（6）我国专利权保护的现状与保护制度的完善；

（7）专利侵权的惩罚性赔偿问题；

（8）专利代理行业的发展与监管体系。

3. 来稿请于 2014 年 3 月 31 日前以电子件发给 zlfyj@sipo.gov.cn。请勿一稿多投。

4. 自稿件发出 2 个月届满时未接到稿件采用通知的，可自行处理稿件。

5. 本刊作为汇编作品，版权属本刊编辑部所有。

6. 为适应我国信息化建设的需要，扩大本刊及作者知识信息的交流渠道，本刊被CNKI数据库收录，作者文章著作权使用费与本书稿酬一次性支付。免费提供作者文章引用统计资料。请作者在来稿时书面说明是否同意其文章被收录；如无专门说明，视为作者同意。

7. 来稿请在正文前附200字以内摘要一份。

8. 来稿请按顺序提供标题、作者姓名、单位全称、通信地址、邮政编码、联系电话、电子邮箱地址及身份证号码等信息，以便于联系和邮寄稿酬。

9. 本刊一经出版，本编辑部将从速酌致稿酬，并赠送当期本刊两册。

《专利法研究》编辑部

2013年6月